唐宋藩镇研究丛书

主编 郑庆寰

北宋防御使与团练使研究

任欢欢 著

社会科学文献出版社
SOCIAL SCIENCES ACADEMIC PRESS (CHINA)

序

历史上的职官，为王朝重要的制度内容，其不仅是当时统治架构的直接体现，也是朝政演变的产物，还牵引出无数的历史人物及其事迹。就此而言，职官与历代王朝演进存在密切的关联，故对此问题的考察从来都是史学研究的重要领域。前辈邓广铭先生所说的研究中国历史的"四把钥匙"，职官即其中之一。不过，职官制度既纷繁复杂，又往往变化多端，非专门研究不能厘清原委。

宋朝的职官素称复杂，在今人看来甚或扑朔迷离，因为其不仅承袭了以往的诸多官名，同时新生了大量的官职，新旧叠加，虚实交织，不可谓不繁杂。元代史家修《宋史》时，已指出有官、职、差遣之别，轻重不一，高下有别。其实，在叠床架屋的组织设置下，还有各种内职性、技术性官衔以及诸如祠禄官之类的官名并存。单就武官而言，便并非都在军队中任职（军职），还涉及更为广泛的领域，如参与管理管库、治安及地方衙门等，皇室、外戚及宦官也照例授予武官之衔。其间种种名头既多，又存在不少交叉。推究其因，实与宋初以来的政治设计思路有关，即保持已有的官称不变，而调整其内在的职能，以至于名实常常不副，同时又不断新增诸种差遣性职务，如此一来，既造成彼此之间的掣肘，达到分权制衡的目的，又有助于笼络官场人心，从而稳定统治秩序。南宋人吕中说："国初，继唐末五代之后，此正制作之一机。而我太祖创法立制，不务名而务实，不变其法而变其意，一转移之间，事体顿异矣。"（《类编皇朝大事记讲义》卷一《制度论》）就点出了其中的深意。

产生于唐代中叶的防御使、团练使，原本是因军事需要而设立，用以镇守特殊的地方州郡。到唐后期至五代，在地方割据愈演愈烈的形势下，这两个官职演化为藩镇体系中的重要职务，往往由武人出任，更多听命于当地的节度使。赵匡胤建立宋朝后，充分汲取以往的历史教训，厉行强化中央集权统治，其中的收兵权举措，在首先针对禁军统军机构将帅的同时，也逐渐指向各地的藩镇势力，而包括防御使、团练使及刺史在内的节度使属下官员，亦成为改造的对象。于是，从宋太祖朝后期到太宗朝初期，随着地方行政体系的逐渐恢复与藩镇体制的瓦解，防御使、团练使与节度使一样，呈现出从实任官到虚衔化的过程。此后，防御使、团练使作为一种武职阶官，有正任、遥领及兼领之别，授予的对象除了中高级武官与军职人员之外，也包含了皇室、外戚及宦官等群体。

自宋太宗朝以降，在奉行"崇文抑武"的治国理念下，士大夫官僚集团长期主导朝政，武臣则日渐受到束缚和歧视，如北宋中叶人即云："今世用人，大率以文词进。大臣文士也，近侍之臣文士也，钱谷之司文士也，边防大帅文士也，天下转运使文士也，知州郡文士也，虽有武臣，盖仅有也。"（《端明集》卷二二《国论要目》）不过，武臣虽在政治上被边缘化，却保留了相对优厚的物质待遇。这种政策所彰显的特点，无疑是政治上的抑制与经济上的补偿，正如南宋人所指出的："宋朝之待武臣也，厚其禄而薄其礼。"（《群书考索·后集》卷二一《张演论》）事实上，宋廷对待皇室、外戚的态度，与对武臣的政策有异曲同工之处。至于宦官，也照例只能走武职的资序。在此历史背景下，防御使、团练使遂呈现出时代的特征及命运。

任欢欢是我带过的学生，她在读期间勤于思索，心无旁骛，潜心学习。当选定博士毕业论文时，考虑到宋朝节度使与刺史的关注度极高，已有一些成果，而处于其中间的防御使、团练使则较少受到学界瞩目，故我与她商定以此为题。她最终完成了博士毕业论文《北宋防御使与团练使研究》，并顺利通过了答辩。毕业后，她先后在两所理工科大学任教，虽然主要承担公共课的任务，且工作繁重，但对宋史研究的喜好却没有放弃，可谓锲而不舍。七年多来，她在毕业论文的基础上继续深化、拓展，围绕五代团练使与防御使、宋代武臣知州、两宋招讨使以及宋夏战争中的堡寨等问题发表了一系列论文，还主持了多个相关项目。近期，任欢欢经过不断修改、充实，撰写出《北宋防御使与团练使研究》书稿，我作为导师深感欣慰，因为这部书稿倾注了其多年的心血，早已超越了当年毕业论文的水平。

在我看来，这部书稿征引文献丰富，论证翔实，不仅对北宋防御使与团练使两个官职有更深入、全面的论述，也以小见大，窥探了宋朝军政史的若干重要方面。换言之，通过细致梳理史实线索，来解读职官变化与制度设计背后的动因，为观察由唐入宋的时代演变提供了一个窗口。匆匆数言，是为序。

陈峰

2023 年 2 月于终南山下梅园

目　录

绪　论

一　研究意义及研究现状

（一）选题研究意义

由唐至宋，中央、地方的关系经历了巨大的变化。从唐后期开始，地方的离心力加大，一直延续到五代十国，直至经过陈桥兵变建立的宋王朝才开始逐步解决。晚唐时期的诸多政治问题之中，藩镇问题无疑成为焦点。正是以藩镇为代表的地方势力在唐后期的发展，导致了唐末军阀混乱和五代十国时期割据局面的出现。唐后期的中央和地方关系的这种特殊性，在整个中国古代历史发展中相当突出。安史之乱以后，藩镇体系中出现了节度使、节度观察留后（又称两使留后，宋称承宣使）、观察使、防御使、团练使、刺史①等六个重要长官，并纳入统一军政体系中来。在一定程度上，这些使职构成了一个研究群体。节度使、刺史，为藩镇的军政职掌或一州的最高统领。观察使设立的初衷主要是行使监察职权。而防御使和团练使的设

---

① 刺史在汉代就已经出现，主要为监察之职。发展至唐代，刺史已成为统县政区的长吏。

置目的便有了特殊性——军事防御。在藩镇体系中，防御使和团练使既是独立的，有自己的职权范围、治所、幕僚；又和其他长官互相兼任，如观察使、刺史等。这样，州牧的行政、监察权外又多了军事防御权。随着政治环境的变化，防御使和团练使的职能也在延伸、附加、变更。至北宋以"防弊"治国，吸取前代教训，对地方行政体制进行变革。路级设立漕、宪、帅、仓四司；以文臣知州代替原来的"牧伯之制"——刺史体系。最终，在唐后期权势很大的节、观、防、团、刺等官职成为北宋的高级武阶官，开启了使职阶官化进程。

防御使与团练使因军事目的而设，后逐渐成为地方军政之长。但入宋之后，职权都逐渐被侵夺，仅仅成为武臣享受荣誉的"贵品"。带来这巨大变化的除了地方行政体制的变革外，还有哪些深层缘由？这是其一。其二，中唐以后，社会矛盾发展，使职差遣制度普遍盛行，防御使与团练使的设立与此不无关系。差遣之"实"与品官之"虚"对立，同时使职的发展又要求有相应的阶官相约束，那么带职的阶官化与使职差遣的普遍化如何互为表里，其中的过程又是如何呢？其三，由唐入宋，边防统兵体系不断发生变化，唐后期设立的节度使体系、入宋渐成的都部署体系、北宋中后期的经略安抚使体系构成三个相互衔接的序列。那么节度使体系为何让位于都部署体系？它又为之后两种边防统兵体系带来哪些影响？这些无不成为本书研究的意义所在。若将防御使、团练使的研究置于唐宋军政变革的大背景之下，研究视野就需要兼有纵向的宏观性以及横向的多面性。它牵涉政治上日趋加强的君主专制，也受到贵族没落、职业化官僚兴起趋势的影响，造成了内诸司使等侧近性浓厚的君主私臣出现及武臣阶官化。君主专制的加强同样引发了禁卫制度等一连串变更；唐末南衙北司之争，以及之后皇城司的出现，后梁将原来节度使的军队禁卫化，北宋将禁军扩大等同于常备军，都围绕着唐宋军政变革展开，足见牵一发而动全身的研究意义。

（二）课题研究现状

1. 关于唐宋官制的研究

中国古代的官制演变，在唐后期进入了新的历史阶段，直接开启了五代、北宋政治制度的新局面。中晚唐的变革，是五代、北宋官制的直接渊源。而对于唐后期的官制构成，正史的记载凤毛麟角，这注定了这一领域研究的艰辛。

对于中晚唐官制的探索，自宋代就开始了。洪迈《容斋随笔》、王应麟《困学纪闻》都对唐后期官制特点以及整个官制的影响进行了探讨。其后，元明清学者在学术笔记及读史札记中，对唐后期官制也多有论述。如赵翼《廿二史札记》、王鸣盛《十七史商榷》、顾炎武《日知录》、钱大昕《十驾斋养新录》《廿二史考异》等，或对藩镇割据与官制的相互影响，或对使职在中国古代官制体制中的地位，或对唐后期官品制度的变异等方面做了深刻阐发，给人启迪良多。

对于唐后期官制的系统研究要从 20 世纪三四十年代开始。陈寅恪先生的《唐代政治史述论稿》[①] 及《隋唐制

---

① 陈寅恪：《唐代政治史述论稿》，上海古籍出版社，1997。

度渊源略论稿》①　开启了唐代官制研究乃至唐史研究的新纪元。长期以来，详前略后成为唐代官制研究的一个特点，如筑山治三郎《唐代政治制度的研究》，② 沈任远《隋唐政治制度》，③ 杨树藩《唐代政制史》，④ 陈仲安、王素《汉唐职官制度研究》，⑤ 张国刚《唐代官制》⑥ 等，均未打破这种局面。

在庞大的职官制度研究中，早期有关唐后期使职的研究稍显薄弱。较早关注这一问题的有日本学者矢野主税《使制的发生》⑦ 和松岛才次郎《唐代使的频繁使用》⑧《唐代使的本官》⑨《唐代使的封爵》⑩，主要探讨了唐代使职的产生、变化等问题。国内学者比较早关注此问题的为陈仲安先生，他的《唐代的使职差遣制》⑪ 总结了唐代使职差遣的特征、发展历程以及大量出现的原因，还分析了安史之乱以后形成的三大使职体系，以节度使、观察使为

---

① 陈寅恪：《隋唐制度渊源略论稿》，中华书局，1963。

② 〔日〕筑山治三郎：《唐代政治制度的研究》，大阪创元社，1967。

③ 沈任远：《隋唐政治制度》，台北，台湾商务印书馆，1977。

④ 杨树藩：《唐代政制史》，台北，正中书局，1987。

⑤ 陈仲安、王素：《汉唐职官制度研究》，中华书局，1993。

⑥ 张国刚：《唐代官制》，三秦出版社，1987。

⑦ 〔日〕矢野主税：《使制的发生》，《史学研究》第 12 卷第 2 号，1940 年。

⑧ 〔日〕松岛才次郎：《唐代使的频繁使用》，《信州大学教育学部纪要》第 18 期，1967 年。

⑨ 〔日〕松岛才次郎：《唐代使的本官》，《信州大学教育学部纪要》第 19 期，1968 年。

⑩ 〔日〕松岛才次郎：《唐代使的封爵》，《信州大学教育学部纪要》第 20 期，1969 年。

⑪ 陈仲安：《唐代的使职差遣制》，《武汉大学学报》（人文科学）1963 年第 1 期。

中心的地方军政使职体系是其一。何汝泉先生《唐代使职的产生》① 一文分析了唐代使职的产生原因、发展条件及设置情况。作为对内藤湖南"唐宋变革论"的再次回应，五六十年代日本学界也出现了对于唐后期官制及使职的研究，代表成果有砺波护《三司使的成立——唐宋变革与使职》，② 该文不但梳理了玄宗前财政机构到宋代三司使的演变历程，而且以设立使职与加强中央集权的关系，对唐宋变革进行更深入的分析。国内外学者对于使职的研究，逐渐从关注较多的节度使转入观察使。曾我部静雄「唐の节度使と观察使」、③ 日野开三郎「观察处置使について——主として大历末まで——」、④ 韩国学者郑炳俊「唐代の观察处置使について——藩镇体制の一考察——」⑤ 三篇文章，对观察使独立进行考察，对于唐后期地方使职的研究具有启发意义。《〈全唐文〉职官丛考》⑥ 一书对于《全唐文》中涉及的职官尤其正史记载较少的使职做了考证，对本书具有借鉴意义。宁志新在《唐朝使职若干问题研究》⑦

---

① 何汝泉：《唐代使职的产生》，《西南师范大学学报》（人文社会科学版）1987 年第 1 期。

② 〔日〕砺波护：《三司使的成立——唐宋变革与使职》，《史林》第 44 卷第 4 期，1961 年。

③ 曾我部静雄「唐の节度使と观察使」『中国律令史の研究』吉川弘文馆，1971。

④ 日野开三郎「观察处置使について——主として大历末まで——」『日野开三郎东洋史学论集』第 3 卷、三一书房、1981。

⑤ 郑炳俊「唐代の观察处置使について——藩镇体制の一考察——」『史林』第 77 卷第 5 期、1994。

⑥ 陈国灿、刘健明主编《〈全唐文〉职官丛考》，武汉大学出版社，1997。

⑦ 宁志新：《唐朝使职若干问题研究》，《历史研究》1999 年第 2 期。

中认为，唐朝使职数量在 350 个左右，并将其按职能分成五个系统。使职僚佐选任采取自辟制。唐代使职已经常设化、系统化、固定化。文章还认为唐代官制有缺陷，使职具备了常设官制所不具有的一些优点，使唐朝政治、经济、军事形势发生了巨大的变化等。具体到防御使和团练使研究，成果较少，仅见冯培红《敦煌归义军职官制度——唐五代藩镇官制个案研究》①一文对唐代归义军的防御使和团练使设置情况及文武僚佐的设置等进行了考察。

唐宋之际的使职研究，素来注意政治制度层面，颇为忽略其与军事系统之关系。赵雨乐《唐宋变革期之军政制度——官僚机构与等级之编成》②则力图打破这一局面，考察了唐代所谓"北司"，实不止北面禁军，亦包括内诸司使，构成一个完整的军政系统。所著《唐宋变革期军政制度史研究（一）——三班官制之演变》③追溯唐末以来三班官由内廷宦官系统兴起，到五代扩展成多等级武官制，说明五代三班官由原来具有军职与使职之多重性格，发展至专项使职之转迁历程。唐宋变革期的军政形态不再如中世时期强调贵族血缘关系，乃是以帝王亲从将校建立权力核心，私人任命的意味很浓。刘后滨《安史之乱与唐

---

① 冯培红：《敦煌归义军职官制度——唐五代藩镇官制个案研究》，博士学位论文，兰州大学，2004。

② 赵雨乐：《唐宋变革期之军政制度——官僚机构与等级之编成》，台北，文史哲出版社，1994。

③ 赵雨乐：《唐宋变革期军政制度史研究（一）——三班官制之演变》，台北，文史哲出版社，1993。

代政治体制的演进》① 从政治制度的整体变革探讨了使职
和传统六部职权之冲突。关于五代时期使职的研究成果，
主要为李军的《五代使职官考述》、②《略论五代使职官的
几个特征》、③《论五代使职官的军事化》，④ 他提出使职官
在五代产生新特点并出现阶官化趋势，在唐朝业已消失的
部分使职重新恢复，部分使职可兼领外职，即将三省体制
和使职差遣结合起来，最终形成了三司使掌财政、枢密使
掌军事、中书掌行政的局面，此对北宋政治、经济产生了
深远的影响。柳浚炯《唐五代内职诸使研究》⑤ 一文对于
唐五代内职诸使进行了梳理。日本学者也有相关研究，友
永植「唐、五代三班使臣考」、⑥ 日野开三郎：《五代镇将
考》⑦ 等论著，对于唐五代时期武官制度进行了初步考证
性探讨。

　　1916 年出版的吴廷燮《北宋经抚年表　南宋制抚年
表》⑧ 成为宋代官制专题研究的首创。40 年代，官制研究

① 刘后滨：《安史之乱与唐代政治体制的演进》，《中国史研究》1999
　年第 2 期。
② 李军：《五代使职官考述》，硕士学位论文，陕西师范大学，2001。
③ 李军：《略论五代使职官的几个特征》，《北京理工大学学报》（社会
　科学版）2003 年第 3 期。
④ 李军、张军刚：《论五代使职官的军事化》，《陕西师范大学继续教
　育学报》2003 年第 2 期。
⑤ 柳浚炯：《唐五代内职诸使研究》，硕士学位论文，北京大学，
　2004。
⑥ 友永植「唐、五代三班使臣考」『宋代の社会と文化』（宋代史研究
　报告第一集）、汲古书院、1983 年 6 月。
⑦ 〔日〕日野开三郎：《五代镇将考》，《日本学者研究中国史论著选
　译》第五卷《五代宋元》，中华书局，1993。
⑧ 吴廷燮：《北宋经抚年表　南宋制抚年表》，中华书局，1984。

较为活跃，主要有辰伯（吴晗）《宋官制杂释》、① 金毓黻《宋代官制与行政制度》② 和《堂后官考》、③ 官蔚蓝《宋代禄制之薄》（上、下）④ 等，均成为研究宋代官制的奠基性论文。此时期唯一一部也是近人研究宋代官制的第一部专著是邓广铭《〈宋史·职官志〉考正》，⑤ 陈寅恪先生为其作序，称誉云："其用力之勤，持论之慎，并世治宋史者，未能或之先也。……其神思之缜密，志愿之果毅，逾越等伦。他日新宋学之建立，先生当为最有功之一人，可以无疑也。"20 世纪五六十年代，国内关于宋代职官制度的研究相对匮乏，而日本学者则成绩斐然，如佐伯富《宋史职官志索引》⑥ 成为阅读《宋史·职官志》重要的工具书，其中刊有宫崎市定《宋史官制序说》一文，论述了宋代复杂多变的官制及其特点，对全面研究宋代官制具有开创之功。从 70 年代末期开始，国内宋代官制研究进入新的局面，代表成果有俞宗宪《宋代职官品阶制度研究》、⑦ 林瑞翰《宋代官制探微》⑧ 以及朱瑞熙先生官制研

---

① 辰伯：《宋官制杂释》，《文史杂志》第 1 卷第 11 期，1941 年。

② 金毓黻：《宋代官制与行政制度》，《文史杂志》第 2 卷第 4 期，1942 年。

③ 金毓黻：《堂后官考》，《文史杂志》第 5 卷第 7、8 期，1945 年。

④ 官蔚蓝：《宋代禄制之薄》（上、下），《中央日报》1947 年 7 月 23 日、30 日。

⑤ 邓广铭：《〈宋史·职官志〉考正》，《邓广铭全集》第 9 卷，河北教育出版社，2005。

⑥ 〔日〕佐伯富编《宋史职官志索引》，同朋舍，1963。

⑦ 俞宗宪：《宋代职官品阶制度研究》，《文史》第 21 辑，中华书局，1983。

⑧ 林瑞翰：《宋代官制探微》，《台大历史学报》1975 年第 2 期。

究的系列文章——《官僚政治制度的产物——复杂多变的
宋朝官制》（1—6）、①《宋代官署、官职的简称和别称》②
等，龚延明《宋史职官志补正》、王瑞来《宋宰辅编年录
校补》两部重要的宋代官制整理与研究专著。之后有关宋
代文官选任及制度的系列研究成果，见于邓小南、王瑞
来、李昌宪等诸位先生。③ 此时期关于宋代官制总论性代
表研究成果有龚延明和苗书梅等诸位先生的论著。④ 关于
宋代武官官制的研究一直较为薄弱。近代以来最早对宋代
武官制度研究的学者为怀葛民，其论文《南宋之节度使》⑤
考证了南宋节度使的类型、官职等方面。之后一段时间
内，对于宋代武官官制的研究集中在特定官制上，如阎庆

① 朱瑞熙：《官僚政治制度的产物——复杂多变的宋朝官制》（1—6），
《文史知识》1986 年第 1、2、3、4、7、8 期。
② 朱瑞熙：《宋代官署、官职的简称和别称》，《上海师范大学学报》
（哲学社会科学版）1985 年第 4 期。
③ 邓小南：《北宋文官磨勘制度初探》，《历史研究》1986 年第 6 期；
《宋代文官差遣除授制度研究》，《中国史研究》1989 年第 4 期；《北
宋的循资原则及其普遍作用》，《北京大学学报》（哲学社会科学版）
1986 年第 2 期；《宋代文官选任制度诸层面》，河北教育出版社，
1993。（宋）徐自明撰，王瑞来校补《宋宰辅编年录校补》，中华书
局，1986。王瑞来：《论宋代相权》，《历史研究》1985 年第 2 期；
《论宋代皇权》，《历史研究》1989 年第 1 期。李昌宪：《宋代文官帖
职制度》，《文史》第 30 辑，中华书局，1988。
④ 龚延明：《宋史职官志补正》，中华书局，2009；《宋代职官简称别
名汇释选》，《杭州大学学报》（哲学社会科学版）1987 年第 3 期；
《宋代职官术语汇释》，《大陆杂志》第 82 卷第 3 期，1991 年 3 月；
《宋代官吏的管理制度》，《历史研究》1991 年第 6 期；《北宋元丰官
制改革论》，《中国史研究》1990 年第 1 期。苗书梅：《宋代官员选
任和管理制度》，河南大学出版社，1996。
⑤ 怀葛民：《南宋之节度使》，《东方杂志》第 15 卷第 5 期，1918 年。

恒《宋代走马承受公事考》，^①佐伯富著、魏美月译《宋代走马承受之研究》（上、中、下），^②魏志江《宋代"走马承受"设置时间考》，^③王曾瑜《辽宋金之节度使》，^④苗书梅《宋代巡检初探》。^⑤后来此情况逐渐转变，如孙家骅《宋代在文臣和武将的称呼区别上并非绝对严格》^⑥一文从文臣和武将的称呼问题对武官制度进行了初步探讨。日本学者梅原郁著有《宋代的武阶》一文，后收入其《宋代官僚制度研究》^⑦一书，其文对于宋代武阶官的出身、担任的实职、等级划分以及叙阶过程进行了充分论述，并得出宋代虽然成功地抑制了武人跋扈，但新培植的武臣阶层人数众多，素质低下，又主要负责财政、边防和外交事务，不能对宋代国势产生重要影响。苗书梅《宋代武官选任制度初探》^⑧一文首次对武官的选任制度做了探讨。龚延明《宋代武官阶类别及其演变》^⑨一文对武官官阶进行

---

① 阎庆恒：《宋代走马承受公事考》，编译馆主编《宋史研究集》第11辑，1979。

② 〔日〕佐伯富：《宋代走马承受之研究》（上、中、下），魏美月译，《东方杂志》复刊第13卷第8、9、10期，1980年2月、3月、4月。

③ 魏志江：《宋代"走马承受"设置时间考》，《中国史研究》1990年第4期。

④ 王曾瑜：《辽宋金之节度使》，《大陆杂志》第83卷第2、3、4期，1991年。

⑤ 苗书梅：《宋代巡检初探》，《中国史研究》1989年第3期。

⑥ 孙家骅：《宋代在文臣和武将的称呼区别上并非绝对严格》，《学术月刊》1987年第12期。

⑦ 〔日〕梅原郁：《宋代的武阶》，《宋代官僚制度研究》，同朋舍，1985。

⑧ 苗书梅：《宋代武官选任制度初探》，《史学月刊》1996年第5期。

⑨ 龚延明：《宋代武官阶类别及其演变》，杭州大学古籍研究所、杭州大学中文系古汉语教研室编《古典文献与文化论丛》，中华书局，1997。

了分类，并论述了其叙迁及演变过程。另外，还有关于个别武将，如岳飞，官职迁转的研究成果，如李安《宋代官制与岳武穆的官职》、① 龚延明《岳飞官衔系年与考释》、② 王曾瑜《从岳飞及其部将的仕历看南宋前期武官的升迁资序》③ 等。2000 年以后，关于宋代武官官制的研究成果，集中于赵冬梅先生的系列论文以及其专著《文武之间：北宋武选官研究》，④ 该书对从中唐武选官的萌芽到宋代武官的阶官化进程都进行了论述，并对个案与一般迁转程序做了分析。其中对于节度使、观察使、防御使、团练使、刺史，如何由晚唐地方实职成为宋代武官正任官迁转官阶进行了分析，并论述了实任、兼领、遥领的复杂情况。余蔚也有关于节度使体系官职的研究成果，但大都从地方建制变迁的角度进行，如《宋代节度体系官员与州之关系》⑤

---

① 李安：《宋代官制与岳武穆的官职》，《中国宪政》第 3 卷第 10 期，1968 年。

② 龚延明：《岳飞官衔系年与考释》，《岳飞研究》第 1 辑，浙江古籍出版社，1988。

③ 王曾瑜：《从岳飞及其部将的仕历看南宋前期武官的升迁资序》，《岳飞研究》第 3 辑，中华书局，1992。

④ 赵冬梅：《试论勋赏与文武分途背景下的宋代武官制度》，《国学研究》第 10 卷，北京大学出版社，2002；《试论宋代的閤门官员》，《中国史研究》2004 年第 4 期；《北宋前期"官与品轻重不相准"含义试释》，《北大史学》第 11 辑，北京大学出版社，2005；《唐宋诸使机构职掌考》，《国学研究》第 16 卷，北京大学出版社，2005；《试论通进视角中的唐宋閤门司》，邓小南主编《政绩考察与信息渠道：以宋代为重心》，北京大学出版社，2008；《宋代的武选官——内在秩序与通用标尺》，浙江大学宋学研究中心编《宋学研究集刊》第 1 辑，浙江大学出版社，2008；《文武之间：北宋武选官研究》，北京大学出版社，2010。

⑤ 余蔚：《宋代节度体系官员与州之关系》，《文史》第 3 辑，中华书局，2003。

《唐至宋节度、观察、防御、团练、刺史体系的演变》。①
单纯就这一体系中的某个使职进行研究的成果有，陈峰
《宋太祖朝节度使类别及其转型述论》，② 邓恩娟《宋初节
度使初探》，③ 虞云国、张玲《唐宋时期"观察使"职权
的演变》，④ 张玲《唐宋之际防御使职能探微》⑤《北宋前
期道州两级防御使之职权演变》⑥ 等，以上诸位学者的研
究对本书写作均有指导性意义。

2. 关于唐宋之际中央与地方关系的研究

关于唐代中央与地方关系问题，学界已经从不同角度
进行了研究，并取得了相当丰硕的成果。由藩镇入手者，
如日野开三郎、⑦ 王寿南、⑧ 张国刚⑨诸位先生。与藩镇不
同的是，州的建制贯穿唐宋始终，故学者以州切入研究唐

① 余蔚：《唐至宋节度、观察、防御、团练、刺史体系的演变》，《中华文史论丛》第 3 辑，上海古籍出版社，2003。
② 陈峰：《宋太祖朝节度使类别及其转型述论》，《河北大学学报》（哲学社会科学版）2012 年第 4 期。
③ 邓恩娟：《宋初节度使初探》，硕士学位论文，西北大学，2008。
④ 虞云国、张玲：《唐宋时期"观察使"职权的演变》，《宋史研究论丛》，河北大学出版社，2006。
⑤ 张玲：《唐宋之际防御使职能探微》，硕士学位论文，上海师范大学，2005。
⑥ 张玲：《北宋前期道州两级防御使之职权演变》，《历史教学问题》2012 年第 3 期。
⑦ 日野开三郎『日野开三郎东洋史学论集』第 1 卷『唐代藩镇の支配体制』、第 2 卷『五代史の基调』三一书房、1980。
⑧ 王寿南：《唐代藩镇与中央关系之研究》，台北，大化书局，1978；《从藩镇之选任看安史之乱后唐中央政府对地方之控制》，《政治大学历史学报》第 6 期，1988 年。
⑨ 张国刚：《唐代藩镇研究》（增订版），中国人民大学出版社，2010；《唐代政治制度研究论集》，台北，文津出版社，1994。

宋中央与地方关系的较多。黄绶《唐代地方行政史》、[①] 薛作云《唐代地方行政制度研究》[②] 开启了先河。陈志坚的《唐代州郡制度研究》[③] 从唐代州郡的等级和类别、州郡的官僚制度及州郡的行政制度等方面探讨了唐代的中央与地方关系，许多观点富有新意。在州级职官体系及其职能方面，王寿南《唐代的州制》[④] 一文探讨了州的名称演变与等级、刺史的职权以及州级僚佐的设置和职掌问题。夏炎《唐代州级官府与地域社会》[⑤] 一书也从州级官府出发，探讨了唐代州郡与中央的关系。张达志《唐代后期藩镇与州之关系研究》[⑥] 一书立足于朝廷、藩镇、州之间的虚实结合的三角关系，考察州由唐至宋的演变。从地方长官的角度考察中央与地方关系的研究成果有李文澜《从唐代地方长官选任看中央与地方的政治关系——以山南荆楚为例》[⑦] 和陈翔《唐代中央与地方关系研究——以三类地方官为中心》[⑧] 两

---

① （清）黄绶：《唐代地方行政史》，永华印刷局，1927。
② 薛作云：《唐代地方行政制度研究》，台北，台湾商务印书馆，1974。
③ 陈志坚：《唐代州郡制度研究》，上海古籍出版社，2005。
④ 王寿南：《唐代的州制》，《唐代政治史论集》，台北，台湾商务印书馆，2004。
⑤ 夏炎：《唐代州级官府与地域社会》，天津古籍出版社，2010。
⑥ 张达志：《唐代后期藩镇与州之关系研究》，中国社会科学出版社，2011。
⑦ 李文澜：《从唐代地方长官选任看中央与地方的政治关系——以山南荆楚为例》，《魏晋南北朝隋唐史资料》第19辑，上海古籍出版社，2002。
⑧ 陈翔：《唐代中央与地方关系研究——以三类地方官为中心》，博士学位论文，武汉大学，2010。

文。李治安《唐宋元明清中央与地方关系研究》①考察了自唐以后的历代中央与地方的关系，"唐代道、藩镇体制下中央与地方关系"一章主要从行政统属、军事、财政、司法权力分配和监察等方面进行了论述。陈长征《唐宋之际地方政治体制转型研究》②一书力图打破朝代断线的局限，从历史延续性角度来考察唐宋地方制度变革。李昌宪先生两篇文章，《宋代的军、知军、军使》和《略论宋代知州制的形成及其历史意义》，探讨了宋代州级行政长官的形成以及职掌。③苗书梅《宋代知州及其职能》④一文在李昌宪先生研究的基础上，对宋代知州制的形成做了充分论述。余蔚的两篇文章《宋代地方行政制度》《完整制与分离制：宋代地方行政权力的转移》⑤认为宋代地方行政制度的最大特色，是在同一高层政区存在多个平行的行政组织与长官，这种分离制是中央政府重新分配地方行政权力的表现，这种权力格局更有利于中央。

随着地方行政权力的演变，地方统军体系也发生了诸多变迁。近年来，颇多学者都关注到了这方面的内容，研

① 李治安主编《唐宋元明清中央与地方关系研究》，南开大学出版社，1996。
② 陈长征：《唐宋之际地方政治体制转型研究》，山东大学出版社，2010。
③ 李昌宪：《宋代的军、知军、军使》，《上海师范大学学报》（哲学社会科学版）1990 年第 3 期；《略论宋代知州制的形成及其历史意义》，《南京大学学报》（哲学社会科学版）1996 年第 4 期。
④ 苗书梅：《宋代知州及其职能》，《史学月刊》1998 年第 6 期。
⑤ 余蔚：《宋代地方行政制度》，博士学位论文，复旦大学，2003；《完整制与分离制：宋代地方行政权力的转移》，《历史研究》2005 年第 4 期。

究成果涉及节度使、都部署、经略安抚使、制置使、宣抚使等。从不同使职的兴废更替，可以看到中央与地方在统军体系关系上的发展趋势。李昌宪先生《试论宋代地方统兵体制的形成及其历史意义》[①] 首次对此一演变过程做出探讨，认为宋代州置部署之制于五代时已基本形成，经太祖、太宗及真宗三朝，都部署之制大体形成。此文重点在于，指出宋代都监、监押、都监押、部署、都部署等制度取代了唐代节度使体系统兵的制度，并为此后的安抚使制度做了准备。同氏著《宋代安抚使考》[②] 亦贯彻了同样的观点。陈峰先生《都部署与北宋武将地位的变迁》，[③] 赵冬梅《北宋前期边防统兵体制研究》，[④] 张邦炜、杜桂英《论北宋前期的都部署问题》[⑤] 也对节度使统兵体系在宋代的演化做了论述。

二 研究主要内容、基本思路

1. 主要内容

在唐代安史之乱后，唐代藩镇体系中出现了节度使、节度观察留后、观察使、防御使、团练使、刺史等六个重要长官并被纳入统一行政体系中。在藩镇体系中，防御使

---

① 李昌宪:《试论宋代地方统兵体制的形成及其历史意义》,《史学月刊》1996 年第 2 期。

② 李昌宪:《宋代安抚使考》, 齐鲁书社, 1997。

③ 陈峰:《都部署与北宋武将地位的变迁》,《安徽师范大学学报》(人文社会科学版) 2001 年第 3 期。

④ 赵冬梅:《北宋前期边防统兵体制研究》,《文史》第 68 辑, 中华书局, 2004。

⑤ 张邦炜、杜桂英:《论北宋前期的都部署问题》,《四川师范大学学报》(社会科学版) 2005 年第 2 期。

和团练使因为军事防御而设。他们既是独立的，又可由其他长官兼任。防御使和团练使在自己的基本职能之外，随着政治环境的变化，至北宋在"防弊"的理念之下，成为节、观、防、团、刺体系中的武阶官。防御使和团练使在唐宋之际经历着巨大的变迁，以其职能演变来窥探唐宋之间官制体系的巨大变化，进而形成对于唐宋政治制度变迁的宏观认识。

2. 基本思路

从政治、军事两个角度去考察防御使和团练使。第一，考察唐代在怎样的政治和军事形势下设立了防御使和团练使两个使职，以及他们的职掌。第二，考察唐至五代时期，防御使和团练使在藩镇体系中选任、迁转、遥领与兼领以及幕僚情况，以具体的考证来了解中晚唐及五代的政治军事变迁、其职能范围发生的变化。第三，考察在北宋以防弊立国、削藩镇的背景下，防御使和团练使的职权被侵夺、军事和政治权力丧失以及阶官化的进程。第四，考察阶官化之后防御使与团练使的酬劳以及受益群体。第五，综论北宋正任官体制与地方政治和统兵体制的关系。第六，总结在宋代"崇文抑武"的治国方略之下，防御使和团练使成为迁转之阶是对武将的身份保障。

3. 研究重点难点、基本观点

（1）研究重点

一是唐代中后期至北宋初期防御使、团练使的演变，结合政局的变化，明确其价值意义，进而深化政治制度史研究。

二是唐宋时期中央与地方关系的变化，如北宋消除藩镇割据、加强中央集权和地方统兵体制的演变，如何进行制度层面分析成为重点。

（2）研究难点

一是对唐至宋防御使、团练使的正任、遥领和兼领进行梳理和研究，厘清不同官职之间的内在联系。尤其是五代时期防御使、团练使遥领、兼领的出现，实际表现了州镇长官虚衔化的趋势。对于防御使、团练使官职的具体考察，有助于对唐宋变革有更清晰的认知。

二是具体考察以防御使、团练使为代表的正任官体制与宋代军政关系，如防御使、团练使在北宋中后期仅成为升迁的一种阶官，但还有兼任三衙管军和知州等情况。这说明北宋在"崇文抑武"的治国理念下，虽限制了武将群体的职能发展，但在一定程度上还要对其进行身份保障。宋代通过兵变立国，对武将群体的认知中包含"抑制职权"和"身份保障"两个方面，在军政秩序发展过程中如何将二者协调统一，是本书研究的关键所在。

（3）基本观点

防御使、团练使最初是以差遣性使职的身份出现，随着客观形势的发展变化，最终固定化、职官化。在唐代的使职系统中，它们与节度使同为军事系统的核心，在一定的历史时期曾起到积极作用。

在道一级的行政体制中，防御使与团练使从临时性的派遣发展为固定官职。后来，在实际政治军事形势的发展之下，又有兼任情况存在，就如同节度使一样，它成为藩镇体系中集军政、财政、民政于一身的重要长官。但由于不受旌节，所以在一定程度上还受到中央的节制。

北宋为消除唐末以来的藩镇割据、武人跋扈问题，将"崇文抑武"定为治国的基本理念。宋代统治者为了政权的平稳过渡，实现中央对地方的有力统治，采取官制改革的平稳过渡方式，加强了中央集权，为后世的改革提供了一个成功的典范。

第一章　北宋防御使与团练使的渊源

　　唐安史之乱后，因复杂的政治军事形势，藩镇①分布于各地，成为事实上州县之上的一级行政实体。"从安史之乱结束到北宋建立的二百年间，藩镇是政治、军事以及经济、社会生活中的重要角色。"② 唐后期中央和地方关系的这种特殊性，在整个中国古代历史发展中相当突出。唐后期的藩镇体系中出现了节度使、节度观察留后、观察使、防御使、团练使、刺史等六个重要长官，并被纳入统一军政体系中。节度使、刺史为藩镇的军政职掌或一州的最高统领。观察使设立的初衷主要是其监察职权。而防御使和团练使的设置目的具有特殊性——军事防御。在藩镇体系中，防御使和团练使既是独立的，有自己的职权范围、治所、幕僚；又可由其他长官兼任，如观察使、刺史等。这样，在州牧的行政、监察权外又多了军事防御权。随着政治环境的变化，防御使和团练使的基本职能，也在

---

　①　藩镇又称方镇，一般来讲，藩镇多政治意味，而方镇倾向于地理区域层面。王寿南：《唐代藩镇与中央关系之研究》，第2页。
　②　张天虹：《唐代藩镇研究模式的总结和再思考——以河朔藩镇为中心》，《清华大学学报》（哲学社会科学版）2011年第6期，第55页。

延伸、附加、变更。这样，原来的军政区向高级行政区划转变，其长官掌握着军政、民政及财政大权，因此产生了非常明显的分裂倾向。从一定程度上来讲，防御使与团练使的职能产生与发展，是中央与地方关系的焦点所在。

第一节　唐代防御使的设立

防御使在历史上最早出现于唐圣历元年（698），《事物纪原》载："武后圣历元年，以夏州领防御使，禄山犯顺，当冲诸郡皆置之，则是防御使自则天始也。"[①]《文献通考》"防御使"条采用同样说法："唐武后圣历元年，以夏州镇领防御使，防御使之名自此始。开元二年，薛讷为陇右防御使。天宝中，安禄山犯顺，大郡要地当贼冲者，置防御守捉使。"[②]　"以夏州领"及"以夏州镇"实则是"以夏州都督领盐州防御使"。[③]武则天统治时期，中原与周边民族关系比较紧张。比如与吐蕃，永昌元年（689），武则天派兵征讨西域，争夺被吐蕃于咸亨元年（670）占领的四镇，但以失败告终，直至长寿元年（692）才夺回四镇，后又于万岁通天元年（696），与吐蕃征战素罗汗山；与突厥，在东突厥汗国重建后，武则天于永昌元年、长寿三年两次派兵攻打东突厥，后东突厥也于圣历元年侵犯唐朝；

---

① （宋）高承：《事物纪原》卷六《节钺帅漕部·防御》，中华书局，1989，第307页。

② （元）马端临：《文献通考》卷五九《职官考十三》，中华书局，2011，第1776页。

③ 《新唐书》卷四九《百官志四下》，中华书局，1975，第1316页。

契丹一些部落曾不堪奴役，发动叛乱，万岁通天元年、神功元年（697），唐朝两次对契丹发动进攻，但都以失败告终。在这样的背景之下，唐朝置武骑团以备边，[①] 并在盐州设立防御使一职，后推广于全国。防御使最早是州级官职，后来逐渐发展成为总领数州或藩道一级的军政长官。开元二年（714），"薛讷摄左羽林将军、陇右防御使"。[②] 同年，"以益州长史领剑南道支度营田、松当姚巂州防御处置兵马经略使"。[③] 由此看来，防御使在设立之初，可由地方长官兼任，兼有营田、度支、兵马等使职之责，在一道或数州的政治、经济、军事上有较大的权力，与节度使的发展情形相类。开元十年（722），唐玄宗于边地设置十兵镇，包括九个节度使及一个经略使。这种以数州为一镇的节度使不仅管理军事，还兼领按察使、安抚使等使职，拥有辖区内行政、财政、军事等大权，并且令原地方长官州刺史变为其部属。《新唐书》言："既有其土地，又有其人民，又有其甲兵，又有其财赋。"[④] 唐朝外重内轻的军事格局渐渐形成。天宝十四载（755），玄宗知晓安禄山谋反的意图，即召宰相共同商议，"置河南节度使，领陈留等十三郡，以卫尉卿猗氏张介然为之。以程千里为潞州长史。诸郡当贼冲者，始置防御使"。[⑤] 可见，诸郡遍设防御使，与当时政治、军事形势有着密切关系。

---

① 《资治通鉴》卷二百六，圣历二年腊月辛亥，中华书局，1956，第6539 页。
② 《旧唐书》卷八《玄宗纪上》，中华书局，1975，第173 页。
③ 《新唐书》卷六七《方镇表四》，第1862—1863 页。
④ 《新唐书》卷五〇《兵志》，第1328 页。
⑤ 《资治通鉴》卷二一七，天宝十四载冬十月丙子，第6937 页。

安史之乱后，防御使的任命更加频繁，"李随至睢阳，有众数万。丙辰，以随为河南节度使，以前高要尉许远为睢阳太守兼防御使"；① "炅表薛愿为颍川太守兼防御使，庞坚为副使"；② "以（来）瑱为颍川太守。贼屡攻之，（来）瑱前后破贼甚众，加本郡防御使"；③ "以陇西公瑀为汉中王、梁州都督、山南西道采访、防御使"。④ 对于此番人事任命，《旧唐书》总结道："至德后，中原置节度使。又大郡要害之地，置防御使，以治军事，刺史兼之，不赐旌节。"⑤ 安禄山叛乱，为应对复杂的政治、军事形势而广设防御使，但也并非一劳永逸，"潼关既败，于是河东、华阴、冯翊、上洛防御使皆弃郡走，所在守兵皆散"。⑥

州级防御使往往是刺史兼任，如"前陇右节度副使、陇州刺史马燧为商州刺史，充本州防御使"；⑦ "太常卿杜确为同州刺史、本州防御、长春宫使"；⑧ "以（裴）茂代（来）瑱为襄州刺史，充防御使"⑨ 等。防御使最初的主要职能是军事防御，"至德之后，中原用兵，刺史皆治军戎，遂有防御、团练、制置之名"。⑩ 防御使既有军事防御

---

① 《资治通鉴》卷二一七，至德元年春正月乙卯，第6951页。
② 《资治通鉴》卷二一七，至德元年春正月甲子，第6953页。
③ 《资治通鉴》卷二一七，至德元年三月壬午，第6960页。
④ 《资治通鉴》卷二一八，至德元年五月壬寅，第6978页。
⑤ 《旧唐书》卷四四《职官志三》，第1923页。
⑥ 《资治通鉴》卷二一八，至德元年五月己丑，第6969—6970页。
⑦ 《旧唐书》卷一一《代宗纪》，第307页。
⑧ 《旧唐书》卷一三《德宗纪下》，第388—389页。
⑨ 《旧唐书》卷一一四《裴茂传》，第3364页。
⑩ 《旧唐书》卷三八《地理志一》，第1389页。

职能，便可掌本州兵马，"中书舍人崔咸为陕州防御使。诏陕州旧有都防御观察使额宜停，兵马属本州防御使"。[1] 防御使由刺史兼任，慢慢掌握了一州的军政权力，也有个别州防御使无须兼任刺史便具有了行政权力，"汝州防御使令狐绪有善政，郡人诣阙请立德政碑颂"。[2] 防御使既有一州的军政之权，也拥有辟僚属的权力，乾元二年（759）九月敕："比来刺史之任，皆先奏州县官属。今后除带使次判官外，一切不得奏改。官吏到任之后，察有罪累及不称职者，任具状奏闻请，然后令所由与替其刺史非兼节度，但有防御使者，副使判官，委于本州官中推择，亦不得别奏人。"[3] 防御使辟僚属只能在本州任官中选择。长庆二年（822）诏："团练防御州置判官一员，其副使推巡并停。"[4] 州级防御使有一定的任职资格，但也有个别原为州级属官的牙将因功而被破格授予防御使一职。"许州牙将秦宗权奏破贼于汝州，乃授宗权蔡州防御使。"[5] 防御使州格也有升降的情况："敕徐州罢防御使，为支郡，隶兖州。"[6]

总体而言，唐代既有仅辖一州的州防御使，也有辖数州或藩道的防御使或都防御使，如"田承嗣为魏、博、

① 《旧唐书》卷一七下《文宗纪下》，第543页。
② 《旧唐书》卷一八下《宣宗纪》，第639页。
③ （宋）王溥：《唐会要》卷六八《刺史上》，中华书局，1955，第1201页。
④ 《旧唐书》卷一六《穆宗纪》，第499页。
⑤ 《旧唐书》卷一九下《僖宗纪》，第711页。
⑥ 《旧唐书》卷一九上《懿宗纪》，第654页。

德、沧、瀛五州都防御使"。① 具体到"道"一级，都防御使一般由观察使兼任。"晋慈隰观察使崔汉衡加都防御使名"，②"武俊恒冀观察都防御使"，③"（邢）君牙代为凤翔尹、凤翔陇州都防御观察使"。④ 乾元元年（758），采访处置使改为观察处置使。为平定安史之乱，节度使兼领观察使，而无节度使的藩道则兼防御使，由此形成了新的军政合一的"道"，即"节镇"。后来，节镇逐渐发展成凌驾于州县之上的地方行政，"朝廷故事，制敕不下支郡，牧守不专奏陈"。⑤ 随着政治、军事形势的发展，防御使的职能又有了附加、延伸和变更。藩道防御使也存在升格成为节度使的情况，如"升河中防御使为节度，领蒲、绛等七州"。⑥《通典》中记载："自至德以来，天下多难，诸道皆聚兵，增节度使为二十余道。其非节度使者，谓之防御使，以采访使并领之。采访理州县，防御理军事。……后又改防御使为都团练守捉使，皆主兵事而无旌节，僚属亦减。有副使一人掌贰使事，判官二人分判军事。"安史之乱后，在没有设置节度使的地方设置防御使，以采访使兼领，负责"理军事"和"理州县"事务，因为由同一人兼领，所以军政大权集中于一处。从材料中可看出，藩道一级的防御使也有僚属，因不授节钺，所以僚属较少。《新

---

① 《资治通鉴》卷二二二，广德元年春正月癸亥，第7141页。
② 《旧唐书》卷一三《德宗纪下》，第366页。
③ 《旧唐书》卷一三四《马燧传》，第3694页。
④ 《旧唐书》卷一四四《邢君牙传》，第3926页。
⑤ 《资治通鉴》卷二七三，同光二年冬十月辛未，第8925页。
⑥ 《资治通鉴》卷二二〇，至德二年十一月戊午，第7051页。

唐书》具体记载了防御使僚属情况："防御使、副使、判官、推官、巡官，各一人。"① 除了文职僚佐外，都防御使还有一些武职僚属，如"（大和四年）敕西都两京兆，惟管一郡。分置兼属，本因艰难。若四方少事，则旧制为便。其都防御观察使额宜停，所管兵马使，属本州防御使"。② 由此可知，都防御使原本还有兵马使等武职僚佐。《唐六典》记载，军镇级的防御使也有僚人："凡诸军、镇大使、副使已下，皆有僚人、别奏以为之使。大使三品已上，僚二十五人，别奏十人。副使三品已上，僚二十人，别奏八人；……若讨击、防御、游奕使、副使，僚准品各减三人，别奏各减二人。"③

第二节　唐代团练使的设立

关于团练使初设时间，史料记载比较含混，且学术界对于团练使是否源于团结兵有着不同观点。关于团练使源于团结兵的根据，学界一般征引《资治通鉴》卷二一四胡三省注文。《通鉴》原文："剑南节度使张宥，文吏不习军旅，悉以军政委团练副使章仇兼琼。"注文："据《旧志》，上元后置团练使。余考唐制，凡有团结兵之地，则置团练使。此时蜀有黎、雅、邛、翼、茂五州镇防团结兵，故置团练副使；安、史乱后，诸州皆置团练使矣。"④ 对于此则

---

① 《新唐书》卷四九下《百官志四下》，第1310页。
② （宋）王溥：《唐会要》卷七九《诸使杂录下》，第1446页。
③ 《唐六典》卷五《尚书兵部》，中华书局，1992，第159页。
④ 《资治通鉴》卷二一四，开元二十七年冬十月甲辰，第6840页。

材料，学界看法各异。以张国刚先生为代表的学者同意团练使为团结兵长官的说法。① 他在《唐代团结兵问题辨析》一文中写道："我推测，唐前期的团练使与此（健儿使、旷骑使）有相同的性质，即凡有团结兵之地，必置团练使，他不是最高军事长官，但是带有此号便拥有主持团结兵的组建、训练工作的权力。"② 方积六先生认为，"团练使与团结兵有一定的关系"，"并非团练使专门是团结兵的长官，有团结兵就有团练使"。③ 毋庸置疑，团练使在安史之乱前已经广泛出现，但与团结兵相关的团练使还没有发展成为领一州或一道军事防御的成熟使职，仅仅有主持团结兵的组建、训练工作的权力。

胡三省在注文中提到"据《旧志》，上元后置团练使"，依据的是《旧唐书·职官志》中的记载："至德后，中原置节度使。又大郡要害之地，置防御使，以治军事，刺史兼之，不赐旌节。上元后，改防御使为团练守捉使，又与团练兼置防御使，名前使，各有副使、判官，皆天宝后置，未见品秩。"④ 上元以后，改防御使为团练守捉使。据此，张国刚先生指出，"唐代有两个上元年号，一是高宗咸亨五年（674）八月改元上元元年，一是肃宗乾元三

---

① 其中还包括日野开三郎、谷霁光等学者，他们都认为团练使是团结兵的长官。
② 张国刚：《唐代团结兵问题辨析》，《历史研究》1996 年第 4 期，第 43 页。
③ 方积六：《关于唐代团结兵的探讨》，《文史》第 25 辑，中华书局，1985，第 102 页。
④ 《旧唐书》卷四四《职官志三》，第 1923 页。

年（760）闰四月改元上元元年。胡三省之意似乎高宗上元元年置团练使，但旧志（即《旧唐书》卷四十四《职官三》）称上元后改防御使为团练守捉使是肃宗时的事情"。① 张先生认为，此应指肃宗时期的"上元"。《通典》中亦记载："自至德以来，天下多难，诸道皆聚兵，增节度使为二十余道。其非节度使者，谓之防御使，以采访使并领之。采访理州县，防御理军事。初节度与采访各置一人，天宝中始一人兼领之。……上元末，省都统，后又改防御使为都团练守捉使，皆主兵事而无旌节，僚属亦减。"② 综合《旧唐书·职官志》和《通典》中的记载，可以看出，在广泛设置节度使的同时，于无节度使之地设防御使，后将防御使改为团练使。既然与节度使同级，则此处的团练使为"道"级。

但《文献通考》中载："唐肃宗乾元初，置团练使、守捉使，大领十州，小者三、五州。代宗时，元载当国，令刺史悉带团练。大率团练皆隶所治州，岁以八月考其治否，以安民为上考，惩奸为中考，得情为下考。"③《事物纪原》亦载："肃宗乾元元年置防御团练使，冯鉴曰：至德中，观风使并领都团练，其后上州亦有其号。唐百官志曰：元载秉政，恩结人心，刺史皆得兼团练使。元载传曰：载用事授刺史者，悉带团练使，以悦人心。"④《文献

---

① 张国刚：《唐代团结兵问题辨析》，《历史研究》1996 年第 4 期，第 43 页。

② （唐）杜佑：《通典》卷三二《职官十四》，中华书局，1988，第 895 页。

③ （元）马端临：《文献通考》卷五九《职官考十三》，第 1776 页。

④ （宋）高承：《事物纪原》卷六《节钺帅漕部·团练》，第 308 页。

通考》与《事物纪原》均采用肃宗乾元元年（758）置团练使的说法，且认为团练使并不是因防御使而改，[1] 提及元载当政，州级团练使的设置。与州防御使相类，州团练使也多由州刺史兼领，如"段秀实为泾州刺史、兼御史大夫，充本州团练使"，[2] 又"（张）愔起复右骁卫将军同正，兼徐州刺史、御史中丞，充本州团练使"。[3] 唐代藩道一级的团练使一般被称为"都团练使"，据赖青寿考证，都团练使最早出现于乾元元年，诏连郴都团练使，[4] 且一般兼领该道观察使，并以此道首州刺史充，如"李琦为福州刺史、福建都团练观察使"，[5] "刑部侍郎魏少游为洪州刺史、兼御史大夫、江西观察团练等使"，[6] "萧复为潭州刺史、湖南团练观察使"，[7] "以检校太子宾客王武俊检校秘书监、恒州刺史、恒冀都团练观察使，康日知为赵州刺史、深赵都团练观察使"[8] 等。[9] 从地理区域看，都团练使一般分布于东南诸道。唐代安史之乱以后，经济重心有

---

① 龚延明认可团练使产生于乾元元年的说法，见《宋代官制辞典》"团练使"条，中华书局，1997，第581页。

② 《旧唐书》卷一一《代宗纪》，第310页。

③ 《旧唐书》卷一四〇《张建封传》，第3833页。

④ 赖青寿：《唐后期方镇建置沿革研究》，博士学位论文，复旦大学，1999，第12页。

⑤ 《旧唐书》卷一一《代宗纪》，第301页。

⑥ 《旧唐书》卷一一《代宗纪》，第286页。

⑦ 《旧唐书》卷一二《德宗纪上》，第320页。

⑧ 《旧唐书》卷一二《德宗纪上》，第332页。

⑨ 但据罗凯考证，大历初期，许多方镇是不带观察使职的。见罗凯《隋唐政治地理格局研究》，博士学位论文，复旦大学，2012，第158页。

南移趋势,① 东南诸道经济有了较大发展,粮食、布帛等
已开始成为朝廷军国之用的重要依赖,"今方用兵,财赋
为急,财赋所产,江、淮居多"。② 张国刚先生将唐代藩镇
分为四种类型,将东南地区的藩镇定义为东南财源型。那
么,"如何控制东南藩镇,是唐朝后期政治生活中的一个
重大课题。限制东南诸道的兵力,始终是唐朝的一个基本
方针"。③ 安史之乱后,东南诸道大多改节度为观察。为保
障中央财源,在东南诸道兵力有所限制的情况下,藩道的
"都团练使"应运而生。"诸道都团练使,足修武备以靖一
方。"④ 团练使这一使职的确立意图也是以军事职能为主,
"以安民为上考,惩奸为中考,得情为下考"。⑤ 如《资治
通鉴》载,"徐州土风雄劲,甲士精强,比因罢节,颇多
逃匿,宜令徐泗团练使选募军士三千人赴邕州防戍,待岭
外事宁,即与代归"。⑥ 团练使也逐渐掌地方军政之权,如
严震母丧解,"起为兴、凤两州团练使,好兴利除害"。⑦

---

① 对于经济重心南移时间问题,史家颇有争论。但各方家一致认为,
唐代南方经济发展是不争的事实。一些学者同时认为经济重心南移
完成于唐代,其代表学者有唐长孺(《魏晋南北朝隋唐史三论》),
认为安史之乱后,经济重心加速向南方转移,终南移到长江流域;
宁可(《中国经济通史·隋唐五代经济卷》)认为大体上自安史之乱
以后,南方经济发展水平超过北方,全国经济重心转移到南方;曹
尔琴(《唐代经济重心的转移》)认为唐代后期经济重心从北方转向
南方;翁俊雄(《唐代区域经济研究》)认为唐后期的经济总体水平
大大超过唐前期,尤其是长江流域。
② 《资治通鉴》卷二一八,至德元年五月癸未,第6992页。
③ 张国刚:《唐代藩镇研究》,第57页。
④ 《旧唐书》卷一四《宪宗纪上》,第437页。
⑤ (元)马端临:《文献通考》卷五九《职官考十三》,第1776页。
⑥ 《资治通鉴》卷二五〇,咸通五年五月敕,第8109页。
⑦ 《新唐书》卷一五八《严震传》,第4942页。

与防御使相类，团练使也设有僚属："团练使、副使、判官、推官、巡官、衙推，各一人。"①

据上文《旧唐书·职官志》和《通典》记载，"上元后，改防御使为团练守捉使"，虽以此推断的团练使首次设立时间与事实不符，但为何两史籍都如此记载呢？又《旧唐书·代宗本纪》与《文献通考》记载："代宗即位，诸州防御使并停。"②《新唐书·百官志四下》记载："代宗即位，废防御使，唯山南西道如故。元载秉政，思结人心，刺史皆得兼团练守捉使。"③从以上史料可见，无论是改防御使为团练守捉使，还是诸州防御使并停，都说明唐代宗想要废除防御使，事实上，代宗想改变刺史兼军事使职的局面，逐步削弱地方的军权。然而，元载为一己私欲，拉拢人心，在执行了罢免防御使的诏令后，又重设了团练守捉使，维持现状。在这一"废"一"改"之间，又有何特殊的政治内涵呢？陈志坚先生分析，"肃宗时期的防御使及其军队是一种战时体制，而代宗时期的团练使及其军队则代表了和平时期的政治体制。所以，'改防御使为团练守捉使'这一改革的意义就在于，这个转变使得整个国家从全国范围的战争状态转入基本和平时期"。④而事实上州防御使也没有全面废除，尤其是"废防御使，唯山南西道如故"。而且，有个别州因具体情况也恢复了防御

---

① 《新唐书》卷四九下《百官志四下》，第 1310 页。
② （元）马端临：《文献通考》卷五九《职官考十三》，第 1776 页；《旧唐书》卷一一《代宗纪》，第 269 页。
③ 《新唐书》卷四九下《百官志四下》，第 1316 页。
④ 陈志坚：《唐代州郡制度研究》，第 16 页。

使一职，如"建中二年正月二十五日，潭、开宜依旧置防御使"。① 然而此次诸州防御使并停，并没有涉及藩道防御使，尤其是南方地区，在少数民族进犯、地方政局动乱的情况下，为维护统治，藩道一级的防御使有存在的必要。

大历十二年（777），团练使面临与防御使相同的情况。《唐会要》载："大历十二年五月十日，中书门下状奏，诸州团练守捉使，请一切并停，其刺史自有持节诸军旅，司马即同副使之任，其判司既带参军事，望令司兵判兵马按，司仓判军粮按，司事判甲仗案具，兵士量险隘召募，谓之健儿，给春冬衣，并家口粮，当上百姓，名曰团练，春秋归，冬夏追集，日给一身粮及酱菜。……十三日，诸道观察都团练使判官各置一人，支使一人，推官一人，余并停。"② 代宗时期正是巩固藩镇体制的关键时期，而恰在此时中央面临最大的难题，就是要加强中央集权，削弱地方武力。因此，大历十二年元载倒台，杨绾为相，中央即实行了政治改革，"杨绾为相，罢团练守捉使，唯澧、朗、峡、兴、凤如故"。③ 由上述材料可知，罢州团练使的军事意义似乎并未凸显，仅去除了刺史的军事使职名号，并减少了州级使职僚佐。但是，代宗罢州团练使之时，并未一同罢停藩道的都团练使。《资治通鉴》载："诏自都团练使外，悉罢诸州团练守捉使。又令诸使非军事要急，无得擅召刺史及停其职务，差人权摄。又定诸州兵，皆有常数，其召募给家粮、春冬衣者，谓之'官健'；差

① （宋）王溥：《唐会要》卷七八《诸使杂录上》，第1440页。
② （宋）王溥：《唐会要》卷七八《诸使杂录上》，第1439页。
③ 《新唐书》卷四九下《百官志四下》，第1316页。

点土人，春夏归农、秋冬追集、给身粮酱菜者，谓之'团结'。"① 对于保留藩道团练使的原因，张玲的解释是：首先是藩道团练使的重要职责以及所辖军队的性质，这对保障中央获取财政税收具有积极意义。其次，罢去州团练使可以使地方军权得以归属刺史。在不动摇州级行政的前提下，恢复原有地方行政机构的管理秩序。而藩道拥有监察、行政权和军事权，道级团练使是其有机组成部分。因此，不存在这样的问题。② 州团练使罢停的诏令得到较好的贯彻，直至唐亡，任命州团练使的情况仍不多。

防御使与团练使均为军事使职，职掌相类，而且一般有节度使设置的藩道就不再兼设都防御使或都团练使，反之亦然。那么二者有何区别呢？其主要区别在于两者迁转的先后、地位的高低、俸钱的多少以及是否授予旌节等方面。对于地位的高低，《文献通考》记载："唐防御使在团练使之下，宋朝升之于上。"③《唐会要》载文武百官朝谒班序："贞元二年六月，御史中丞窦参奏，起今以后，班七人以上，同日不到者，请具名闻奏。从之。其年九月五日敕，应文武百官朝谒班序：中书门下、供奉官……留守、副元帅、都统、节度使、观察使、都团练、都防御使、并大都督、大都护、持节度者，即入。班在正官之次，余官兼者，各从本官班序。"④ 依此两则资料，可知唐

---

① 《资治通鉴》卷二二五，大历十二年五月辛亥，第7245页。
② 张玲：《论唐代宗大历十二年藩道团练使置而不罢》，《天水师范学院学报》2011年第1期，第112页。
③ （元）马端临：《文献通考》卷五九《职官考十三》，第1776页。
④ （宋）王溥：《唐会要》卷二五《文武百官朝谒班序》，第480页。

代防御使地位在团练使之下。《资治通鉴》载："中国之法必自刺史、团练、防御序迁乃至节度使，请遣威至此，渐加进用。"① 虽然此为五代后晋高祖所言，但其中"中国之法"当指大一统的唐朝。团练使、防御使自唐朝始设，流传下来。又，《新唐书》记载："会昌四年，升大同都团练使为大同都防御使。"② 由此可知，若按唐叙迁之制，防御使在团练使之上。《新唐书·食货志》记载了唐百官俸钱额："唐世百官俸钱，会昌后不复增减，今著其数：太师、太傅、太保，钱二百万……节度使，三十万。都防御使、副使，监军，十五万。……都团练使、副使，上州刺史，八万。"③ 此是会昌年间以后的记录，显然都防御使高于都团练使。对于防御使与团练使的地位高低，就出现了矛盾的说法。那么，我们可不可以认为，至少在会昌年间以后，团练使位于防御使之下？④

对于防御使和团练使的区别，陈志坚先生认为，根源在于两者率领军队的性质不同。防御使的军队是适应战争的临时产物，属于招募性质的"官健"，人员庞杂，消耗了大量的地方财政。团练兵是预备兵性质的军队，平时务农，战时应战。这与和平时期的武装相像，可以防止地方军事力量膨胀，并大大减轻了财政负担。⑤

---

① 《资治通鉴》卷二八二，后晋天福四年秋七月丙辰，第9204页。
② 《新唐书》卷六五《方镇表二》，第1819页。
③ 《新唐书》卷五五《食货志五》，第1402—1403页。
④ 因笔者未找到其他材料支撑，尚且存疑。
⑤ 陈志坚：《唐代州郡制度研究》，第16—21页。

第三节　五代防御使、团练使的发展

黄巢起义失败后，唐朝的宦官专权及藩镇问题愈演愈烈，唐风雨飘摇地延续二十年后最终灭亡。吕思勉先生溯及五代十国的成因，将其归于黄巢起义："纷纷之局，起自黄巢。巢身岁丧败乎，然秦宗权固继其后者。马殷，孙儒将，儒，宗权将；王朝所用者，王绪之众，绪亦尝隶宗权；其有所成就，犹巢有所成就也，而梁祖亲巢将，遂霸有中原，尤不必论矣。"① 由此，藩镇格局进一步发展，开启了中国历史上又一个分裂割据、动荡纷扰的时代。"五十三年之间，易五姓十三君，而亡国被弑者八，长者不过十余岁，甚者三、四岁而亡。"② 清人王夫之的《读通鉴论》这样评价五代政权："称五代者，宋人之辞也。夫何足以称代哉？代者，相承而相易之谓，统相承，道相继，创制显庸相易，故汤、武革命，统一天下，因其礼而损益之，谓之三代。朱温、李存勖、石敬瑭、刘知远、郭威之琐琐，窃据唐之京邑，而遂谓之代乎？郭威非夷非盗，差近正矣，而以黥卒乍起，功业无闻，乘人孤寡，夺其穴以篡立，以视陈霸先之能平寇乱，犹奴隶耳。若夫朱温，盗也；李存勖、石敬瑭、刘知远，则沙陀犬羊之长也。温可代唐，则侯景可代梁、李全可代宋也；沙陀三族可代中华

---

① 吕思勉：《隋唐五代史》（上），上海古籍出版社，2005，第470页。
② 《欧阳修全集》卷六〇《本论》，李逸安校点，中华书局，2001，第862页。

之主，则刘聪、石虎可代晋也。"① 可见，对于五代诸政权的评述，无分高低贵贱，皆诉病声为多。

一　防、团两使职责及权利的发展

五代藩镇继续发展，节度使、防御使及团练使等依旧为藩镇中重要的军政长官。那么，藩镇军政长官的选任关系到政治集团与中央之间的利益关系。对于防御使等藩镇军政长官，中央有着选任标准："诸道都督、观察防御使等，或勋高翊世，或才号知人，必于涂巷之贤，备察刍荛之士。"② 且后唐明宗时将防御、团练诸使的任命权收归中央，"防御、团练使、刺史、行军司马、节度副使，自今皆自朝廷除之，诸道无得奏荐"。③ 因防御使、团练使主要是军事使职，选任为防、团两使的，大多因军功，如翟光邺"晋天福中，历棣沂二州刺史、西京副留守。开运初，授宣徽使。杨光远叛灭，青州平，除为防御使，朝廷以兵乱之后，人物雕弊，故命光邺理之"。④ 又如后周广顺二年（952），"恩州团练使李重进，皆帝在藩镇时腹心将佐也，帝即位，稍稍进用"。⑤ 朝廷选任防御使，主要赋予其军事职能，如后唐天成元年（926），幽州奏契丹寇边，于是后唐明宗诏："齐州防御使安审通率师御之。"⑥ 后晋天福七

---

① （清）王夫之：《读通鉴论》卷二八《五代上》，中华书局，1975，第867页。
② 《旧五代史》卷五《梁书·太祖纪五》，中华书局，1976，第85页。
③ 《资治通鉴》卷二七七，长兴元年六月辛亥，第9043页。
④ 《旧五代史》卷一二九《周书·列传九》，第1698页。
⑤ 《资治通鉴》卷二九〇，广顺二年六月辛亥，第9480页。
⑥ 《旧五代史》卷三七《唐书·明宗纪三》，第508页。

年（942），军校贺行政与诸胡相结为乱，攻延州，晋高祖
"遣曹州防御使何重建将兵救之，同、鄜援兵继至，乃得
免"。① 后周广顺二年，北汉将乔赟入寇，府州防御使折德
扆击走之。② 而且，一般防御使还兼任军职，以更有效地
统率军队。如后梁贞明元年（915）九月，"以行营先锋步
军都指挥使、行澶州刺史、检校太保王彦章为汝州防御
使，依前行营先锋步军都指挥使"；③ 后唐天成二年，"金
州防御使娄继英为右神武统军"。④ 除军事职能外，防御使
亦有该地的行政职能，如后唐时期符彦饶，"长兴中，为
金州防御使，为政甚有民誉，其后累迁节镇"。⑤ 与唐代相
类，州防御使往往是刺史兼任，由此该地的军政大权合二
而一，如后梁贞明三年（917），"以前东京马步都指挥使
兼左天武军使雷景从为汝州刺史，充本州防御使"。⑥ 又
"以西面行营马军都指挥使、检校太保、郑州刺史、充本
州防御使王彦章为检校太傅"。⑦ 团练使也是如此，"以前
密州刺史张实为颍州刺史，充本州团练使"。⑧ 后唐天复元
年（901），袁象先"表授刺史，充本州团练"。⑨ 当然，
防御使、团练使的军政权力并非毫无限制，后汉乾祐三年
（950）敕："防御、团练使，自非军期，无得专奏事，皆

---

① 《资治通鉴》卷二八三，天福七年春正月丙寅，第 9234 页。
② 《资治通鉴》卷二九一，广顺二年冬十一月戊辰，第 9497 页。
③ 《旧五代史》卷八《梁书·末帝纪上》，第 123 页。
④ 《旧五代史》卷四六《唐书·末帝纪上》，第 638 页。
⑤ 《旧五代史》卷九一《晋书·列传六》，第 1208 页。
⑥ 《旧五代史》卷九《梁书·末帝纪中》，第 130 页。
⑦ 《旧五代史》卷九《梁书·末帝纪中》，第 132 页。
⑧ 《旧五代史》卷九《梁书·末帝纪中》，第 130 页。
⑨ 《旧五代史》卷五九《唐书·列传十一》，第 796 页。

先申观察使斟酌以闻。"① 张国刚先生认为观察使是方镇最基本的政务使职，如当地驻军多，一般兼任节度使；驻军少，一般兼任都防御使、都团练使等。② 因此，防御使、团练使受观察使的节制是必然的。

防御使在本州内还有荐举权，向朝廷举荐优异的人才，后唐庄宗时规定："如管三州以下者，许奏管内官二人。仍须有课绩尤异，方得上闻。若止于检慎无瑕，科征及限，是守常道，只得书考旌嘉，不得特有荐奏。其防御使每年只许奏一人，若无尤异，不得奏荐。"③ 后唐明宗时规定，扩大直属京的州团练使、防御使等荐举权，"直属京防御、团练使先许荐一人，今许荐二人"。④ 不仅州防御、团练诸使有荐举权，五代时期对藩道诸使荐举权也做了规定："诸道荐人，宜酌定员数。今后节度使每年许荐二人，带使相者许荐三人，团练、防御使各一人，节度、观察判官并听旨授，书记已下即许随府。"⑤ 防御、团练诸使亦有僚属，并且有自行辟署权："诸州防御、团练判、推官，并请本州辟请，中书不更除授。"⑥ 后唐天成三年九月十九日敕："宜令今后诸州府录事参军不得兼职，如或才堪佐幕，节度使须具闻奏，不得兼录事参军。邺都管内刺史州，不合有防御判官之职，今后改为军事判官。如刺史带防御团练使额，即得奏署防御团练判官，仍不得兼录

① 《资治通鉴》卷二八九，乾祐三年五月辛丑，第 9423 页。
② 张国刚：《唐代藩镇研究》，第 132 页。
③ 《旧五代史》卷一四九《职官志十一》，第 2001 页。
④ 《旧五代史》卷四二《唐书·明宗纪八》，第 581 页。
⑤ 《旧五代史》卷三九《唐书·明宗纪五》，第 538 页。
⑥ 《旧五代史》卷一四九《职官志十一》，第 2003 页。

事参军。如此则珠履玳簪，全归客礼，提纲振领，不紊公途。仍付所司。"[1] 后唐明宗时规定，刺史兼带防御、团练使时，即可为防御、团练使奏辟僚属，如防御判官、团练判官等，但不可有录事参军。后唐天成三年（928）五月、长兴二年（931）七月敕，许诸州节度使带使相岁荐僚属五人，"防御、团练使荐二人"。长兴二年八月敕："直属京防御、团练使荐一人。"[2] 后周时期，对防御、团练诸使僚佐人数做了规定："诸道节度副使、行军司马、两京少尹、留守判官，并许差定当直，人力不得过十五人；诸府少尹、书记、支使、防御团练副使，不得过十人；节度推官、防御团练军事判官，不得过七人，逐处系帐收管。此外如敢额外影占人户，其本官当行朝典。"[3] 后周显德二年（955）六月诏："两京及诸道州府，不得奏荐留守判官、两使判官、少尹、防御团练军事判官，如是随幕已曾任此职者听奏。防御团练刺史州，各置推官一员。"[4] 朝廷除对防御、团练诸使僚佐人数做限定外，还规定了僚佐比拟、转官等年限："阙员有限，人数常多，须以高低，定其等级，起今后两使判官罢任后，宜一年外与比拟；书记、支使、防御团练判官等，二年外与比拟；推巡、防御团练推官、军事判官等，并三年后与比拟。仍每遇除授，量与改转官资，或阶勋，或职资。其有殊常勤绩者，别议优升。

---

① （宋）王溥：《五代会要》卷一九《县令》，中华书局，1998，第244页。
② 《旧五代史》卷四七《唐书·末帝纪中》，第649页。
③ 《旧五代史》卷一一一《周书·太祖纪二》，第1471页。
④ 《旧五代史》卷一一五《周书·世宗纪二》，第1531页。

若有文学知术超迈群伦，或为众所称，或良知迥举、察验的实者，不拘年月之限。"① 陈长征认为：五代各朝"节度、观察、防御、团练使、刺史等举荐人数呈逐渐减少的趋势，尤其后周对地方举荐的人员有严格的出身限制，被举荐人还必须经过中央有关部门的考核，在皇帝本人审阅后才可以到地方任职。被举荐人名义上是地方举荐人员，实际上已经成为中央正式任命的官员。这表明在中央与藩镇势力的较量中，中央的力量已经明显超过地方。"②

五代延续中晚唐的藩镇割据统治，在中央与地方的斗争与妥协中，各藩镇统领者如节度、观察、防御、团练诸使，要巩固自己的地位，还要对中央履行某些义务。藩镇对于中央的臣服，首先表现为礼仪性的义务，即定期陈表起居。乾化元年（911）十一月，梁太祖驻跸魏县，"从官自丞相而下并诣行宫起居，留都文武百官及诸道节度使、防御使、刺史、诸藩府留后，各奉表起居"。③ 后唐明宗天成元年，对团练使、防御使的奉表起居时间做了明确规定："诸道节度、刺史、文武将吏，旧进月旦起居表，今后除节度、留后、团练、防御使，惟正、至进贺表，其四孟月并且止绝。"④ 除此之外，防御、团练诸使还有朝见皇帝的义务，如后梁贞明六年，"阆州团练使林思谔来朝"。⑤

① 《旧五代史》卷一四九《职官志十一》，第 2002 页。
② 陈长征：《唐宋地方政治体制转型研究》，山东大学出版社，2010，第 209 页。
③ 《旧五代史》卷六《梁书·太祖纪六》，第 99 页。
④ 《旧五代史》卷三六《唐书·明宗纪二》，第 501 页。
⑤ 《资治通鉴》卷二七一，贞明六年十二月庚申，第 8858 页。

后周显德元年，"府州防御使折德扆将州兵来朝"。① 防、团诸使最重要的义务是进献。唐代中后期财政执行上供、留使、留州三分法，实际上分为中央财政与地方财政两部分。唐后期及五代"系省钱"代表了新的发展方向，有利于中央财政。五代时征收的赋税被称作"系省钱谷"，如后晋天福九年敕："天下诸州各以系省钱谷，秋夏征科为帐籍，一季一奏。"② 后唐明宗时规定，防、团诸使供奉不得科敛百姓，并令租庸使管理系省钱物："天下节度、防御使，除正、至、端午、降诞四节量事进奉，达情而已，自于州府圆融，不得科敛百姓。其刺史虽遇四节，不在贡奉。诸州杂税，宜定合税物色名目，不得邀难商旅。租庸司先将系省钱物，与人回图，宜令尽底收纳，以塞幸门云。"③ 防、团诸使还要在皇帝生日等重大节日，供奉特殊财物："诸道节度观察、诸道州防御使、刺史，每年应圣节及正、至等节贡奉，或恩命改转，或讨伐胜捷，各进献马。伏见本朝旧事，虽以献马为名，多将绫绢金银折充马价，盖跋涉之际，护养稍难，因此群方俱为定制。自今后伏乞除蕃部进驼马外，诸州所进马，许依天福三年以前事例，随其土产折进价值，冀贡输之稍易，又诚敬之获申。兼欲于诸处拣挈生马畜，准旧制分置监牧，仍委三司使别具制置奏闻。"④ 防、团诸使除每年必要的供奉之外，还要在皇帝举行重大的祭祀活动之时，上缴助礼钱，此逐渐成

---

① 《资治通鉴》卷二九二，后周显德元年五月丁亥，第9515页。
② （宋）王溥：《五代会要》卷二五《帐籍》，第309页。
③ 《旧五代史》卷三六《唐书·明宗纪二》，第496页。
④ （宋）王溥：《五代会要》卷五《节日》，第59页。

为常设之制。如后唐"明宗祀天南郊，东、西川当进助礼钱"。① 后唐时期，还对助礼钱的数目做了规定："检校官各纳尚书省礼钱，旧例太师、太尉纳四十千，后减落至二十千；太傅、太保元纳三十千，减至十五千；司徒、司空元纳二十千，减至一十千；仆射、尚书元纳一十五千，减至七千；员外、郎中元纳一十千，今纳三千四百者。"之后中书门下又下诏："会府华资，皇朝宠秩，凡沾新命，各纳礼钱。爰自近年，多隳旧制，遂致纪纲之地，遽成废坠之司。况累条流，就从减省，方当提举，宜振规绳。但缘其间，翊卫勋庸，藩宣将佐，自军功而迁陟，示恩泽以奖酬，须议从权，不在其例。其余自不带平章事节度使及防御、团练、刺史、使府副使、行军已下，三司职掌监务官，州县官，凡关此例，并可征纳。"② 即对缴纳助礼钱的群体做了明确规定，防、团诸使亦在此列。

防御使、团练使等在为朝廷履行义务的同时，也享受着一系列酬劳权利，其中最基本的即俸禄。"牧守之任，委遇非轻，分忧之务既同，制禄之数宜等。自前有富庶之郡，请给则优，或边远之州，俸料素薄。以至迁除之际，拟议亦难，既论资叙之高低，又患禄秩之升降。所宜分多益寡，均利同恩，冀无党偏，以劝勋效。今定诸防御使料钱二百贯，禄粟一百石，食盐五石，马十匹草粟，元随三十人衣粮；团练使一百五十贯，禄粟七十石，盐五石，马十匹，元随三十人；刺史一百贯，禄粟五十石，盐五石，

---

① 《新五代史》卷二六《李仁矩传》，中华书局，1974，第285页。
② 《旧五代史》卷三六《唐书·明宗纪二》，第503页。

元随二十人。"① 由此俸禄所得之额来看，五代牧守之职位中，防、团两使要远高于刺史。后唐同光三年（925），朝廷还对诸道州县的防御、团练副使及判官等僚佐俸禄做了规定："本朝事体防御、团练除副使判官外，其余推巡已下职员，皆是本使自要辟请圆融，月俸赡给，亦乞依旧。规绳省司更不给支钱物，其防御团练副使、判官，副使逐月料钱三十贯文实，判官逐月二十贯文实，刺史州元无副使，若有请废其军事判官，所有月俸亦是刺史俸内支赡。"②

防御、团练等藩镇诸使还享有荫补子孙为官的权利，门荫于五代之时是较为重要的入仕途径。五代时频繁地改朝换代，连年征战，因此产生了大批功臣，他们成为朝廷的军事与政治支撑，其子孙也即成为朝廷优待的对象。后周显德六年诏："今后应荫补子孙，宜令逐品许补一人，直候转品，方得更补，不得于本品内重叠收补。如是所补人有身故、除名、落藩、废疾及应举及第内，只许于本品内再补一人。太子进马、太子千牛，不用收补。詹事依祭酒例施行。兵部尚书、侍郎，旧例不许收补，宜许收补。致仕官历任中曾任在朝文班三品、武班二品及丞郎给舍已上，金吾大将军、节度、防御、团练、留后者，方得补荫。皇荫人，其祖、父曾授著皇朝官秩，方得收补。应合收补人，须是本官亲子孙年貌合格，别无渝滥，方许施行。余从旧例处分。"③ 后周时对防御、团练诸使的荫补资

---

① 《旧五代史》卷一一一《周书·太祖纪二》，第 1472 页。

② 《册府元龟》卷五〇八《邦计部·俸禄四》，中华书局，1960，第 6098 页。

③ 《旧五代史》卷一四九《职官志十一》，第 2006 页。

格、荫补人数等做了详细规定。此则材料中的"皇荫人"，
《旧五代史》解释为"五代大臣有累事数朝者，其前朝所
得荫泽，及改事新朝，谓之'皇荫'"。① 除荫补特权外，
防、团诸使还享有对父母、妻子封赠的权利，同光二年，
后唐庄宗亲祀昊天上帝于圜丘，礼毕，宰臣率百官就次称
贺，宣制："文武常参官、节度、观察、防御、刺史、军
主、都虞候、指挥使，父母亡殁者，并与追赠。"② 自安史
之乱至五代，连年征战，社会长期动荡不安，一些官员的
敕甲、告身及官方档案散佚，为封赠制度的实行带来不
便。因此，朝廷规定："如省司失坠敕申者，京官引验本
官告身敕牒及母、妻前封邑号。告身敕牒如同失坠，即磨
勘历任。如官序显著，参详前封不虚，即取登朝官三员充
保，仍须结罪使印，方与进封。如是曾任节度、观察、团
练、经略、防御、刺史等，则责本道进奏知后院状入案。
刺史无知后院，即取使府进奏官状，并准京官例，取登朝
官三员充保……自本道奏荐即准节度使已下至刺史，取进
奏官状详验，如无保状，具历任经堂陈述候裁下。"③ 为保
证制度实施，后唐中书门下对防、团诸使的告身仪制做了
规定："准本朝故事，诸王、内命妇、宰臣、学士、中书
舍人，诸道节度、防御、团练使、留后官告，即中书帖官
告院索绫纸褾轴，下所司书写印署毕，进入宣赐。其文武
两班及诸道官员并奏荐将校，并合于所司送纳朱胶绫纸价
钱。伏自伪梁，不分轻重，并从官给，今后如非前件事

① 《旧五代史》卷一四九《职官志十一》，第 2006 页。
② 《旧五代史》卷三一《唐书·庄宗纪五》，第 428 页。
③ （宋）王溥：《五代会要》卷一四《司封》，第 182 页。

例，请官中不给告敕，其内司大官侍卫将校转官，即不在此限。"① 对官告做仪制规定，一方面可以保障封建社会的等级制度，另一方面也可防止制书作弊。

为特显对于防、团诸使中有功之臣的恩宠，朝廷还会对其赐予姓名，且一般赐予皇室之姓。如后梁澶州刺史王晏球，"闻梁末帝殂，即解甲降于庄宗"。之后与霍彦威北捍契丹，"授齐州防御使、北面行营马军都指挥使，仍赐姓氏，名绍虔"。② 庄宗奖励其功，授予齐州防御使，并赐名李绍虔。捧日都指挥使、博州刺史康延孝协助后唐庄宗平开封，"京师无备，庄宗卒用延孝策，自郓入汴，凡八日而灭梁"。③ 康延孝因功拜郑州防御使，并赐姓名为李绍琛。④

二 防、团两使职官体系的变迁

因团练使、防御使属使职差遣，无固定的品阶。自中唐以后，使职差遣迅速发展，使职固定化、职事官阶官化的倾向愈发严重。因此，在同级的团练使、防御使中，为显示区别，带职现象较为常见。五代时期，防、团两使一

① 《旧五代史》卷三一《唐书·庄宗纪五》，第 426 页。
② 《旧五代史》卷六四《唐书·列传十六》，第 854 页。
③ 《新五代史》卷四四《康延孝传》，第 485 页。
④ 《新五代史》卷四四《杂传第三十二》记载："以功拜郑州防御使，赐姓名曰李绍琛。"《资治通鉴》卷二七二"同光元年冬十月己巳"条记载："以康延孝为郑州防御使，赐姓名曰李绍琛。"《旧五代史》卷七四《唐书·列传二六》记载："庄宗平汴，延孝颇有力焉，以功授检校太保、郑州防御使，赐姓，名绍琛。"以上记载均为赐名李绍琛，而《旧五代史》卷三〇《唐书·庄宗纪四》记载："赐姓，名继琛。"由此可知，《旧五代史》卷三〇中记载赐名"继琛"为"绍琛"之误。

般表现为带检校官。张国刚先生指出："在唐代，检校官有两种意义。一种是指代理某官，此种情况在唐前期较为常见；另一种则为地方使职带台省官衔，称为检校官。上自三公、仆射、尚书，下至郎中、员外郎，皆是带职。但他们并不在该部门任事。由于使职本身并没有阶品，检校官衔就用来表示其地位之尊崇和升迁之经历。"① 五代时期，防御使与团练使所带检校官属于第二种情况。五代时，防御、团练两使兼检校官，一般为三师、三公，依照《唐六典》的说法依次为"太师、太傅、太保、太尉、司徒、司空"。② 根据文献记载，防、团两使并不依照顺序除授检校官，初次授予一般以检校司徒和检校太保为多，其中又以团练使初除检校司徒、防御使初除检校太保较为常见。如"以贝州刺史孙汉威为检校太保、陇州防御使"，③"以北京马步军都虞候郭从义为郑州防御使、检校太保"，④景延广"高祖即位，授侍卫步军都指挥使、检校司徒，遥领果州团练使"。⑤ 之后，再由检校太保迁为检校太傅，如"云麾将军、检校太保、寿州团练使张昌孙落起复，授光禄大夫、检校太傅"。⑥ 然后转至检校太尉，最终转入检校太师达到极致。如汉高祖之从弟刘崇，遥领泗州防御使，汉祖起义于河东，"以崇为特进、检校太尉、行太原尹"。

①　张国刚：《唐代官制》，第 169 页。
②　《唐六典》卷一《三师三公尚书都省》，第 2—4 页。
③　《旧五代史》卷七七《晋书·高祖纪三》，第 1019 页。
④　《旧五代史》卷九九《汉书·高祖纪上》，第 1326 页。
⑤　《旧五代史》卷八八《晋书·列传三》，第 1143 页。
⑥　《旧五代史》卷九《梁书·末帝纪中》，第 136 页。

后隐帝嗣位，"加检校太师、兼侍中"。① 对于此迁转序列，张国刚先生解释："太尉的地位本在三师之下，可是由于唐末五代重武之风日炽，太尉这个历史上的武官称号竟然超迈于傅、保之上，一般功臣可以加太傅、太保而不能随便授太尉，只有太师的地位还略在其上。"依据史实，又根据《春明退朝录》的记载，张国刚得出了"到了五代，遂形成了节度使加官，皆自检校太傅升太尉，太尉迁太师的惯例"之结论。② 防、团两使检校加官，升任检校太傅后也大体依此制。防、团诸使加检校官，依此形成了鲜明的等级，因此后唐明宗长兴三年规定："诏诸道节度使未带使相及防御、团练使、刺史，班位居检校官高者为上，如检校官同，以先授者为上，前资在见任之下。"③

一般来讲，武将出任藩镇中防、团诸使，其迁转序列为刺史、团练使、防御使、节度观察留后及节度使。后晋时，义武节度使王处直子王威，避王都之难，流亡于契丹。

> 义武缺帅，契丹主遣使来言："请使威袭父土地，如我朝之法。"帝辞以"中国之法必自刺史、团练、防御序迁乃至节度使，请遣威至此，渐加进用。"契丹主怒，复遣使来言曰："尔自节度使为天子，亦有阶级邪！"帝恐其滋蔓不已，厚赂契丹，且请以处直兄孙彰德节度使廷胤为义武节度使以厌其意。契丹怒稍解。④

---

① 《旧五代史》卷一三五《僭伪列传二》，第 1811 页。
② 张国刚：《唐代官制》，第 18 页。
③ 《旧五代史》卷四三《唐书·明宗纪九》，第 590 页。
④ 《资治通鉴》卷二八二，天福四年秋七月丙辰，第 9204 页。

　　晋高祖石敬瑭描述的节镇官序列，是标准的迁转图像。如后唐时期的皇甫遇，唐明宗在藩时，将其隶于麾下。明宗即位，迁龙武都指挥使，遥领严州刺史。应顺、清泰中，历经团练、防御使，不久迁邓州节度使。① 梁汉璋，后晋高祖即位第二年遥领钦州刺史。七年，迁检校司徒，遥领阆州团练使。八年，授陈州防御使。后改检校太保、郑州防御使。旋除永清军兵马留后。② 但由刺史至授旌节并非按部就班，仅大致依此序列而已。如五代时的骁将王彦章，少为军卒，事梁太祖，末帝即位，迁濮州刺史，又徙澶州刺史。后王彦章为先锋，与晋夹河而军，直接升入汝、郑二州防御使，而没有被授予团练使。后因军功迁为匡国军节度使。③ 五代战火不断，正所谓时势造英雄，为奖励军功，由团练使、防御使直接升入节度使的武将非常多。如康思立，"（后唐）明宗即位，历应岚二州刺史、宿州团练使、昭武军节度使"；④ 景延广"（后晋）高祖即位，以为侍卫步军都指挥使，领果州团练使，从领宁江军节度使"；⑤ 后晋天福四年，晋高祖"以齐州防御使潘环为怀德军节度使"。⑥ 夏鲁奇，唐庄宗时赐姓名李绍奇，因战功被庄宗任命为磁州刺史。后又从战中都，擒王彦章，庄宗赐绢千匹，迁郑州防御使，之后又"迁河阳节度使，为政有惠爱。徙镇忠武，河阳之人遮留不得行，父老

---

①　《旧五代史》卷九五《晋书·列传十》，第 1259 页。
②　《旧五代史》卷九五《晋书·列传十》，第 1262 页。
③　《旧五代史》卷二一《王彦章传》，第 290 页。
④　《新五代史》卷二七《康思立传》，第 295 页。
⑤　《新五代史》卷二九《景延广传》，第 322 页。
⑥　《旧五代史》卷七八《晋书·高祖纪四》，第 1029 页。

诣京师乞留"。① 还有大量武将直接由刺史升任节度使，并未任防、团两使。如后梁赵克裕，领亳、郑二州刺史，"太祖表为河阳节度使、检校右仆射"。②

后唐庄宗诏："诸道节度、观察、防御、团练使、刺史，并于洛阳修宅一区。"③ 此诏虽朝廷别有他意，但节度—刺史一系的序列，得到五代朝廷正式认可。宋人程大昌在《演繁露续集》中认为："节度、观察、防御、团练，名称虽有高下，实皆守臣也。"④ 由此，州长官所任职的州也被分为节度州、观察州、防御州、团练州和刺史州。而且五代与唐的防、团使职制度有所区别，在唐代，一般兼领数州或藩道的防、团两使，被称为"都防御使"或"都团练使"。终五代各朝，都防御使一直未出现，都团练使也仅一人担任过。⑤ 因此，五代时期，防、团两使仅为州长官。而团练州、防御州也无支郡，原则上不属于方镇。不同州格之间存在等级差异，州长官的迁转与此密切相关。后唐中书奏："准敕重定三京、诸道州府地望次第者。旧制以王者所都之地为上，今都洛阳，请以河南道为上，关内道为第二，河东道为第三，余依旧制。其五府，按《十道图》，以凤翔为首，河中、成都、江陵、兴元为次。中兴初，

① 《新五代史》卷三三《夏鲁奇传》，第357页。
② 《旧五代史》卷一五《赵克裕传》，第214页。
③ 《旧五代史》卷三二《唐书·庄宗纪六》，第439页。
④ （宋）程大昌：《演繁露续集》卷二《制度·知州》，《全宋笔记》第4编第9册，大象出版社，2008，第179页。
⑤ 后唐宗室李嗣肱，任职山北都团练使。《旧五代史》卷五〇《唐书·列传二》，第684页；《新五代史》卷十四《唐太祖家人传第二》，第148页；《资治通鉴》卷二七一，龙德二年春正月甲午，第8873页。

升魏州为兴唐府，镇州为真定府，望升二府在五府之上，合
为七州，余依旧制。又天下旧有八大都督府，以灵州为首，
陕、幽、魏、扬、潞、镇、徐为次，其魏、镇已升为七府
兼具员内，相次升越、杭、福、潭等州为都督，望以十大
都督府为额，仍据升降次第，以陕为首，余依旧制。《十
道图》有大都护，请以安东大都护为首。防御、团练等
使，自来升降极多，今具见在，其员依新定《十道图》以
次第为定。"① 后唐时期的《十道图》详细地标识了防御、
团练等州格，而且表明"自来升降极多"，依材料，五代
时期防御、团练州的升降情况如表 1-1 所示。

表 1-1　五代防御、团练州格变化

州名	位置	时间	原州格	升降后州格	史料来源
阆州	今四川阆中	后唐天成四年	团练州	节镇	《旧五代史》卷六二《唐书·列传十四》
凤州	今陕西凤县	后唐长兴三年七月	节镇	防御州	《旧五代史》卷四三《唐书·明宗纪九》
贝州	今河北清河	后晋天福二年七月	刺史州	防御州	《旧五代史》卷二八《晋书·高祖纪二》
曹州	今山东菏泽	后晋天福三年十月	刺史州	防御州	《旧五代史》卷七七《晋书·高祖纪三》
澶州	今河南濮阳	后晋天福三年十一月	刺史州	防御州	《旧五代史》卷七七《晋书·高祖纪三》
永州	今湖南永州	后晋天福四年	刺史州	团练州	《旧五代史》卷七八《晋书·高祖纪四》

---

① 《旧五代史》卷四三《唐书·明宗纪九》，第 590—591 页。

州名	位置	时间	原州格	升降后州格	史料来源
岳州	今湖南岳阳	后晋天福四年	刺史州	团练州	《旧五代史》卷七八《晋书·高祖纪四》
金州	今陕西安康	后晋天福四年	防御州	节镇	《旧五代史》卷七八《晋书·高祖纪四》；《旧五代史》卷九四《潘环传》
绛州	今山西新绛	后晋天福四年八月	刺史州	防御州	《旧五代史》卷七八《晋书·高祖纪四》
复州	今湖北天门	后晋天福五年七月	刺史州	防御州	《旧五代史》卷一五〇《郡县志》
安州	今湖北安陆	后晋天福五年七月	节镇	防御州	《旧五代史》卷七九《晋书·高祖纪五》
复州	今湖北天门	后晋天福五年八月	刺史州	防御州	《旧五代史》卷七九《晋书·高祖纪五》
郢州	今湖北钟祥	后晋天福五年八月	刺史州	防御州	《旧五代史》卷七九《晋书·高祖纪五》
莱州	今山东莱州	后晋天福五年十月	刺史州	防御州	《旧五代史》卷七九《晋书·高祖纪五》
泌州	今河南唐河	后晋天福六年九月	刺史州	团练州	《旧五代史》卷八一《晋书·少帝纪一》
陈州	今河南淮阳	后晋天福六年七月	刺史州	防御州	《旧五代史》卷八《晋书·高祖纪六》
襄州	今湖北襄阳	后晋天福六年九月	节镇	防御州	《旧五代史》卷八一《晋书·少帝纪一》
冀州	今河北冀州	后晋开运元年四月	刺史州	防御州	《旧五代史》卷八二《晋书·少帝纪二》
金州	今陕西安康	后晋开运元年	节镇	防御州	《旧五代史》卷八三《晋书·少帝纪三》
府州	今陕西府谷	后晋开运元年六月	刺史州	团练州	《旧五代史》卷八二《晋书·少帝纪二》

续表

州名	位置	时间	原州格	升降后州格	史料来源
莱州	今山东莱州	后晋开运元年七月	防御州	刺史州	《旧五代史》卷八三《晋书·少帝纪三》
青州	今山东益都	后晋开运元年闰十二月	节镇	防御州	《旧五代史》卷八三《晋书·少帝纪三》
平卢军	治青州，今山东益都	后晋开运元年	节镇	防御州	《旧五代史》卷一六《汉书·列传三》
东京	今河南开封	后晋开运三年	节镇（宣武军）	防御州	《旧五代史》卷一三七《外国列传一》
兖州	今山东兖州	后周广顺二年五月	节镇	防御州	《旧五代史》卷一一二《周书·太祖纪三》
代州	今山西代县	后周显德元年五月	刺史州	节镇	《旧五代史》卷一一四《周书·世宗纪一》
府州	今陕西府谷	后周显德元年五月	防御州	节镇	《旧五代史》卷一一四《周书·世宗纪一》

从表 1-1，五代防御、团练州格升降变化，可以看出朝廷通过行政区划变革来加强中央集权、削弱藩镇的努力。后晋少帝将"青州杨光远平，降平卢军为防御州，复用审交为防御使"，[①] 而且青州与登州、莱州、淄州共同为直属京。从表面来看，地方行政区划的变化无非升降而已，但从本质来看，则是中央与地方实力对比的变化，即藩镇力量被逐步弱化，中央力量得到了增强。因此，可以说"五代十国各朝邦通过有关措施，在一定程度上纠正了

---

① 《旧五代史》卷一百六《刘审交传》，第 1392 页。

节度使乱政之弊，并恢复州一级的治政程序"。①

将帅遥领州镇防御、团练诸使并将其作为寄禄官的遥领制始于唐末，"僖宗还宫，建等分典神策军，皆遥领刺史"。② 战乱频繁，军功人数众多，以实际州郡长官作为赏赐无法满足需要，因此遥领制开始发展。并且遥领的节度使和各级州长官之间仅有等级差别，并不相统摄，该制度是别等级、寄禄利之用。"到了五代时期，禁军将领遥领州镇长官尤为突出，后周时且已发展为相当成熟的制度。"③ 遥领的对象一般是域外州郡，如后晋时期的梁汉璋"高祖即位之二年，遥领钦州刺史"，"七年，迁检校司徒，遥领阆州团练使"。④ 钦州，今广西钦州，阆州，今四川阆中，两地均不在后晋实际统治范围内，以两地之州长官授予梁汉璋，仅是以官位和俸禄筹赏武官。后汉时期的将领刘词，任"奉国右厢都校，遥领阆州防御使"，"乾祐初，李守贞叛于河中，太祖征之，朝廷以为侍卫步军都指挥使，遥领宁江军节度使"。⑤ 宁江军治夔州，夔州位于今重庆市奉节县。刘词任阆州防御使、宁江军节度使，均为遥领域外州郡。防御使、团练使的遥领之制，还有另外一个特点，就是一般兼任禁军职位。如天福十二年，后汉高祖"以护圣左厢都指挥使、恩州团练使白再荣为镇州留后"，⑥

---

① 林荣贵：《五代十国的辖区设治与军事戍防》，《中国边疆史地研究》1999 年第 4 期，第 13 页。

② 《旧五代史》卷一三六《王建传》，第 1816 页。

③ 陈志坚：《唐代州郡制度研究》，第 65 页。

④ 《旧五代史》卷九五《梁汉璋传》，第 1262 页。

⑤ 《旧五代史》卷一二四《刘词传》，第 1629 页。

⑥ 《旧五代史》卷一百《汉书·高祖纪下》，第 1336 页。

恩州位于今广东省恩平、阳江二市。后周太祖"以龙捷左
厢都指挥使、睦州防御使樊爱能为侍卫马军都指挥使、洋
州节度使，加检校太保"，① 睦州位于今浙江杭州附近。后
周世宗"以控鹤第一军都指挥使赵鼎为虎捷右厢都指挥
使，并遥授团练使，其余改转有差"。② 五代将领白再荣、
樊爱能及赵鼎均遥领防御使、团练使，并兼任禁军都指挥
使。后周世宗有雄才大略，致力于全国统一。显德元年，
亲自率领军队与辽国、北汉的联军决战，迫辽军退走，大
败北汉军，初步巩固了北部的边防。后击败后蜀，三次亲
征南唐。在其南征北战的过程中，创设了攻克前将领遥领
该地州郡长官之制。如周世宗命宰相李榖讨淮南，任命大
将司超为步军先锋副都指挥使，又为寿、庐、光、黄等州
巡检使，"时黄州未下，即命超遥领刺史兼楼橹战棹右厢
都校"。待初战告捷后，"师还，改光州刺史，败吴军千余
于麻城北"。③ 即战前司超遥领黄州刺史，大获全胜后即授
正任黄州刺史。同时，舒州坚壁未下，周世宗"诏以郭令
图领刺史"，④ 并且命王审琦等以精骑攻其城，于是大获全
胜，"败吴军三千，先禽刺史施仁望献于行在。即以超为
舒州团练使"。⑤ 为攻克舒州城，世宗先以郭令图遥领刺
史，待成功后又任命司超为舒州团练使。后周世宗这种为
攻克一地，事前以爱将遥领州牧的行为，后被宋太祖在统

---

①　《旧五代史》卷一一三《周书·太祖纪四》，第 1503 页。
②　《旧五代史》卷一一四《周书·世宗纪一》，第 1515 页。
③　《宋史》卷二七二《司超传》，中华书局，1977，第 9320 页。
④　《宋史》卷二五〇《王审琦传》，第 8815 页。
⑤　《宋史》卷二七二《司超传》，第 9320 页。

一战争中所继承，以示势在必得的决心。

各州镇长官除了实任、遥领之外，还有兼领之制。兼领与遥领的区别是，节度等使所领州郡，是在王朝有效统治的范围之内，但是州长官并不实际到任。胡三省注："兼者，以本职兼节镇，禄赐优于遥领者。"[1] 五代时期，以亲王和宰相兼领州郡长官的现象较为常见。如后唐清泰元年（934）六月，"以皇子重美遥领成德军节度，镇冀深赵等州观察、处置、北面水陆转运制置等使，兼河南尹，判六军诸卫事"。[2] 后唐同光元年（923）十月，"以侍中、监修国史郭崇韬，兼领成德军节度，镇冀深赵等州观察、处置等使，真定尹"。[3] 成德军治所在镇州（原为恒州），今河北省正定县。冀州为今河北衡水市冀州区，深州为今河北深州市，赵州为今河北赵县。镇、冀、深、赵皆在后唐统治区域内，因此皇子重美、宰相郭崇韬均为兼领成德军节度一职。另外，除节度使外，其他州郡长官也有兼领现象。如李承约，于后唐时"补匡霸都指挥使、检校右仆射兼领贝州刺史"。[4] 贝州，即今河北省清河县，属后唐辖区。李承约兼领贝州刺史，并不实际赴任，仅领禄赐而已。

五代完全是武夫悍将的天下，赵翼有言："士之生于是时者，系手绊足，动触罗网，不知何以全生也。"[5] 虽然

---

① 《资治通鉴》卷二九一，显德元年三月庚子，第9507页。

② （宋）王溥：《五代会要》卷二四《亲王遥领节度使》，第294页。

③ （宋）王溥：《五代会要》卷二四《宰相遥领节度使》，第295页。

④ 《旧五代史》卷九〇《李承约传》，第1188页。

⑤ （清）赵翼著，王树民校证《廿二史札记校证》卷二二《五代幕僚之祸》，中华书局，1984，第476页。

此时藩镇格局继续扩大，但从长时段来看，也表现出了统一大势。中央与各藩镇长官团练、防御诸使争夺对地方的控制权。遥领、兼领防、团诸使的出现与发展，给予武将们政治、经济等优待的同时，也表现了州镇长官虚衔化的趋势，为宋代完全收回防、团诸使的权力，以及推行地方行政体制改革，都做出了巨大贡献。

第二章　北宋防御使与团练使的变迁

第一节　职权的丧失

一　防御使、团练使职权变迁

宋太祖赵匡胤通过陈桥兵变建立宋朝，为稳定形势、巩固政权，对于有拥戴之功的开国元勋加官晋爵并委以要职。对于已拥有节钺的三人——石守信、高怀德、张令铎，再次封授节度使，使其掌控侍卫亲军司与殿前司。另外三位元勋，王审琦、张光翰、赵彦徽原官职均为防御使，因此一并升任为节度使，"王审琦自殿前都虞候、睦州防御使为泰宁节度使、殿前都指挥使，辽人张光翰自虎捷左厢都指挥使、嘉州防御使为宁江节度使、马军都指挥使，安喜赵彦徽自虎捷右厢都指挥使、岳州防御使为武信节度使、步军都指挥使，官爵阶勋并从超等，酬其翊戴之勋也"。① 此三人同时掌控殿前司以及担任马军和步军司的

---

① 《续资治通鉴长编》卷一，建隆元年春正月辛亥，中华书局，2004，第6—7页。

要职，从而稳定了都城的军事形势。

自宋朝开国，节度—刺史体系经历了一个从实任到虚衔化的过程。北宋前期，节度使、防御使、团练使、刺史赴本任担任州长官，是当时州长官的主要官衔。宋初，南方及原北汉地区采用知州制，在广大的北方地区，即原后周版图范围内仍较多采用唐、五代的刺史制。宋人程大昌讲道："唐世州军分上中下三等，其结衔分节度、观察、防御、团练，虽有高下，实皆守臣也。"[1] 从整体上看，太祖、太宗两朝刺史制、知州制并存。在这一时期，刺史等正任官，掌州府事，如唐、五代仍为临时、代理之职。"（咸平）五年十月，洛苑使李继和请择防御、团练莅镇戍军。真宗曰：'屡有人言缘边州军宜如往制正除牧守，朕谓但得其人可也。前代兵权、民政悉付方伯，利害亦可见矣。'"[2] 真宗咸平以前，防御、团练等牧伯之官仍行使其职权。宋太祖采取了先南后北的方针以实现统一大业。在吞灭了湖南政权之后，王仁瞻被任命为权知荆南军府事，成为事实上荆南节镇的长官。对于湖南地区，潭州、朗州、衡州三要州分别派吕余庆、薛居正、李昉任权知州。但吕余庆调离后不久，潭州自武安军节镇降为防御使州。乾德元年（963）八月，以潘美任潭州防御使，行牧伯之权。"以泰州团练使潘美为潭州防御使。南汉人数寇桂阳及江华，美击走之。溪峒蛮獠，自唐末之乱，不供王赋，颇恣侵掠，为居民患。美帅兵深入，穷其巢穴，斩首百余

---

① （宋）程大昌：《演繁露续集》卷二《制度·知州》，《全宋笔记》
　　第 4 编第 9 册，第 179 页。
② 《宋会要辑稿·职官四七之三》，上海古籍出版社，2014，第 4266 页。

级，余党散溃。美悉令招诱，贷其罪，以己俸市牛酒宴犒，赐金帛慰抚之，夷落遂定。"① 南汉又趁湖南周氏灭亡之际，出兵侵扰桂阳（今湖南桂阳）、江华（今湖南江华西北），被州牧潘美击退，维护了湖南的稳定。"朗州，周武平军节度，建隆四年降为团练州"，② 朗州也自武平军节镇降为团练使州，以尹崇珂任朗州团练使，控制湘西地区。③ 防御使潘美及团练使尹崇珂同时掌管湖湘的地方军。太祖乾德二年，尹崇珂、潘美等进攻南汉郴州（今湖南郴州），"南面兵马都监、引进使丁德裕与潭州防御使潘美、朗州团练使尹崇珂、衡州刺史张勋帅兵攻郴州，克之，杀其刺史陆光图及招讨使暨彦赟，余众退保韶州"。④ 宋军占领了郴州，任命张勋为刺史，控制地方。

宋太祖为解除后顾之忧，在用兵南方的同时，对与西夏接壤的西北军事要地，做了必要的经营。宋太祖采取羁縻政策，以当地的部族首领为州牧，并且允许世袭。府州折氏世居河西，为党项大部族。后周时期，周世宗以府州为永安军，并任命折德扆为节度使。宋太祖建隆二年（961），赵匡胤因折德扆捍边有功，诏令其入觐，"待遇有加，遣归镇"。⑤ 折德扆卒于乾德二年，宋太祖命折御勋袭封。"丙申，以其子御勋为本州团练使，权知府州。"⑥ 乾

---

① 《续资治通鉴长编》卷四，乾德元年八月癸未，第103页。
② 《宋会要辑稿·方域五之六》，第9353页。
③ 《宋史》卷二五九《尹崇珂传》，第9001页。
④ 《续资治通鉴长编》卷五，乾德二年八月戊子，第132页。
⑤ 《宋史》卷二五三《折德扆传》，第8861页。
⑥ 《续资治通鉴长编》卷五，乾德二年八月丙申，第132页。

德三年，"加御勋府州防御使"。① 折御勋卒后，宋太宗任命御勋弟折御卿为府州团练使。"端拱元年，以六宅使、诚州团练使、知府州折御卿为府州团练使，兼麟府浊伦寨巡检使。"② 折御卿也不负所望，对府州治理有佳，令西部少数民族十分畏惧，"御卿世有功于朝廷，尤能厘肃部伍，西蕃颇惮之，故有是宠"。③ 丰州是西部的又一重镇，位于麟州北，居有藏才族。开宝二年（969），其首领王甲归附，宋太祖设丰州安置。王甲卒后，以其子王承美为丰州刺史。④ 王承美以刺史之职保一方平安，多次击退契丹，缴获甚丰，维护了边疆安宁。"契丹以书遗丰州刺史王承美，令毋与中国市马。承美不从，具奏其事，契丹怒，率众掠丰州关以西部族三百余帐。""闰十二月庚寅，丰州刺史王承美言契丹日利、月益、没细、兀瑶等十一族七万余帐内附；又与契丹战，破其万余众，斩首二千级，获天德节度使韦太及羊马、兵器万数，遣其弟承义来献俘。"⑤ 为赏其破契丹之功，"以丰州刺史王承美为团练使"。⑥ 王承美本因循蕃官例给俸禄，但麟府部署言其贫，故赏赐银器百两、绢百匹、茶三百斤。⑦ 真宗景德元年（1004），"丰州团练使王承美来朝，以其守边岁久，迁本州防御使"，

---

① 《宋会要辑稿·方域二一之一》，第 9695 页。
② 《宋会要辑稿·方域二一之二》，第 9696 页。
③ 《宋会要辑稿·方域二一之二》，第 9696 页。
④ 《续资治通鉴长编》卷十二，开宝四年五月己酉，第 269 页。
⑤ 《续资治通鉴长编》卷二一，太平兴国五年九月壬戌，第 479 页；卷二三，太平兴国七年闰十二月庚寅，第 531 页。
⑥ 《续资治通鉴长编》卷二四，太平兴国八年四月壬寅，第 543 页；《宋史》卷二五三《王承美传》，第 8869 页。
⑦ 《续资治通鉴长编》卷五二，咸平五年六月丁卯，第 1135 页。

并"月增俸钱五万"。①

除却新统一的南方地区，以及西北藩官实任防御、团练两使之外，在其他州郡也有实任现象。宋初，张晖跟随太祖征泽、潞等州，冲锋陷阵，功绩可嘉，因此"迁华州（今陕西华县）团练使，在郡颇有治状"。② 宋初，宰相王溥之父，由郑州团练使升为宿州防御使，将宿州（今安徽宿州）治理得井井有条，"课民凿井修火备，筑城北堤以御水灾"。③ 太祖开宝二年（969），房州（今湖北房县）防御使王彦升为原州（今甘肃镇原）防御使。"彦升有膂力，善击剑，军中目曰'王剑儿'。性残忍，在原州凡五年，戎人有犯汉法者，彦升不加刑，召僚属饮宴，引所犯戎人于前，手捽其耳嚼之，下以卮酒。戎人流血被体，股栗不敢动。前后啖其耳者数百，戎人畏惧，不敢犯塞。至天圣中，西戎犹有无耳者，盖彦升所啖也。"④ 李焘所载王彦升对于原州戎人犯法的处理办法，虽然血腥，却也反映了王彦升作为原州防御使、一州之长，掌握着生杀大权。太宗雍熙二年（985），夏州知州安守忠抵御党项犯边，战无不捷，因功拜濮州（今山东鄄城附近）团练使。"初，守忠尝梦一'濮'字方丈余，及领是郡几二十年，于是始寤。"⑤ 刘福原隶大将曹彬麾下，有平江南之功。后又跟随太宗克并、汾二州。端拱二年（989），任职雄州（河北雄

---

① 《续资治通鉴长编》卷五六，景德元年六月乙丑，第1240页；卷七一，大中祥符二年春正月甲戌，第1589页。
② 《宋史》卷二七二《张晖传》，第9319页。
③ 《宋史》卷二四九《王溥传》，第8799页。
④ 《续资治通鉴长编》卷十，开宝二年十二月乙酉，第236页。
⑤ 《宋史》卷二七五《安守忠传》，第9369页。

县）防御使，"雄州地控边塞，常屯重兵。福至部，按行城垒，调镇兵以给缮完，出私钱以资宴犒，寇虽大至，而恃以无恐矣"。①

宋初，团练使、防御使除实任外，还有兼领。宋太祖的爱将之一李汉超，因平李重进有功，自控鹤左厢都校、恩州团练使升迁为齐州防御使兼关南兵马都监。② 乾德二年之后，李汉超"在郡十七年，政平讼理，吏民爱之"，太祖令"徐铉撰文赐之"。③ 徐铉这样评价李汉超于关南时的情形："公以本官充关南兵马都监，幽都南际河间北，壤守方之要，慎简为难，至则远斥候，审号令，养士如子，戢军无私。威声飙驰。亭障山立。绝窥边之虏，有狎野之众，而郡之大事，亦皆听命，千里之内，若指掌焉。"④ 从契丹手中收复瓦桥、益津、淤口三关及瀛（今河北河间）、莫（今河北任丘）二州，北宋时称这三关以南的地区为"关南"，大致相当于今河北省白洋淀以东的大清河以南至河间一带。然关南之地，始于后晋石敬瑭割让契丹，历经周世宗艰苦卓绝的收复过程，民不聊生。"始石晋时，关南山后初荗虏，民既不乐附，又为虏所侵辱。日久，企思中国声教，常若偷息苟生。周世宗止平关南，功不克就，岁月既久，汉民宿齿尽逝，新少者渐便习不怪，然居常右虏下汉，其间士人及有识者亦尝怅然，无可

---

① 《宋史》卷二七五《刘福传》，第9368页。
② 《宋史》卷二七三《李汉超传》，第9326页。
③ 《宋史》卷二七三《李汉超传》，第9333页。
④ （宋）徐铉：《徐骑省集》卷二五《大宋李公德政碑文》，四部丛刊本。

奈何。"① 为奖励李汉超的功绩，也为安抚戍边的将士，太祖用高官厚赏，保必胜之功，李汉超兼领齐州（今山东济南）防御使，"齐州属州城钱七八万贯，悉以给与，非次赏赉，动及千万。汉超犹私贩榷场，规免商算，当时有以此事达于太祖者，即诏汉超私物所在，悉免关征。故汉超居则营生，战则誓死，资产厚则心有所系，必死战则动有成绩"。② 以致后来，"是时任边郡者，皆令兼领内地一州，处其家属"。③ 建隆元年，宋太祖为了备北汉，"以洺州团练使博野郭进为本州防御使兼西山巡检"。④ 西山位于今河北省张家口市怀来县北，是北汉与契丹通援的要塞，以郭进为西山巡检的意图是切断北汉的外援，以达到孤立目的。将如此重任委于郭进，使其由洺州（今河北邯郸市永年区）团练使升迁为洺州防御使，兼领内地州郡，以厚禄处家属。郭进果真不负众望，于乾德二年率领六万兵马，大破契丹及北汉军于辽州城下。⑤ 太祖为了奖励洺州防御使郭进，为其修建府第，厅堂悉用甋瓦。以至于有司上奏甋瓦只有亲王、公主才可以使用，这样做僭越了礼制。太祖大怒并训斥道："郭进控扼西山逾十年，使我无北顾忧，我视进岂减儿女耶？亟往督役，无妄言。"⑥

宋初除了实任、兼领防御、团练两使外，还有遥领。

① （宋）田况：《儒林公议》卷下，《全宋笔记》第 1 编第 5 册，大象出版社，2003，第 118 页。
② 《宋史》卷二五七《李处耘传》，第 8972 页。
③ 《宋史》卷二七五《谭延美传》，第 9373 页。
④ 《续资治通鉴长编》卷一，建隆元年五月辛丑，第 14 页。
⑤ 《续资治通鉴长编》卷五，乾德二年春正月丁未，第 121 页。
⑥ 《续资治通鉴长编》卷一一，开宝三年八月戊子，第 249 页。

五代至宋，遥领牧伯得到广泛应用，其重要特征是，多以禁军将领遥领境外州。自安史之乱后，朝廷失去政治重心，以至于出现五代十国割据纷乱的局面。宋太祖开国后，便致力于完成统一大业。地处长江中游的荆南，对攻取湖南、后蜀、南唐等都具有重要的战略地位，因此成为宋太祖统一战争中的首要目标。"先是，上命典军列校遥领湘南诸郡，不逾岁，果得其地。"以禁军将领遥领要攻打的域外州，成为军事成功的"典范"，因此"辛丑，复以龙捷左厢都指挥使、岳州防御使夏津马仁瑀等为汉、彭诸州防御使"。① 汉州为今四川广汉，彭州为今四川成都，两者均为后蜀州郡。以禁军将领龙捷左厢都指挥使马仁瑀为汉州、彭州防御使，实为遥领防御使，以示太祖灭后蜀的决心。宋太祖在数年间削平南汉、南唐，南方割据势力仅剩下吴越和僻处闽东的泉漳，暂未列入宋太祖的统一战略部署之内。开宝八年宋太祖灭南唐，遂将目标转向北汉。当开宝九年二月宋太祖为攻打南唐将领封赏时，便表明了灭北汉的信心。对曹彬、李汉琼、潘美、刘遇都授予节度使，同时"贺州刺史、判四方馆事田钦祚领汾州防御使，东上阁门使梁迥领汾州团练使，西头供奉官李继隆为庄宅副使，赏江南之功也"。② 对田钦祚和梁迥分别授予汾州防御使与汾州团练使，实为遥领使职。汾州（今山西汾阳）位于北汉境内，是当时北宋的域外州。开宝八年八月，宋太祖即令诸将攻取北汉，首先进攻的即为太原西南

---

① 《续资治通鉴长编》卷四，乾德元年六月庚子，第95—96页。
② 《续资治通鉴长编》卷一七，开宝九年二月庚戌，第364页。

的汾州，另外还有四路分别进军北汉各州，如此规模足见太祖当初对曹彬所说的豪言壮语："且徐之，更为我取太原。"① 类似的遥领还有，建隆元年（960）任命司超为舒州团练使，"癸亥，命武胜节度使洛阳宋延渥领舟师巡抚江徼，舒州团练使元城司超副之，仍遗书唐主谕意"。② 舒州（今安徽潜山）时为南唐州郡。开宝二年，任命王廷义为横州团练使，横州（今广西横县）时为南汉域内州。③

二 正任与遥郡

北宋开国后，各项制度大体承袭唐制。节度使、节度观察留后、观察使、防御使、团练使以及刺史等武官一系依旧设置。但宋太祖为寻求国家的长治久安，以防"黄袍加身"的故事重演，采取了"稍夺其权，制其钱谷，收其精兵"④ 三大削藩镇举措。太祖、太宗统治的三十多年内，各州长官主要是节度使、防御使、团练使和刺史，知州作为州长官并不多见。这种以与州级别相同的官衔担任本州长官的现象，叫作"本任"。"国朝节度使并兼管内观察处置等使，以本州刺史长史为节度观察等使，不临本部者，以它官知、判州府事，防御、团练使、刺史不赴本任，亦如之。"⑤ 以上官衔均为"正任"，节度使只有正任。太祖时，节度使失去了军权和财权。太平兴国二年（977）八

---

① 《续资治通鉴长编》卷一七，开宝九年二月庚戌，第364页。
② 《续资治通鉴长编》卷一，建隆元年三月癸亥，第10页。
③ 《续资治通鉴长编》卷十，开宝二年五月戊子，第222页。
④ 《续资治通鉴长编》卷二，建隆二年七月戊辰，第49页。
⑤ （宋）孙逢吉：《职官分纪》卷三九《节度使》，中华书局，1988，第708页。

月以前，节度使还拥有行政权，因其兼任本州刺史，实为本州长官，同时也是本道长官。节度使还领有支郡，虽然支郡的长官由朝廷任命，但仍听命于节度使，同年八月才废除节度领支郡制度，李瀚上奏："节镇领支郡，多俾亲吏掌其关市，颇不便于商贾，滞天下之货。望不令有所统摄，以分方面之权，尊奖王室，亦强干弱枝之术也。"于是，"上纳瀚言，诏邠、宁、泾、原、鄜、坊、延、丹、陕、虢、襄、均、房、复、邓、唐、澶、濮、宋、亳、郓、济、沧、德、曹、单、青、淄、兖、沂、贝、冀、滑、卫、镇、深、赵、定、祁等州并直属京，天下节镇无复领支郡者矣"。① 所有州均直属中央。宋太祖、太宗采取留置节度使于京城，不遣赴本镇的政策，因此节度使首先从州长官的行列中消失。② 宋太宗末至真宗初，知州制度逐渐取代节度—刺史制度，知州成为州级行政长官。高级武官出任地方长官的诱惑已远非于中央任职所能相比。知州制度取代节度—刺史制之后，"凡诸使赴本任或知他州，皆不签书钱谷事"，③ 节度—刺史一系彻底阶官化。"至宋……而节度、承宣、观察、团练、防御、刺史则俱无职任，特以为武臣迁转之次序。"④

节度—刺史一系阶官化后也有正任和遥郡之分。节度

---

① 《续资治通鉴长编》卷一八，太平兴国二年八月丙寅，第411页。

② 但节度使赴本任之制，到仁宗时期还未彻底取消。如镇安节度使、同平章事程琳，"既归本镇，上书言臣虽老，尚能为国守边。未报，得疾遽卒"。《续资治通鉴长编》卷一八二，嘉祐元年闰三月辛卯，第4400页。

③ 《宋会要辑稿·职官四七之一》，第4265页。

④ （元）马端临：《文献通考》卷五九《职官考十三》，第1777页。

使、观察使、节度观察留后（政和七年改称承宣使）、防御使、团练使、刺史为正任官，不列入常调磨勘，原以待边境立功勋者，殊不易得，素有"贵品"之称，大多为宗室、大臣、贵官等，特旨得之。正任官和遥郡官相对，俸禄丰厚。① 遥郡虽次于正任官，但不失"美官"之称，与正任官一样，遥郡无职事，仅表官阶而已。节度观察留后、观察使、防御使、团练使、刺史各兼领诸司使或横行使者，总称"遥郡官"。北宋真宗、仁宗时期的张演这样描述武臣正任、遥郡等大致的等第：

> 宋朝之待武臣也，厚其禄而薄其礼。凡贵于正任，重于管军，要在横行，近在承旨、御带，宠在阁职。设遥郡以赏劳绩，设使臣以别禄秩，此武臣之名分也。以节度使、留后、观察、防御、团练使、刺史为正任；以殿前、马步军副都指挥使，三衙都虞候，天武、捧日、龙武、神卫四厢都指挥使为管军；以内客省使，客省、引进、四方馆、东西上阁门使副为横行；以通事舍人、阁门祗候为阁职；以横行使及诸州带防御、团练使，刺史为遥郡；以诸司使副、内殿承制、崇班为大使臣，供奉官、侍禁、殿直、供奉职为小使臣。自遥郡而上本俸皆厚，其使臣本禄虽稍薄，而添支给券皆优。若朝谒御燕，惟正任预焉，盖正任方号武臣，得与文臣分班也，管军臣僚号侍卫，横

---

① 《宋大诏令集》卷一六三《改武选官名诏》，司义祖整理，中华书局，1962，第620页。

行、大使臣皆为祗应官尔，此所谓薄其礼也。①

　　除授正任官之时，节度使与节度观察留后要系节度州的军额名。从观察使到刺史，则只系所除授的州名，如深州防御使（深州为防御州）、岳州团练使（岳州为团练州）等。正任官每州只授一员，而遥郡没有限制。"刺史，防御，团练使正任则本州系衔，与知州叙官，每州止一员，不除则阙。任他官兼领防御、刺史者谓之遥郡，本州不系衔，往往取美名，如康、荣、雄、吉诸州，一州或有数员，大率边将多带雄州，戚里多带荣州，医官多带康州。"② 景德元年十一月，宋真宗任命引进使、潘州刺史何承矩为英州团练使。在讨论为何承矩授官之时，宋真宗对宰相说："承矩知书好名，以才能自许，宜择州之美名者授之。"③

　　但是，阶官化后的防、团两使是如何区分正任与遥郡的呢？《文献通考》载："承宣、观察、防御、团练使、刺史无定员，除落阶官为正任，未落阶官者为遥郡。"④《庆元条法事类》载："节度、观察为两使，承宣、观察、防御、团练使、刺史为正任，领他官者为遥郡。"⑤ 这里的"落阶官""领他官"均指诸司使或横行使。龚延明先生总

---

① （宋）章汝愚：《群书考索·后集》卷二一《官门·张演论》，广陵书社，2008，第 564 页。

② （宋）朱彧：《萍洲可谈》卷一，中华书局，1985，第 6 页。

③ 《续资治通鉴长编》卷五八，景德元年冬十月癸未，第 1273 页。

④ （元）马端临：《文献通考》卷五九《职官考十三》，第 1775 页。

⑤ （宋）谢深甫：《庆元条法事类》卷四《职制门·官品杂压》，（清）薛允升：《唐明律合编》，中国书店，1990，第 18 页。

结为：节度观察留后、观察使、防御使、团练使及刺史五阶各兼领诸司使或横行使者，总称"遥郡官"。凡遥郡阶，正式官衔的表示方式为，防御使、团练使各带横行十三阶或诸司正使八阶中任何一阶。[①] 比如真宗天禧三年（1019），鄜延路钤辖、西上阁门使、昭州团练使高继勋[②]所任的昭州团练使为遥郡团练使，其所带西上阁门使为横行官。而宋人孙逢吉在《职官分纪》中这样记述遥郡官："国朝凡诸卫将军及使遥领者，其资品并止复本官叙，防御、团练使、刺史亦同，大中祥符七年诏，观察使并带刺史，元祐官品令观察使正五品，自节度观察留后至刺史兼领它官者为遥郡，不以戎服谒。"[③] 而这里"诸卫将军"应是环卫诸将军的总称，因此他们也可遥领防御、团练等使。如大中祥符中，王荣迁左卫大将军、领昌州防御使，[④] 依据《职官分纪》的说法，王荣所领昌州防御使为遥郡。俞宗宪先生认为："节度使、节度观察留后、观察使、防御使、团练使、刺史六阶为武阶之最高者，自宋初将藩镇军权收回朝廷以后，节度使等逐渐成为阶官，而知州为实际差遣。凡出领地方而带节度使等为正任，任其他官而带节度使等为遥郡，遥郡低于正任。"[⑤] 如此，对于宋代阶官化后的留后、观察、防御、团练使及刺史一系的正任与遥郡的区分，就有了上述三种说法。笔者认为，龚延明先生所总

---

① 龚延明编著《宋代官制辞典》，"宋代官制总论"，第 33 页。

② 《续资治通鉴长编》卷九三，天禧三年夏四月辛卯，第 2144 页。

③ （宋）孙逢吉：《职官分纪》卷三九《观察使》，第 720 页。

④ 《宋史》卷二八〇《王荣传》，第 9500 页。

⑤ 俞宗宪：《宋代职官品阶制度研究》，《文史》第 21 辑，中华书局，1983。

结的"兼领诸司使或横行使者为遥郡官",加之《职官分纪》中"国朝凡诸卫将军及使遥领者"可作为区分遥领与正任依据的补充。而俞宗宪先生认为的"是否出领地方"为区分的依据,则有待商榷。在"宁州团练使张凝为本州防御使,充殿前都虞候"[1] 中,张凝被任命为宁州防御使,但充殿前都虞候一职,殿前都虞候为禁军将领,是实际职务,因此可判断宁州防御使为遥郡。又如"泾原副都部署、龙神卫四厢都指挥使、眉州防御使葛怀敏为本路副都部署",[2] 从这则材料看,葛怀敏任泾原副都部署是实际到任的,若依据俞先生的说法,眉州防御使一职即为正任。但葛怀敏同时还兼领龙神卫四厢都指挥使这一禁军将领职,这为实际职务,非出领地方,因此所领眉州防御使一职,根据《职官分纪》等史书记载,应为遥郡。因此,并非只有出领地方,防、团等使才为遥郡。区分正任和遥郡官,还要视具体情况,不能一概而论。

徽宗之前,遥郡一般只兼刺史、团练使及防御使三阶。"只有宗室及担任马、步军都指挥使等近要职务者才兼观察使与节度观察留后,而且人数很少。宋徽宗政和以后,始有因军功而升观察使、承宣使者。"[3] 一般来讲,只有功绩特殊的官员才可升为正任,大多武官仅至遥郡或横行。李焘记载:"嘉祐三年诏非军职当罢横行,岁满当迁及有战功殊绩皆不得除正任,当迁则改州名,或加检校官、勋封、食邑。自降诏以来,正任刺史以上,绝迁进之

---

[1]　《续资治通鉴长编》卷五九,景德二年三月辛亥,第1321页。
[2]　《续资治通鉴长编》卷一二七,康定元年夏四月戊申,第3008页。
[3]　苗书梅:《宋代官员选任和管理制度》,第450页。

望。今欲因知繁要州郡或路分总管，如再经改州名或加检校官、勋封、食邑已及十年者，与迁官至节度观察留后止。"熙宁以前，遥郡的迁转没有形成严格的规范，主要的方式是"改使名"，"当迁则改州名，或加检校官、勋封、食邑"。① 也就是从某州的遥郡刺史转为其他州的遥郡刺史，这样可以增加俸钱。但是，何时可以从遥郡刺史升迁为遥郡团练使，何时再从遥郡团练使升迁为遥郡防御使，朝廷并没有一定之规。熙宁三年（1070），李寿朋上书：

> 见管皇城使三十余员，多领遥郡，而尚令磨勘，例改遥郡刺史、团练防御使名，每进一官，增俸钱五十千，又增禄粟杂给，殊为优幸。如令更不磨勘，又缘在后行郎中之下，品秩太卑。臣愚欲乞于皇城使上别置使名二等，视中行、前行郎中，量加俸钱，序位次昭宣使，于东西班前对立。遇磨勘，不以内外使臣，并令序转，如迁尽令置使名，即依文臣至前行郎中例止，其遥郡刺史，仍限员数，比类少卿监序迁。其遥郡团练、防御使，更不序迁，并从朝廷非次赏功擢任。②

遥郡至正任的迁转并非易事。从诸司使、横行官和刺史到观察使，遥郡可多达百余级，迁转官阶多有利于稳定

---

① 《续资治通鉴长编》卷二〇五，治平二年五月庚申朔，第4962页。
② 《续资治通鉴长编》卷二一六，熙宁三年冬十月己卯，第5265—5266页。

大多没有战功或功绩平平之人，使得功绩卓著者获得升迁，这是朝廷驾驭并笼络武官的重要手段。遥郡武官一般由遥郡刺史迁转至遥郡团练使，再转至遥郡防御使。"诏遥郡刺史、团练防御使三等第迁，并理十年磨勘，余如旧制。"[①]

一般来说，技术官的地位较低，不在文武官的迁转序列，"宋制，技术官非战功及随龙人不许换武职，医官阶迁转至安大夫止，不得转遥郡刺史以上"。[②] 但在徽宗时期，此限令又发生更改，技术官也可以进入遥郡之列。崇宁元年（1102），宋徽宗下诏："今后医官供应汤药有劳、特旨令改转者，授皇城使须实及五年已上，方许除遥郡刺史；授遥郡刺史须及七年已上，方许除遥郡团练使；授遥郡团练使须实及十年已上，方许除遥郡防御使止。已上如勘当得理年未满，止许将恩泽回授与本色有官有服亲改转。"[③] 由此可见，医官等技术官不可以转遥郡官的限令取消以后，为防医官升迁过快，朝廷对其迁转时间加以限制。

诸司正使以下的武官主要通过常调磨勘或军功两条途径升迁，横行使以上武官主要依靠功勋或特恩来叙迁。如大将曹玮的升迁即依此资序，真宗任命曹玮为环庆路钤辖、东上阁门使、高州刺史，[④] 大中祥符七年（1014），曹

---

① 《续资治通鉴长编》卷二一六，熙宁三年冬十月己卯，第5265页。
② 龚延明编著《宋代官制辞典》，第600页。
③ 《宋会要辑稿·职官三六之一〇〇》，第3943—3944页。
④ 《续资治通鉴长编》卷七三，大中祥符三年三月癸卯，第1660页；《宋史》卷二五八《曹彬传》，第8985页。

玮加引进使，留再任。① 大中祥符九年，"以引进使、英州团练使、知秦州曹玮为客省使、领康州防御使"。② 于此可见曹玮由遥郡刺史叙迁为遥郡团练使，再迁入遥郡防御使的整个过程。但并非所有遥郡武官的迁转都依此阶序，有的因赫赫战功或特恩，可直接"落阶官为正任"，即从遥郡刺史、团练使、防御使直接迁转为正任刺史、团练使、防御使。如真宗景德元年，"以引进使、潘州刺史何承矩领英州团练使"。③ 何承矩此时任职的英州团练使，是正任还是遥郡呢？从同月何承矩知澶州的史料中可看出为遥郡，"以引进使、英州团练使何承矩知澶州"。④ 景德三年，何承矩落阶官成正任，"真拜雄州团练使"。⑤ 王韶组织了踏白城之战，打败了蕃部，许多将领立功受奖，"引进使、荣州刺史苗授迁忠州团练使"。⑥ 武将苗授因立战功，由引进使、荣州刺史等落阶官升为正任团练使。

正任武官迁转则由刺史迁团练使，再由团练使迁防御使，防御使迁观察使，观察使迁节度观察留后，有重要功勋或特恩者，即可授予节钺。"仁宗时，尝著令，正任防御、团练以上，非边功不迁。今及十年尝历外任，即许转。"⑦ 咸平初年，如京使、保州缘边都巡检使杨延昭因抵

---

① 《续资治通鉴长编》卷八三，大中祥符七年十一月戊子，第 1901 页。
② 《续资治通鉴长编》卷八八，大中祥符九年冬十月庚寅，第 2024 页。
③ 《续资治通鉴长编》卷五八，景德元年冬十月癸未，第 1273 页。
④ 《续资治通鉴长编》卷五八，景德元年冬十月甲申，第 1274 页。
⑤ 《宋史》卷二七三《何继筠传》，第 9332 页。
⑥ 《续资治通鉴长编》卷二五四，熙宁六年七月甲辰，第 6220 页。
⑦ 《宋史》卷一五八《选举志四》，第 3706 页。

御契丹之功，拜莫州刺史，① 此时杨延昭所任刺史是否为正任呢？《宋史·杨嗣传》中有这样的记载："真宗即位，加洛苑使。咸平初，领奖州刺史。三年，与敌人战于廉良，斩首二千级，获战马辎重甚众，以功真拜保州刺史。召还，授本州团练使。时杨延昭方为刺史，嗣言：'尝与延昭同官，骤居其上，不可，愿守旧官。'上嘉其让，乃迁延昭官。"② 由杨嗣以功真拜保州刺史，并将被授予保州团练使，且当时杨延昭与杨嗣官位同级可知，杨延昭所任莫州刺史也为正任官。并且杨延昭伏锐兵于山西，大败契丹，真宗应杨嗣之请，也进杨延昭为莫州团练使。景德二年，真宗追叙守御之劳，进杨延昭为莫州防御使。③ 由此，杨延昭的官阶升迁轨迹便明显了，由诸司正使转入正任刺史，再由正任刺史迁入正任团练使，由正任团练使迁入正任防御使。另外，正任武官所带州额有大小之分，若由小州刺史换为大州刺史，也算升迁。太平兴国二年，曹光实为唐州团练使。太平兴国五年，改汝州团练使。④ 根据《宋史·地理志》所载，唐州（今河南唐河）为上州，而汝州（今河南临汝）则为辅州。辅州等级在上州之上。由此可知，曹光实由唐州团练使转汝州团练使，实为由小州转大州，属升迁。

　　简而言之，正任和遥郡是武选官和军职共有的标志阶秩符号。或者说，武选官和军职所共有的加官是遥郡官；而正

---

① 《宋史》卷二七二《杨业传》，第 9306 页。

② 《宋史》卷二六〇《杨信传附杨嗣传》，第 9017 页。

③ 《宋史》卷二七二《杨业传》，第 9307 页。

④ 《宋史》卷二七二《曹光实传》，第 9315 页。

任是一个较为独立的阶秩序列，其地位要高于武选官和军职。武选官和军职都可以升迁到正任官，也可以说，正任官的两大来源就是武选官和军职。一般来说，遥郡是加官性质，只有与军职或诸使结合起来，才能成为迁转的阶梯。若无军职或诸使，则无所谓遥郡官。加授遥郡，大多是为了安置资历较老但一时还无法升迁的官员，使其安于原职，增加俸给，享有尊崇的地位。《宋史》记载：禁军军职"转员至军都指挥使，又迁则遥领刺史，又迁为厢都指挥使，遥领团练使。员溢，即从上罢军职，为正团练使、刺史之本任，或有他州总管、钤辖"。① 由此可知，军职兼领遥郡，向上升迁的话，可以脱离军职体系，升为正任官。

正任的磨勘年限开始为十年，后来改成七年。"自今应正任刺史、团练、防御使以上迁官未满十年者，非有显效，遇非次恩，止与移改州镇。"②

第二节　防御使与团练使阶官化进程

一　财权的剥夺

宋初，节度—刺史体系经历了由实权到虚衔化的过程。宋太祖以兵变立国，首先要解决的问题就是如何避免唐五代尾大不掉的藩镇割据局面。因此太祖制定了解决方镇问题的三大方针："稍夺其权，制其钱谷，收其精兵。"③

---

① 《宋史》卷一九六《兵志十》，第4877页。
② 《续资治通鉴长编》卷二二一，熙宁三年五月丙午，第5131页。
③ 《续资治通鉴长编》卷二，建隆二年秋七月戊辰，第49页。

在"杯酒释兵权",解决了宿将典禁兵的问题后,太祖着眼于地方钱谷,将财权收归中央。"唐自开元、天宝以后,藩镇屯重兵,皆自赡租赋所入,名曰送使留州,其上供者鲜矣。五代疆境逼蹙,藩镇益强,率令部曲主场院厚敛。其属三司者,补大吏以临之,输额之外,颇以入己。太祖历试艰难,周知其弊,及受命,务恢远略,革弊以渐。国初犹循前制,牧守来朝皆有贡奉,以助军实。乾德三年,诏诸州度支经费外,凡金帛悉送阙下,无得占留。时藩镇有缺,稍命文臣权知所在场务,或以京朝官廷臣监临。凡一路之财,置转运使掌之;一州之财,置通判掌之。为节度、防御、团练留后观察、刺史者,皆不预签书金谷之事。于是外权削而利归公上矣。"① 李攸此段言论,精辟地论述了自唐中期至五代,财权对于藩镇的重要意义。太祖要革除其弊,使节度一刺史一系"皆不预签书金谷之事",也只有这样,才能外权削弱"利归公上"。叶适评价"太祖之制诸镇,以执其财用之权为最急"。② 因此,太祖决定,以转运使一职来统辖各地的财权。

宋初,对于削藩,朝廷有着周密的计划,并非一蹴而就。"国之兴衰,视其威柄可知矣。……太祖光宅天下,深救斯弊。暨朕纂位,亦徐图其事,思与卿等谨守法制,务振纲纪,以致太平。"③ 宋太宗即位后,罢藩镇领支郡制度,"节镇领支郡,多俾亲吏掌其关市,颇不便于商贾,滞天下

---

① (宋)李攸:《宋朝事实》卷九《官职》,中华书局,1985,第154页。
② (宋)叶适:《水心先生文集》卷一一《财总论》,《宋集珍本丛刊》第67册,线装书局,2004,第33页。
③ 《续资治通鉴长编》卷二九,端拱元年十二月,第662页。

之货。望不令有所统摄，以分方面之权，尊奖王室，亦强干弱枝之术也"。① 因此，朝廷与州郡之间的中介藩镇消亡。然而，宋有三百余个州郡，中央直接统领其钱谷之事，实为不易。因此，转运使②担起这一职责，"天下物宜，民闲利病，惟转运使得以周知。令更互赴阙，延见询问焉"。③

乾德元年正月，"以沈义伦为京西、韩彦卿为淮南转运使"，④ 此为诸道置转运使之始。直至开宝九年，"以杨克让权知昇州，寻兼水陆计度转运事"，⑤ 江南转运司设立，标志着在宋代辖境内已全部设立转运使。至此宋代路制初具规模，⑥ "诸道转运使如见三司行下公事有不便于民者，许直具事状以闻，不得隐避。其所行公事及申奏起请改正条件，亦仰置历批上，逐季进呈，以凭校定考第，明行黜陟"。⑦ 转运使成为路一级地方行政单位的官员，由中央加以控制。而且三司负责的财政事务，有不便于民者，

---

① 《续资治通鉴长编》卷一八，太平兴国二年八月丙寅，第 411 页。
② 有关转运使的研究成果颇丰，其代表性著述有：许怀林《北宋转运使制度略论》，《宋史研究论文集》，河南人民出版社，1984；郑世刚《北宋的转运使》，《宋史研究论文集》；包伟民《宋代地方财政史研究》，上海古籍出版社，2001，第一章"转运司的地位与作用"；汪圣铎《宋代转运使补论》，《中国史研究》2004 年第 1 期，第 84—88 页；戴扬本《北宋转运使考述》，上海古籍出版社，2007；田志光、李昌宪《关于北宋转运司治所问题上"首州论"的再讨论》，《中国史研究》2011 年第 1 期，第 181—193 页。
③ （元）马端临：《文献通考》卷六一《职官考十五》，第 1846 页。
④ （宋）王应麟：《玉海》卷一八二《乾德转运使》，江苏古籍出版社、上海书店，1988，第 3352 页。
⑤ 《续资治通鉴长编》卷一六，开宝八年十二月丁未，第 354 页。
⑥ 李昌宪：《中国行政区划通史·宋西夏卷》，复旦大学出版社，2007，第 18 页。
⑦ 《续资治通鉴长编》卷七，乾德四年春正月丙戌，第 166 页。

直接由转运使这个新兴的"计使"来施行。太宗太平兴国三年，吴越王钱俶与漳泉陈洪进相继纳土。太平兴国四年，太宗收复了北汉。短短几年时间，太宗完成了统一大业。此后，在两浙与京东路，太宗也设置了转运使一职。因晚唐五代武人乱政的教训，宋初太祖、太宗朝转运使，全部选用文臣充任，"命文臣权知"，以杜绝武夫干政。"五代方镇残虐，民受其祸，朕令选儒臣干事者百余，分治大藩，纵皆贪浊，亦未及武臣一人也。"① 太祖对赵普的此番言论，道出了重用文臣的原因，同时也确立了整个北宋"崇文抑武"的治国理念。

宋初节镇罢领支郡后，"以转运使领诸路事，其分合未有定制"。直至太宗至道三年（997），朝廷才确定十五个转运司路，"一曰京东路，二曰京西路，三曰河北路，四曰河东路，五曰陕西路，六曰淮南路，七曰江南路，八曰荆湖南路，九曰荆湖北路，十曰两浙路，十一曰福建路，十二曰西川路，十三曰峡路，十四曰广南东路，十五曰广南西路"。② 宋真宗咸平四年（1001），"分川峡转运使为益、梓、利、夔四路"。③ 天禧四年，"分江南转运使为东、西两路，从户部判官滕涉之请，以便按巡也"。④ 由此，全国分为十八路。此路制经久未变，直至神宗时期，这是有宋一代路制最为稳定的时期。⑤ 终神宗熙宁九年，

---

① 《续资治通鉴长编》卷十三，开宝五年十二月乙卯，第293页。
② 《续资治通鉴长编》卷四二，至道三年十二月戊午，第901页。
③ 《续资治通鉴长编》卷四八，咸平四年三月辛巳，第1052页。
④ 《续资治通鉴长编》卷九五，天禧四年夏四月丁亥，第2188页。
⑤ 李其旻：《宋朝"路"制浅析》，《齐鲁学刊》1992年第4期，第65页；李昌宪：《中国行政区划通史·宋西夏卷》，第21页。

全国分为二十三路，从此至北宋灭亡，全国路制基本稳定。北宋路一再分置，以神宗二十三路为代表的路制与财政经济密不可分，各路的界田额与夏秋二税催额、商税额基本成正比。"这三种数字相互参证和补充，能够反映分路的原因。"① 因此，转运使"掌经度一路财赋，而察其登耗有无"，② 其设置与路级行政区划的发展，实为相辅相成。

北宋前期转运使"一路之事，无所不总"，③ 正如宋人所讲："国家所置诸路转运使、副，即汉刺史、唐观察使之职，其权甚重。"④ 仁宗时期，名臣范仲淹也感慨："今转运按察使，古之岳牧、方伯、刺史、观察采访使之职也。"⑤ 设置转运使，实为北宋统治者削弱藩镇的重要手段，节度—刺史一系的职能大多被转运使取代。宋朝的职官有官、职、差遣之别，其中以"以差遣别轻重焉"。⑥ 仁宗嘉祐时期，司马光所上《乞分十二等以进退群臣上殿札子》，将差遣分为十二等，"一十二等之制：宰相第一，两府第二，两制以上第三，三司副使、知杂御史第四，三司判官、转运使第五，提点刑狱第六，知州第七，通判第八，知县第九，幕职第十，令录第十一，判司簿尉第十

---

① 曹尔琴：《宋代行政区划的设置与分布》，《中国历史地理论丛》1992 年第 3 期，第 81 页。
② 《宋史》卷一六七《职官志七》，第 3964 页。
③ 《续资治通鉴长编》卷三六八，元祐元年闰二月丙申，第 8875 页。
④ 《宋会要辑稿·食货四九之一三》，第 7100 页。
⑤ 范仲淹：《上仁宗论转运得人许自则知州》，（宋）赵汝愚：《宋朝诸臣奏议》卷六七，上海古籍出版社，1999，第 737 页。
⑥ 《宋史》卷一六九《职官志九》，第 4029 页。

二。其余文武职任差遣，并以此比类为十二等。若上等有
阙，即于次等之中择才以补之"。① 由此可知，转运使在所
有差遣中，位列第五等，其重要性可见一斑。转运使掌管
一路之事，俨然成为地方的实际长官。"夫转运之任，所
以寄耳目，治财赋，集事功也。"② 为集中转运使的财权，
也为避免权力过重而重蹈藩镇割据的覆辙，景德年间，增
设提点刑狱司来分转运司的司法权力。③ 熙宁初，又增设
了提举常平司，主管新法之后的财税，用以分割转运司的
财权。④ 其后转运使在财政上的具体职责如下："一，户口
之登耗；二，土田之荒辟；三，盐、茶、酒税统比增亏递
年祖额；四，上供和籴、和买物不亏年额抛数；五，报应
朝省文字及帐案齐足。"⑤

　　宋设置转运使，是为了改变唐后期以来君弱臣强以及
尾大不掉的情况，其成为在中央和地方之间的媒介，但
"终北宋一百六十余年，转运使始终不是路级政区完整统
一的政权代表"。⑥

二　兵权的剥夺

　　转运使在宋代出现，是为了分割节度—刺史等的财

---

① （明）黄淮、杨士奇：《历代名臣奏议》卷一七二《考课》，上海古
　　籍出版社，1989，第2254页。
② 陈靖：《上太宗乞天下官属三年替移一年一考》，（宋）赵汝愚：《宋
　　朝诸臣奏议》卷七二，第788页。
③ 《续资治通鉴长编》卷六一，景德二年十二月乙未，第1379页。
④ 《续资治通鉴长编》卷二一一，熙宁三年五月丙午，第5131页。
⑤ 《续资治通鉴长编》卷一六六，皇祐元年二月戊辰，第3984页。
⑥ 郑世刚：《北宋的转运使》，《宋史研究论文集》，第341页。

权。那么，另一重要权力——地方统兵权，北宋是如何收回的呢？宋初，都部署、钤辖、都监发生了历史演变，使宋确立了地方统兵权。张邦炜等学者甚至认为，对学界已认可的"枢密院—三衙体制"宋初统兵体制的概括，应修正为"枢密院—三衙—都部署体制"，[1] 认识到都部署在统兵上的重要性。从权力结构看，节度—刺史体制的特点主要是军政合一、兵为将有，都部署体制则不仅使军政分离，而且使将兵分离，避免了武将拥兵自重、藩镇割据的可能。在缘边三路中，都部署为最高统兵官，钤辖仅次于都部署。而在内地诸路，钤辖为最高统兵官。直到真宗朝之后，以文臣为主导的安抚使制度正式确立，完全集中了地方统兵的权力。

一般认为，都部署首先设置于五代。[2] 都部署最初作为地方军事主官或边防部队统帅出现。太祖赵匡胤开国后，志在统一全国，在用兵南方、平复李筠及李重进之乱、抵抗契丹、讨伐北汉等征战中，都部署无不显示其重要地位，大有替代地方节度使之势。而且都部署这一重要职位，"国朝马步军都总管（旧名都部署，后避英宗

---

[1] 张邦炜、杜桂英：《论北宋前期的都部署问题》，《四川师范大学学报》（社会科学版）2005 年第 2 期，第 93 页。

[2] 陈峰先生在其文《都部署与北宋武将地位的变迁》[《安徽师范大学学报》（人文社会科学版）2001 年第 3 期，第 416 页] 中首次引用李上交《近事会元》卷二《都部署》史料，其记载都部署一职始于后唐清泰三年张敬达。后有学者持不同意见，如张邦炜、杜桂英[《论北宋前期的都部署问题》，《四川师范大学学报》（社会科学版）2005 年第 2 期]，其认为五代时期，早在张敬达任职之前已存在都部署一职。

讳改都总管）以节度使充，副总管以观察使以上充"。①
《职官分纪》记载的这一说法，虽大体反映了只有高级武
将才可任都部署的事实，但也有不确切的地方。太祖、太
宗朝，以防御使、团练使之职任都部署的情况也存在（详
见表 2-1）。

表 2-1　太祖、太宗朝防御使、团练使所任都部署职官

时间	姓名	缘由	所任阶官	职务名称	史料来源
开宝元年	何继筠	攻打北汉	棣州防御使	先锋部署	《长编》卷九"开宝元年八月戊辰"条
开宝元年	司超	攻打北汉	绛州防御使	汾州路部署	《长编》卷九"开宝元年八月戊辰"条
开宝二年	何继筠	攻打北汉	棣州防御使	石岭关部署	《长编》卷一〇"开宝二年四月壬子"条
开宝三年	尹崇珂	攻打南汉	武陵团练使	贺州道行营兵马副总管	《宋会要辑稿·兵七之二八》
开宝三年	潘美	攻打南汉	潭州防御使	贺州道行营兵马都总管	《宋会要辑稿·兵七之二八》
太平兴国四年	杨业	抵御契丹	郑州防御使	知代州兼三交驻泊兵马部署	《长编》卷二〇"太平兴国四年十一月辛卯"条
端拱年间	安守忠	抵御契丹	濮州团练使	知瀛州，兼高阳关驻泊部署	《宋史》卷二七五《安守忠传》
淳化五年	尹继伦	讨夏州	深州团练使	深州驻泊兵马部署	《宋史》卷二七五《尹继伦传》

由表 2-1 可知，宋初两朝共有 8 人次由防御使、团练
使任都部署一职，通过对太祖、太宗两朝都部署的考察可

---

① （宋）孙逢吉：《职官分纪》卷三五《兵马总管副总管》，第 661 页。

知，任职人员均为刺史以上武将，"其权位非同寻常"。①
一般来说，宋初都部署大多由节度使兼领，但为了边疆有
效防御，同时也为了利于朝廷的控制，防御使、团练使也
可以升为都部署。石岭关（今山西阳曲县内）为契丹增援
北汉的必经之地。开宝二年，太祖得知契丹来驰援北汉，
派何继筠应战，"棣州防御使何继筠为石岭关部署，屯于
阳曲。……授以方略，并给精骑数千，使往拒之"。② 为了
加强边防，宋太祖任命了品级较低、资历尚浅的武职人员
为都部署。如开宝三年，"以潭州防御使潘美为贺州道行
营兵马都部署，朗州团练使郧人尹崇珂副之"。③ 随着北宋
统一战争的推进，为了配合作战，太祖在北部边疆地区初
步构建了都部署边防统兵体制。雍熙北伐失败后，宋太宗
调整边防政策，由原来的积极进攻转为保守防御，"守内
虚外"的国防政策最终确立。太宗时期，都部署出现了
"驻泊"与"行营"之分，"掌总治军旅屯戍、营防守御
之政令"。④ 都部署等由临时设置变为常设边防统兵官，兵
官职位开始出现。以防御使、团练使为代表的地方军政官
员任职边防都部署，标志着正任官体系品位化发展。驻泊
都部署的设置，标志着太宗时期战略方针由进攻转为防御
为主，"来则御之，去则勿追"，⑤ 同时也意味着都部署体
制的正式确立。节度—刺史一系的地方统兵权已被都部署

---

① 陈峰：《都部署与北宋武将地位的变迁》，《安徽师范大学学报》（人
　　文社会科学版）2001 年第 3 期，第 417 页。
② 《续资治通鉴长编》卷一〇，开宝二年四月壬子，第 220 页。
③ 《续资治通鉴长编》卷一一，开宝三年九月己亥，第 249 页。
④ 《宋史》卷一六七《职官志七》，第 3979 页。
⑤ 《续资治通鉴长编》卷二八，雍熙四年夏四月己亥，第 701 页。

体制剥夺。宋夏战争爆发之后，由于对武将的猜忌、防范以及"将从中御"的治国理念，朝廷开启了以文臣为都部署的制度，"且遣儒臣，以经略、部署之名重之"。① 咸平五年，"以右仆射张齐贤为邠宁环庆泾原仪渭镇戎军经略使、判邠州。令环庆、泾原两路及永兴军驻泊兵并受齐贤节度"。注文曰："专为经略使，自此始。"② 自经略使等文臣统兵之职设立后，都部署便丧失了主帅的资格，从而降成实际统兵作战的"将官"，成为武臣的专有之官。

为配合都部署体制的施行，宋初还在内地路设置了兵马钤辖，用以节制管辖诸军。《群书考索》记载："都钤辖、副钤辖，宋以朝官及诸司使以上充，或一州或一路或两路或三路，亦无都字。"③ 北宋钤辖一般由皇帝信任的内臣担任，在初期还具有统兵和监察双重属性。建隆元年，"李筠之叛也，遣使邀建雄节度使真定杨庭璋，庭璋执其使以闻，仍献攻取之策。庭璋姊，故周祖妃，上疑有异志，命郑州防御使信都荆罕儒为晋州兵马钤辖，使伺察之。罕儒每入府中，从者悉持刀剑，庭璋开怀接纳，殊不设备，罕儒亦不敢发"。④ 太祖疑虑杨庭璋有异心，任命郑州防御使荆罕儒为晋州兵马钤辖，一方面执掌独立统兵和地方军事决策权力，另一方面又可以监视节度使杨庭璋。

---

① 《续资治通鉴长编》卷一四六，庆历四年正月辛未，第3528页。
② 《续资治通鉴长编》卷五一，咸平五年正月甲辰，第1107页。
③ （宋）章汝愚：《群书考索·后集》卷四七《兵门·统军官》，第759页。
④ 《续资治通鉴长编》卷一，建隆元年十月丁卯，第25—26页。

太祖用兵南方，统一长江以南地区，以知州制代替了节度—刺史之制，并以通判分割知州的行政权力。同时，设置钤辖一职来分割知州的地方统兵权。如湖南潭州在开宝八年之前已经设立兵马钤辖，"兵马钤辖石曦领众败江南兵二千余人于袁州西界"。① 两浙地区最迟于开宝九年已设置钤辖，"以两浙都钤辖使沈承礼为威武节度使"。② 江西地区于开宝八年设立兵马钤辖，"国朝平江南为洪州，在开宝八年，为江南西路兵马钤辖"。③ 太宗淳化五年，授马知节为"益州钤辖"。④

真宗朝文臣领兵兴起，都部署的地位开始下降。⑤ 而真宗咸平年间以后，钤辖权力有所发展。真宗咸平三年，契丹入塞，犯高阳关，高阳关都部署康保裔与契丹战于河间。"杀伤甚众，所躏踏尘深二尺，而救兵不至，保裔没焉"，但"部曲畏诛，声言保裔投贼"。康保裔究竟是战死还是投降契丹，真宗怀有疑虑，遂"密诏驾前走马承受榆次夏守赟察之"。⑥ 虽"既得其实"，真宗的疑虑其实并没有完全消除，同时自"康保裔被擒，王师未有胜捷"，⑦ 为更有效地统率军队，抵御契丹，设置镇、定、高马步军都

① 《续资治通鉴长编》卷一六，开宝八年二月丙午，第335页。
② 《续资治通鉴长编》卷一七，开宝九年春正月丙子，第363页。
③ （宋）王象之：《舆地纪胜》卷二六《江南西路·隆兴府》，中华书局，1992，第1137页。
④ 《续资治通鉴长编》卷三六，淳化五年五月戊寅，第788页。
⑤ 陈峰：《都部署与北宋武将地位的变迁》，《安徽师范大学学报》（人文社会科学版）2001年第3期，第417页。
⑥ 《续资治通鉴长编》卷四六，咸平三年正月甲申，第985页。
⑦ 《宋史》卷三〇九《谢德权传》，第10166页。

钤辖之职。韩崇训"为镇、定、高阳马步军都钤辖，屯定州"，[①] 王继忠"改镇、定、高阳关三路钤辖"。[②] 契丹寇定州，大将李继宣出任镇州行营钤辖，"继宣领兵三千掩袭之"。[③] 同时，真宗也任命心腹宦官为钤辖，抵御契丹。契丹围岢岚军，韩守英为定州、镇定高阳关、并代路兵马钤辖，"贼为解去"。[④] 秦翰"败契丹于莫州东，追斩数万，尽夺所掠老幼"，"徙定州行营钤辖"。[⑤] 钤辖的任职也由武将转向内臣、文臣。如嘉祐四年，仁宗任命宦官"广州团练使阎士良为鄜延路都钤辖"。[⑥] 但对于内臣担任路分钤辖，朝廷也多有顾忌。嘉祐五年，朝廷任命阎士良为京东西路钤辖，是因为监察御史王陶上奏："其性黠，多生事，不可处于边地，故易之。"[⑦] 而且，钤辖与知州共同商讨才能实施军事决策权。"诸路钤辖、都监应管辖本路不系将兵屯驻泊就粮禁军，应驻札处岁首拣选及排连、转补公事，并与知州等共议，兼提举本处所管诸军教阅。"[⑧] 在知州与钤辖分任的情况下，知州负责治理民政，钤辖负责治理军政。

北宋在缘边地区还设置了都监作为边防军事监察和统兵之官，北宋都监分为兵马都监、行营都监、驻泊都监

---

①　《宋史》卷二五〇《韩重赟传》，第 8825 页。
②　《宋史》卷二七九《王继忠传》，第 9471 页。
③　《宋史》卷三〇八《李继宣传》，第 10146 页。
④　《宋史》卷四六七《韩守英传》，第 13632 页。
⑤　《宋史》卷四六六《秦翰传》，第 13612 页。
⑥　《续资治通鉴长编》卷一九〇，嘉祐四年十二月癸未，第 4602 页。
⑦　《续资治通鉴长编》卷一九一，嘉祐五年正月辛亥，第 4611 页。
⑧　《续资治通鉴长编》卷四一一，元祐三年五月癸酉，第 10010 页。

等。《文献通考》记载："宋朝兵马都监有路分，掌本路禁旅、屯戍、边防、训练之政令，以肃清所部。……州都监则以大小使臣充，掌本城屯驻、兵甲、训练、差使之事。"① 建隆三年，"以棣州团练使何继筠为关南兵马都监"。② "继筠深沉有智略，前后备边二十年，与士卒同甘苦，得其死力。善揣边情，边人畏伏，多画像祠之。"③ 关南乃缘边军事重镇，朝廷派遣名将为守臣。乾德二年，"以齐州防御使李汉超兼关南兵马都监"。④ 太宗朝，都监在统兵体制中依然很重要，在行军作战中掌握赏罚大权，"以都监领之，进退赏罚，便可裁决"。⑤ 太平兴国五年，太宗决定北上幽云，"上因契丹遁去，遂欲进攻幽州。戊寅，以保静节度使刘遇充幽州西路行营壕寨兵马部署，睦州团练使田钦祚为都监；威塞节度使曹翰充幽州东路行营壕寨兵马部署，登州防御使赵延溥为都监"。⑥ 由此看来，都监已经成为重要的边防统兵官职，防、团两使兼领都监已成常态。

都部署、钤辖其实并无严格的统属关系，而且任职的统兵官品位、所辖兵力、管辖范围各不相同，因权力分散而贻误战机的事情时有发生。"旧制，诸路部署、钤辖、都监不过三两员，余官虽高，止为一州部署、钤辖，不预

---

① （元）马端临：《文献通考》卷五九《职官考十三》，第1783页。
② 《续资治通鉴长编》卷三，建隆三年十月戊子，第73页。
③ 《宋史》卷二七三《何继筠传》，第9327页。
④ 《续资治通鉴长编》卷五，乾德二年十二月辛未，第139页。
⑤ 《续资治通鉴长编》卷五七，景德元年八月辛亥，第1260页。
⑥ 《续资治通鉴长编》卷二一，太平兴国五年十二月丁丑，第482—483页。

本路事。今每路多至十四五员，少亦不减十员，皆兼路分事，权均势敌，不相统制，凡有议论，互执不同。"① 这种制度，虽然为防范军事割据分散了军权，但同时也降低了战斗力，已不再适应边患不断的北宋，新的统兵体制亟待形成。

宋真宗时期的主要边患问题来自契丹，虽然党项扰边日益严重，但北宋并未采取果断而有效的军事回击，而是实行姑息羁縻之策。"朝廷已许契丹和议，但择边将，谨誓约，有言和好非利者，请一切斥去。"② 景德三年，宋在与契丹交界的河北设置了缘边安抚使："置河北缘边安抚使、副使、都监于雄州，命雄州团练使何承矩、西上阁门使李允则、榷易副使杨保用为之，并兼提点诸州军榷场。"③ 大中祥符八年，为了抵御少数民族的骚扰，宋"以引进使、高州刺史、泾原路驻泊都钤辖、知渭州曹玮领英州团练使、知秦州兼缘边都巡检使、泾原仪渭州镇戎军缘边安抚使，别铸安抚使印给之"。④ 曹玮以武臣知州身份兼任缘边安抚使并掌管官印，毋庸置疑，他掌握着地方军政大权。天圣三年（1025），进士出身的范雍成为第一任文官安抚使，"环、原州属羌内寇。癸酉，命工部郎中、龙图阁待制范雍为陕西缘边体量安抚使，客省副使曹仪副之"。⑤

---

① 《续资治通鉴长编》卷一二八，康定元年秋七月癸亥，第 3025 页。
② 《宋史》卷三二四《李允则传》，第 10480 页。
③ 《续资治通鉴长编》卷六二，景德三年夏四月乙酉，第 1394 页。
④ 《续资治通鉴长编》卷八五，大中祥符八年九月甲寅，第 1949 页。
⑤ 《续资治通鉴长编》卷一〇三，天圣三年六月癸酉，第 2383 页。

庆历二年（1042），朝廷下诏："近分陕西缘边为四路，各置经略安抚、招讨等使，自今路分部署、钤辖以上，许与都部署司同议军事，路分都监以下，并听都部署等节制，违者以军法论。"① 安抚使的设置，标志着地方统兵体制进入了"以文御武"时代。庆历八年，朝廷推广陕西缘边经验，"置河北四路安抚使，命知大名真定府、瀛定州者领之"。② 对于安抚使的人选，朝廷有着规定："以直秘阁以上充，掌一路兵民之事。"③ 安抚使一职均为高级文臣充任，"自陕西用兵，夏守赟、夏竦、陈执中并以两府旧臣，始为陕西经略、安抚、招讨使，韩琦、范仲淹止为副使。既而张存知延州，王沿知渭州，张奎知庆州，俱是学士、待制之职，亦止管勾本路部署司事"。④ 安抚使设立之初的人选，资历远在直秘阁之上，或两府宿将，或学士、待制，位高权重，足见朝廷对于安抚使一职的重视程度。安抚使"总一路兵政，以知州兼充"，⑤ 并且"不以武人为大帅专制一道，必以文臣为经略以总制之"。⑥

宋朝路级各监司，以首州知州兼任的安抚使地位最为尊崇。而且，朝廷为防藩镇之弊，对帅臣加以防范：

　　　将帅之选，多出于监司，先自远路，渐擢至京东

---

① 《续资治通鉴长编》卷一三五，庆历二年春正月庚戌，第3213页。
② 《续资治通鉴长编》卷一六四，庆历八年夏四月辛卯，第3947页。
③ 《宋史》卷一六七《职官志七》，第3960页。
④ 《续资治通鉴长编》卷一三九，庆历三年春正月丙申，第3345页。
⑤ 《宋史》卷一六七《职官志七》，第3961页。
⑥ 刘挚：《上哲宗论祖宗不任武人武大帅用意深远》，（宋）赵汝愚：《宋朝诸臣奏议》卷六五，第724页。

西、淮南，其资望最深，绩效尤著者，乃擢任陕西、河东、河北三路及成都路，自三路及成都召为三司副使；其未可辍者，或与理副使资序，自副使出为都转运使。夫自初为监司至三路及三司副使者，其人年劳已深，资历已多，缘边山川、道路、甲兵、钱谷，皆所谙知，故帅臣有阙，可备任使，中才之人，亦能勉强。自王安石用资浅之人为监司，使之推行新法，是故才与不才两皆废坏，而资序一切不用。二圣临御以来，又未尝以远近为之资序，每边帅有阙，则不知可用者为谁，由朝廷养之无素也。臣愚欲乞复祖宗之时用监司之法，边臣有阙，于此选授，则可用之人必多矣。今监司或初除，即与近路及三路，自三路却迁之远地，则人情已不乐。在三路者，或久而不迁，其才能资望，又不足备边帅之任，此所以人才常乏也。①

此番言论为礼部侍郎兼侍讲范祖禹对哲宗所讲，可见缘边安抚使需深刻理解并处理好山川、道路、甲兵、钱谷等诸多事宜，还要具备一定的才能和资望，因此人才常常缺乏，满足不了备边的需要。

宋太宗平定北汉后，于至道三年将全国划分为十五路，结束了唐"道"的时代。之后，宋代的路又不断增多，直至宣和四年（1122）达到二十六路。一般来讲，宋朝的路级机构，有转运司，简称漕司；安抚司，简称帅

---

① 《续资治通鉴长编》卷四六八，元祐六年十二月乙卯朔，第11179—11180页。

司；提点刑狱司，简称宪司；提举常平司，简称仓司。这些监司实为皇帝的"耳目之寄"，号称"外台"。① 除安抚使以首州知州兼任，其余皆单独任命，并兼监察知州等责，"互相察举如法"，② 所以被称为"监司"。而帅司路并非在全国设置，南方诸路一般为首州知州兼任兵马钤辖或巡检，但其职责与安抚使同，这同时体现了宋朝对于地方统兵权的警惕。漕、宪、帅三路的首府有时即使同在一路，但也不同设一地，以此来达到分权制衡、相互牵制的目的。由此，为避免唐末五代的藩镇之患，宋朝已经成功地将财权、兵权分于转运使、安抚使两大重要地方监司机构，呈现出了与前代迥异的兵财分治地方军政管理体制，并且以此贯彻了"治军、给食"以及"异论相搅"的治国原则。③

三 州格的形成

宋太祖开国之后便实行削藩之策，罢节镇的支郡。宋人章汝愚记载："乾德中，平湖南，令潭州诸郡直属京师。至太宗，藩镇无复支郡。"④ 宋初，节度使的下属州分为驻节州与下辖州。驻节州为节度使直接治理的州郡。下辖州则由防御使、团练使、刺史等来处置州务，但均对节度使

① 《宋会要辑稿·职官四五之四三》，第 4256 页。
② 《宋会要辑稿·职官四五之四》，第 4235 页。
③ 宋朝除了将财权、兵权从藩镇收回外，还用知州制取代了刺史制，将地方行政权收回。关于此，李昌宪先生在其《略论宋代知州制的形成及其历史意义》[《南京大学学报》（哲学社会科学版）1996 年第 4 期，第 73—76 页]中论述得已经非常清晰，兹不赘述。
④ （宋）章汝愚：《群书考索·后集》卷四《国初旧官制》，第 459 页。

负责，因此称为支郡。潘美在宋初平定了南汉之后，受封为"山南东道节度，襄、均、房、复等州观察处置兼三司水陆发运桥道等使"，并"检校太保，使持节襄州诸军事，襄州刺史"，①"襄州"就是潘美驻节并直接治理的州郡，均、房、复三州则并非直接治理，而是在"观察处置"之下，此即为支郡。藩镇依靠支郡征收财税，得以拥兵自重。南宋朱熹则称："然自唐末，大抵节镇之患深，如人之病，外强中干。其势必有以通其变而后可。故太祖皇帝知其病而疏理之，于是削其支郡，以断其臂指之势。"② 因此，太祖乾德五年即开始了罢节镇支郡，"诏庆州直隶京师""诏商州直隶京师"；③ 太祖开宝三年，"诏泽州直隶京师"。④ 太宗即位后，以少府监高保寅知怀州。怀州（今河南沁阳）当时隶属于河阳，"时赵普为节度使，保寅素与普有隙，事颇为普所抑，保寅心不能平，手疏乞罢节镇领支郡之制。乃诏怀州直属京，长吏得自奏事"。于是，虢州刺史许昌裔诉保平节度使杜审进阙失事，太宗令右拾遗李瀚调查。

　　瀚因言："节镇领支郡，多倖亲吏掌其关市，颇不便于商贾，滞天下之货。望不令有所统摄，以分方面之权，尊奖王室，亦强干弱枝之术也。"始，唐及

---

① （清）陆耀遹：《金石续编》卷一三，光绪癸巳上海醉六堂本。
② （宋）黎靖德：《朱子语类》卷一一〇《论兵》，中华书局，1984，第2707页。
③ 《续资治通鉴长编》卷八，乾德五年二月甲申，第190页；乾德五年二月辛亥，第192页。
④ 《续资治通鉴长编》卷一一，开宝三年三月庚午，第245页。

五代节镇皆有支郡。太祖平湖南，始令潭、朗等州直属京，长吏得自奏事，其后大县屯兵，亦有直属京者，兴元之三泉是也。戊辰，上纳瀚言，诏邠、宁、泾、原、鄜、坊、延、丹、陕、虢、襄、均、房、复、邓、唐、澶、濮、宋、亳、郓、济、沧、德、曹、单、青、淄、兖、沂、贝、冀、滑、卫、镇、深、赵、定、祁等州并直属京，天下节镇无复领支郡者矣。①

太宗这次共罢除了十八个领支郡属州的节镇②。宋初，还利用一切机会裁撤节度使，当节度使因死亡、迁转、致仕等出缺时，中央不再选任新的节度使，而是选派文官出任地方。这些措施均削弱了藩镇的军事力量。自此，曾对社会政治、经济等产生巨大影响的节度使制度，历经唐后期、五代及宋初，基本画上句号。但有个别例外，镇安军节度使石保吉则保持原有名义与职衔，直至大中祥符二年

---

① 《续资治通鉴长编》卷一八，太平兴国二年八月丙寅，第411页。
② 关于废支郡政策成功的原因，郑庆寰认为："太宗即位不久，就能成功完成废支郡的主要原因是中央朝廷和地方藩镇实力的此消彼长，具体又可归纳为三点：一是五代诸政权大都由地方藩镇转化而来，深知藩镇的厉害和弱点，可以有针对性地制定削藩政策，并持之推进。二是自晚唐五代以来藩镇所领支州数量急剧下降，藩镇自身的实力不断下降，废支郡也是这一现象的延续。三是太祖、太宗推进废支郡政策是循序渐进的，且五代以来施行的直属京政策，以及太祖平定南方政权，在新平定的地区施行废支郡政策，都为太宗的成功奠定了基础。"郑庆寰：《宋初的"废支郡"与"直属京"政策》，《河北大学学报》（哲学社会科学版）2019年第2期，第19页。

卒于所任。① 此后节度使仅为表示荣誉的虚衔，其地方事务则归知州与通判兼总，几十年来藩镇割据的要害所在，终于得以消除。

宋承唐制，州的等级划分有两种标准。一种是依据各地户口数量，将州分为雄、望、紧、上、中、中下、下七等。凡两万户以下者为下州，两万户以上者为中州，四万户以上者为上州。② 此外，还有被称为"化外"的羁縻州。③ 另一种则是依据唐代方镇演化的结果，把州格分成六等，"凡州之别有六，曰都督，曰节度，曰观察，曰防御，曰团练，曰军事"。④ 唐朝安史之乱以后，观察使大多由节度使兼任，所以观察州事实上并不存在。《元丰九域志》与《宋史·地理志》都只记载了都督、节度、防御、团练与刺史五等州格。《宋会要辑稿》记载："防御州，济、沂、登……并隶此；团练州，单、濮、潍……并隶此；刺史州，虢、坊、丹……并隶此。"⑤ 此处仅记载了防御、团练、刺史三个州格的隶属州，并未发现观察州。宋初，府州的节度体系因唐及五代方镇之旧，有非常严格的等秩差别，诸使必须与州格相应。宋初，通常权知州者的品级低于所任州的品级，若遇功绩可升为该州正式长官。开宝二年，知易州（今河北易县）贺惟忠升任为易州刺史，"以仪銮使、知易州贺惟忠为易州刺史，兼易、定、

---

① 《宋史》卷二五〇《石保吉传》，第8813页。
② （宋）孙逢吉：《职官分纪》卷四〇《总州牧》，第734页。
③ （宋）赵升编《朝野类要》卷一《故事·羁縻》，中华书局，2007，第35页。
④ 《宋会要辑稿·职官四七之一》，第4265页。
⑤ 《宋会要辑稿·职官三八之九》，第3972页。

祁等州巡检使。惟忠捍边数有功，故迁其秩而不易其任"。① 也有提升州的品格来安置品级较高的官员的例子。建隆元年四月，怀州（今河南沁阳）刺史马令琮因识破李筠谋反的预谋，提前储备军粮为大军北伐做准备。宋太祖为奖励马令琮，"上亟令授令琮团练使"。但宰相范质曰："大军北伐，方借令琮供亿，不可移他郡。"因此，"升怀州为团练，以令琮充使焉"。② 自后周到宋开国后，何继筠一直担任棣州刺史，维护一方统治。如建隆元年，"契丹入侵棣州，刺史河南何继筠追破其众于固安，获马四百匹"。③ 建隆二年，"升棣州为团练，以副史何继筠充使"。④ 乾德四年，"以棣州团练使何继筠为本州防御使"。⑤ 直至开宝二年，"以棣州防御使何继筠领建武节度使，判棣州"。⑥ 平湖湘之后，知溪州彭允林、前溪州刺史田洪赟等上奏求内属。"乙丑，以允林为溪州刺史，洪赟为万州刺史。"⑦ 乾德三年，"诏溪州领五溪团练使，刻印赐之"。⑧ 乾德五年，"铸五溪都防御使印赐溪州"。⑨ 溪州由乾德元年的刺史州升为团练州、防御州，并刻印赐之。州格有升降，如在宋初，郑州、颍州、蔡州等为团练、防

---

① 《续资治通鉴长编》卷十，开宝二年六月己卯，第 226 页。
② 《续资治通鉴长编》卷一，建隆元年四月丙申，第 14 页。
③ 《续资治通鉴长编》卷一，建隆元年三月己巳，第 12 页。
④ 《续资治通鉴长编》卷二，建隆二年冬十月乙未，第 54 页。
⑤ 《续资治通鉴长编》卷七，乾德四年闰八月己丑，第 178 页。
⑥ 《续资治通鉴长编》卷十，开宝二年八月己卯，第 231 页。
⑦ 《续资治通鉴长编》卷四，乾德元年秋七月乙丑，第 98 页。
⑧ 《续资治通鉴长编》卷六，乾德三年十一月戊午，第 161 页。
⑨ 《续资治通鉴长编》卷六，乾德五年秋七月丙申，第 195 页。

御州，之后均升为节度州。① 因军事而升州格的例子在宋代较多，如"旧瀛州，为防御州，大观二年升为河间府、瀛海军节度"。② 类似还有庆州、渭州及乐州等。除观察使外，宋代沿袭唐代制度，以节度使、防御使、团练使及刺史为州长官，因此州有了不同的品级，即节度州、防御州、团练州及刺史州等。"凡节度州为三品，刺史州五品。"③ 团练州与防御州的品级史籍没有明确记载，《宋史·职官志》载："防御使，捧日、天武、龙神卫四厢都指挥使，团练使，诸州刺史，驸马都尉，开国男，骑都尉，为从五品。"④ 防御使、团练使与刺史品级相同，由此推断防御州、团练州及刺史州品级大致相同。若州长官与州格的品级相同，则称为"知某州"；若长官品级高于任职州，则被称为"判某州"。如《春明退朝录》记载："国初，曹翰以观察使判颍州，是以四品临五品州也。品同为'知'，隔品为'判'。"⑤ 如果低品级官员就职较高品级州，通常会因为缺乏资历及威望而较难施政。如景德年间，"有小校对护军无礼，其人乃三班奉职，以秩轻故也"。于是下诏，"诏川峡节度州及冲要兵多处监押，用侍禁已上为之"。⑥ 一般来说，皇帝在即位前被封为某州防御使、某州团练使等，在正式登基之后，原来所任职州即要升格成节度州。比如宋太宗"建隆元年改名光义，为殿前

---

① 《宋大诏令集》卷一五九《建易州县》，第 601 页。

② 《宋会要辑稿·方域五之二七》，第 9367 页。

③ （宋）孙逢吉：《职官分纪》卷四〇《诸路防团刺史州》，第 741 页。

④ 《宋史》卷一六八《职官志八》，第 4015 页。

⑤ （宋）宋敏求：《春明退朝录》卷中，中华书局，1980，第 24 页。

⑥ 《续资治通鉴长编》卷六七，景德四年十二月己亥，第 1511 页。

都虞候、睦州防御使"，^① 后于"宣和元年为建德军节度"。^② 宋英宗于藩邸时，景祐三年（1036）迁宜州刺史；皇祐二年为岳州团练使；嘉祐七年迁为齐州防御使。^③ 因此，齐州"国朝初为防御州，治平二年升兴德军节度"，^④ 岳州"宣和元年升为岳阳军节度"，^⑤ 宜州"宣和元年升为庆远军节度"。^⑥

不同州格的州官，待遇差别较大。地方官员的俸给取决于州的户口规模，也就是雄、望、紧、上、中、中下、下七等之分，"格式司用《十道图》较郡县上、下、紧、望，以定俸给，法官亦用定刑，而户岁有登耗，未尝刊修，颇误程品"。^⑦ 而节度、防御、团练、刺史等州格决定的是官员在本州的公用钱、职田等经济待遇。真宗咸平二年，宰相张齐贤请给外任官职田，并免其租税。"诏三馆、秘阁检讨故事，申定其制，以官庄及远年逃田充，悉免其税。佃户以浮客充，所得课租均分，如乡原例。州县长吏给十之五，自余差给。其两京、大藩府四十顷，次藩镇三十五顷，防御、团练州三十顷，中上刺史州二十顷，下州及军、监十五顷，边远小州、上县十顷，中县八顷，下县七顷，转运使、副使十顷，兵马都监、监押、寨主、厘务官、录事参军、判司等，比通判、幕职之数而均给之。

① 《宋会要辑稿·帝系一之四》，第 2 页。
② 《宋会要辑稿·方域六之二三》，第 9392 页。
③ 《宋史》卷一三《英宗纪》，第 254 页。
④ 《宋会要辑稿·方域五之一》，第 9347 页。
⑤ 《宋会要辑稿·方域五之六》，第 9353 页。
⑥ 《宋会要辑稿·方域五之八》，第 9355 页。
⑦ 《续资治通鉴长编》卷八一，大中祥符六年冬十月丁亥，第 1851 页。

初，三司欲令职田户依例输税。虞部郎中杜镐等言推寻故事，历代并无输税之文，乃止。"① 真宗景德元年诏："自今宗庙忌日，西京及诸节镇给钱十千，防御、团练州七千，军事州五千，以备斋设。"② 由此可见，州的品级越高，本州内官员待遇越高。但具体到防御州与团练州，差别似乎并不明显。

对于北宋时期节度州在全国的分布，李昌宪先生做了具体而深入的研究，下引李先生的研究成果进行具体分析（见表 2 - 2、2 - 3、2 - 4）。

表 2 - 2　北宋节度州一览

单位：个

路名	元丰节镇	北宋末所置镇	镇数
京东路	青州（镇海）、密州（安化）、齐州（兴德）、兖州（泰宁）、徐州（武宁）、曹州（彰信）、郓州（天平）、应天府（归德）	拱州（保庆）	9
京西路	襄州（山南东道）、邓州（武胜）、随州（崇信）、金州（昭化）、房州（保康）、颍昌府（忠武）、郑州（奉宁）、滑州（武成）、孟州（河阳三城）、陈州（镇安）、蔡州（怀康）、颍州（顺昌）	汝州（陆海）、均州（武当）	14
河北路	大名府（天雄）、澶州（镇宁）、沧州（横海）、冀州（安武）、真定府（成德）、相州（彰德）、定州（定武）、邢州（安国）	瀛洲（瀛海）、赵州（庆源）、浚州（平川）	11

① 《续资治通鉴长编》卷四五，咸平二年秋七月壬午，第955—956页。
② 《宋史》卷一二三《礼志二十六》，第2890页。

路名	元丰节镇	北宋末所置镇	镇数
陕西路	京兆府（永兴）、河中府（护国）、陕州（保平）、耀州（感德）、延州（彰武）、同州（定国）、华州（镇潼）、邠州（静难）、鄜州（保大）、凤翔府（凤翔）、秦州（雄武）、泾州（彰化）、熙州（镇洮）	西宁州（宾德）、乐州（向德）、渭州（平凉）、庆州（庆阳）、宁州（兴宁）、洮州（保顺）	19
河东路	太原府（河东）、潞州（昭德）、晋州（建雄）、府州（永安）、麟州（镇西）		5
淮南路	扬州（淮南）、寿州（忠正）、庐州（保信）、亳州（集庆）、宿州（保静）	舒州（德庆）、光州（光山）	7
两浙路	杭州（宁海）、越州（镇东）、苏州（平江）、润州（镇江）、湖州（昭庆）、婺州（保宁）、明州（奉国）	睦州（建德）	8
江南东路	江宁府（建康）、宣州（宁国）		2
江南西路	洪州（镇南）、虔州（昭信）		2
荆湖北路	江陵府（荆南）、鄂州（武昌）、安州（安远）	鼎州（常德）、岳州（岳阳）	5
荆湖南路	潭州（武安）		1
成都府路	成都府（剑南西川）		1
梓州路	梓州（剑南东川）、遂州（武信）		2
利州路	兴元府（山南西道）、利州（宁武）、洋州（武康）、阆州（安德）		4
夔州路	夔州（宁江）、黔州（武泰）		2
福建路	福州（威武）、建州（建宁）、泉州（平海）		3

路名	元丰节镇	北宋末所置镇	镇数
广南东路	广州（清海）	端州（兴德）	2
广南西路	桂州（静江）、容州（宁远）、邕州（建武）	琼州（靖海）、融州（清远）、宜州（庆元）	6
总计			103

资料来源：据李昌宪《中国行政区划通史·宋西夏卷》第一编第三章宋代的州县制度"表4宋代节度州一览表"改编而成，第92—93页。

表2-3 北宋元丰时期防御、团练州一览

单位：个

路名	防御州	团练州	防御州数量	团练州数量
京东路	沂州、登州、莱州、济州	潍州、单州、濮州	4	3
京西路	均州、郧州、汝州	唐州	3	1
河北路	瀛州、博州、棣州、莫州、雄州、霸州、怀州、卫州、洺州、深州	磁州、祁州	10	2
陕西路	解州、陇州	成州、凤州、岷州	2	3
河东路	绛州、代州	隰州、忻州	2	2
淮南路	蕲州、和州	楚州、海州、舒州、濠州	2	4
两浙路			0	0
江南东路			0	0
江南西路			0	0
荆湖北路		鼎州	0	1

续表

路名	防御州	团练州	防御州数量	团练州数量
荆湖南路			0	0
成都府路	眉州		1	0
梓州路		果州	0	1
利州路			0	0
夔州路			0	0
福建路			0	0
广南东路			0	0
广南西路	象州		1	0
总计			42	

资料来源：据李昌宪《中国行政区划通史·宋西夏卷》第一编第三章宋代的州县制度"表5宋代元丰时防、团、刺史州一览表"改编而成，第93—94页。

表2-4 北宋元丰时期刺史州一览

单位：个

路名	刺史州名	数量
京东路	淄州	1
京西路		0
河北路	德州、滨州、恩州、赵州、保州	5
陕西路	庆州、虢州、商州、宁州、坊州、丹州、环州、渭州、原州、阶州、河州、兰州	12
河东路	汾州、泽州、宪州、岚州、石州、辽州、丰州	7
淮南路	泰州、泗州、滁州、真州、通州、光州、黄州	7
两浙路	常州、温州、台州、处州、衢州、睦州、秀洲	7
江南东路	歙州、江州、池州、饶州、信州、太平州	6

续表

路名	刺史州名	数目
江南西路	吉州、袁州、抚州、筠州	4
荆湖北路	澧州、峡州、岳州、归州、臣州、沅州、诚州	7
荆湖南路	衡州、道州、永州、郴州、邵州、全州	6
成都府路	蜀州、彭州、绵州、汉州、嘉州、邛州、黎州、雅州、茂州、简州、威州	11
梓州路	资州、普州、昌州、戎州、泸州、合州、荣州、渠州	8
利州路	剑州、巴州、文州、兴州、蓬州、龙州	6
夔州路	达州、施州、忠州、万州、开州、涪州、渝州	7
福建路	南剑路、汀州、漳州	3
广南东路	韶州、循州、潮州、连州、贺州、封州、端州、新州、康州、南恩、梅州、南雄、英州、惠州	14
广南西路	融州、昭州、梧州、藤州、龚州、浔州、贵州、柳州、宜州、宾州、横州、化州、高州、雷州、白州、钦州、郁林、廉州、琼州	19
总计		130

资料来源：据李昌宪《中国行政区划通史·宋西夏卷》第一编第三章宋代的州县制度"表5宋代元丰时防、团、刺史州一览表"改编而成，第93—94页。

由以上统计可以看出，北宋时节度州主要集中于北方各路，尤其是与辽、西夏接壤的军事要塞之地，比如陕西路因与夏接壤以及驻军较多，节镇数目最多，达到19个。河北路为抗辽的前沿地带，节镇亦达11个之多。因北宋的军事部署"强干弱枝"的原则，自中央向地方驻军数量愈来愈少。因邻近政治中心，京西路的州有拱卫京师的作用，节度州也较多，有14个。北宋元丰时期，防御、团练州主要集中在北方地区，防御州25个，团练州17个，总计 42 个。其中，以河北路防御州、团练州数量最多，为12 个，主要出于对契丹的防御考虑。刺史州较多集中于广南东、西路及成都府路，这主要由于灭后蜀与平广南，在蜀地及边远辽阔的广南设置众多的刺史州，没有较高等级，便于管辖。

> 宋初，台、省、寺、监官犹多莅本司，亦各有员额资考之制，各以曹署闲剧著为月限，考满则迁，庆恩止转阶、勋、爵、邑。建隆二年，始以右监门卫将军魏仁涤为右神武将军，水部员外郎朱洞为都官员外郎，监察御史李铸为殿中侍御史，以仁涤等掌鞠蘖、领关征外有羡也。自是，废岁满叙迁之典。是后，多掌事于外，诸司互以他官领之，虽有正官，非别受诏亦不领本司之务。又官有其名而不除者甚众，皆无定员、无月限，不计资品，任官者但常食其奉而已。时议以近职为贵，中外又以差遣别轻重焉。①

由以上资料可知，至少在建隆二年，宋太祖就已实行本官和差遣相分离的改革措施了。此后，继续完善官职差遣分离制度，"淳化以前，资叙未一，及是始定迁秩之制"。② 对此，俞宗宪先生评价道："有利于超级提拔本官低、资格浅的有用人才到重要的职位上去，也有利于将昏庸无能的官员从要职上撤下来安置到闲职上去，或干脆让

---

① 《宋史》卷一六九《职官志九》，第 4029 页。
② 《宋史》卷一六一《职官志一》，第 3768 页。

他们只带本官阶不领任何具体职事，这样既保住了士大夫的面子与俸禄，又可以放手改组朝廷，提高效率，澄清吏治。"①

北宋以兵变立国，在面对五代的政治遗产时，为笼络人心、减轻社会矛盾、巩固新生政权，在官制设计上颇费了一番心思。北宋统治者以"崇文抑武"为治国理念，在中央决策机构、最高军事机构，文臣均成为主宰者，武将则沦为辅助的副职、副将。宋人有云："今世用人，大帅以文词进。大臣文士也，钱谷之司文士也，边防大帅文士也，天下转运使文士也，知州郡文士也，虽有武臣，盖仅有也。故于文士，观其所长，随其才而任之，使其所能，则不能者止其术。"② 这种常态化、制度化的"崇文抑武"，使得武将原有的职责和权威都被大大削弱。一方面，北宋统治者保留了前代的职官体系，另一方面又增设了很多新的官僚机构和官职，以安抚军政将领。同时，宋代还实行了本官与差遣相分离的制度。

---

① 俞宗宪：《宋代职官品阶制度研究》，《文史》第 21 辑，第 102 页。
② 蔡襄：《国论要目·废贪赃》，（宋）赵汝愚：《宋朝诸臣奏议》卷一四八，第 1695 页。

第三章　北宋阶官化后的防御使
与团练使的受益群体

第一节　宗室

节度—刺史一系的等级常用以表示官员的迁转，成为身份与地位的标识，适用这一迁转之制的主要有宗室、宦官、外戚及高级武官等。宗室是依附皇权存在的特殊群体，在皇帝居于核心地位的中国传统政治制度中，宗室群体的管理直接影响到王朝政治的兴衰成败，尤其是北宋中期后，急剧膨胀的宗室群体将这一问题极度深化。因此，如何维系这一特殊的既得利益阶层，避免如汉代"七国之乱"、西晋"八王之乱"以及唐代"玄武门之变"等大规模的宗室内乱，在保证宋王朝内部稳定的前提下，使其拥有足够的精力去应对来自周边的压力，成为宋朝统治集团面临的巨大考验。

一　宗室出任防御使、团练使的职官制度

随着宋朝的发展，宗室群体逐渐形成。在宋初太祖和太宗两朝，宗室人员较少，与皇帝的关系密切，因此得以

担任中央权力运转中心的官职。宋太祖开国后，授予宗室节度—刺史系的官位，往往以州名的字面含义为授官的依据，"任他官兼领防御、刺史者谓之遥郡，本州不系衔，往往取美名，如康、荣、雄、吉诸州，一州或有数员，大率边将多带雄州，戚里多带荣州，医官多带康州"。① 太祖建隆元年，"以皇弟殿前都虞候匡义领睦州防御使，赐名光义"，②"以皇弟光美为嘉州防御使"。③ 时睦州（今浙江淳安）为吴越钱氏的领地，嘉州（今四川乐山市附近）属后蜀的统治范围，太祖力图统一中原，因此任命皇弟光义、光美为域外州郡的防御使，虽为遥领，实为统一天下决心的表露。同时，"睦"在《说文解字》中的解释为："睦，目顺也。从目，声。一曰敬和也。""嘉"历来为赞美之词，许慎《说文》解释："嘉，美也。"《尔雅》解释："嘉，美也，善也。"④ 另从构字法来讲，"嘉"形声，从"加"，"加"意为"语相增加也。从力从口"，⑤ 即用呐喊声助力，"从壴加声"，⑥"壴"为"鼓"省。"壴"与"加"联合起来表示"鼓手们以击鼓声加上呐喊声助威"。本义为呐喊声伴随鼓声，引申义为齐心协力，结局完美。因此，太祖以"睦""嘉"二字授予两位皇弟，还是有其深意的，既要"目顺、敬和"，还能齐心协力，共

---

① （宋）朱彧：《萍洲可谈》卷一，第 6 页。
② 《续资治通鉴长编》卷一，建隆元年春正月甲子，第 8 页。
③ 《续资治通鉴长编》卷一，建隆元年三月己巳，第 11 页。
④ 《康熙字典》丑集上，中华书局，1958，第 35 页。
⑤ 臧克和、王平校订《说文解字新订》卷一三，中华书局，2002，第 920 页。
⑥ 臧克和、王平校订《说文解字新订》卷五，第 314 页。

同"美、善"。除遥领的防御使外,太祖还授予光美、光义其他实职,以让他们进入权力核心,来巩固刚刚夺取的政权。建隆元年五月,"皇弟殿前都虞候光义为大内都点检"。① 李筠叛乱,赵光义追随太祖亲征泽州(今山西晋城)、潞州(山西长治),之后迅速平定。太祖为奖励光义平乱之功,"以皇弟殿前都虞候、睦州防御使光义领泰宁军节度使"。② 赵光义迅速被授予节钺,地位显赫,这为之后更快融入权力中心做了铺垫。次年,"以皇弟泰宁节度使、兼殿前都虞候光义兼开封尹、同平章事"。③ 同年,赵廷美"迁兴元尹、山南西道节度使"。④

太祖不仅授封皇弟,亦封授皇子。乾德二年,"皇子德昭为贵州防御使,时年十七"。⑤ 贵州(今广西贵县)时为南汉州郡,以遥领贵州防御使授予皇子德昭,表明攻打南汉势在必得的决心,"贵州"美名,以其授予皇长子也属实至名归。南宋学人陈傅良对此评论道:"前代皇子出阁即封王,上以德昭未冠,特杀其礼,非旧典也。夫贵州属广西下州,防御使从五品耳,皇子始命以此。《礼》曰:'天子之元子,士也。天下无生而贵者也。'储君,副主,犹云士,明人有贤行著德乃得贵也。先王以家人不惮自贬,如此损益,教道行矣,故国人观之曰:'世子将君我,而齿我于学。'然后众知父子之道、君臣之义、长幼

---

① 《续资治通鉴长编》卷一,建隆元年五月丁巳,第16页。
② 《续资治通鉴长编》卷一,建隆元年八月壬午,第21页。
③ 《续资治通鉴长编》卷二,建隆二年秋七月壬午,第50页。
④ 《宋史》卷二四四《魏王廷美传》,第8685页。
⑤ 《续资治通鉴长编》卷五,乾德二年六月庚戌,第127页。

之节。出阁封王，后世之夸心也。艺祖起百世之后，独追古意，自王礼杀而为防御使，非圣人能之乎？"① 宋太祖以从五品的防御使作为出阁后皇长子的初授官位，不仅是为了防止其有浮夸之心，还要以此作为典范，供天下人效仿。父子之道、君臣之义、长幼之节都是重要的伦理，以此作为开国后的重要教化。开宝九年，"以皇子德芳为贵州防御使"②。

太宗即位后，初封诸子出阁后职官，并未遵循太祖先例，而是将诸子一并封王（见表 3 - 1）。

表 3 - 1　太宗诸子出阁后首封职官

太宗诸子姓名	出阁后首封职官	史料来源
赵元佐（原名德崇）	太平兴国七年七月，出阁授检校太傅、同中书门下平章事，封卫王	《宋会要辑稿·帝系一之二九·太子诸王》
赵元僖（原名德明、元佑）	太平兴国七年七月，出阁授检校太保、同中书门下平章事，封广平郡王，改名元佑	《宋会要辑稿·帝系二·昭成太子元僖》
赵元侃（原名德昌、元休）	太平兴国八年，授检校太保、同中书门下平章事，封韩王，改名元休。端拱元年，封襄王，改元侃	《宋史》卷六《真宗纪一》
赵元份（原名德严、元隽）	太平兴国八年十月，授检校太保同中书门下平章事，封冀王	《宋会要辑稿·帝系一之三·太子诸王》

① （元）马端临：《文献通考》卷二七七《封建考十八》，第 7580—7581 页。

② 《续资治通鉴长编》卷一七，开宝九年二月癸酉，第 367 页。

续表

太宗诸子 姓名	出阁后首封职官	史料来源
赵元杰（原名德和）	太平兴国八年十月，授检校太保同中书门下平章事，封益王	《宋会要辑稿·帝系一之三·太子诸王》
赵元偓	端拱元年三月，授检校太保、左卫上将军，封徐国公	《宋会要辑稿·帝系一之三·太子诸王》
赵元偁	端拱元年二月，授检校太尉、右卫上将军，封泾国公	《宋会要辑稿·帝系一之三一·太子诸王》
赵元俨	至道三年四月，授检校太保、左卫上将军，封曹国公	《宋会要辑稿·帝系一之三一·太子诸王》
赵元懿	幼薨，号十七太保。至道三年六月，诏赐名赠左卫将军，追封代国公	《宋会要辑稿·帝系一之三二·太子诸王》

　　宋太宗即位，打破了中国固定数千年的"父死子继"的传统，以"兄终弟及"继位，有欠合法性与合理性。若要有一个尚且合情的解释，那么赵普的"金匮之盟"之说便有了它的存在价值。既如此，赵廷美也便跻身储君之列了。于是，太平兴国七年四月，"以如京使柴禹锡为宣徽北院使、兼枢密副使，翰林副使杨守一为东上阁门使，充枢密都承旨。守一即守素也，与禹锡同告秦王廷美阴谋，故赏之"。① 五月"丙辰，降廷美为涪陵县公，房州安置"。② 七月"甲午，封皇长子德崇为卫王，第二子德明为广平郡王。德崇检校太傅，德明检校太保，并同平章事"。在赵廷美阴谋告破、得罪削籍之后不足两个月，太宗大封诸子，培植己方势力的政治意图非常明显，以至于迎合上

———————

① 《续资治通鉴长编》卷二三，太平兴国七年四月甲子，第515页。
② 《续资治通鉴长编》卷二三，太平兴国七年五月丙辰，第520页。

意的朝臣要求"卫王及广平郡王当同赴中书视事"。上曰：
"二王，兄弟也，当分日。"辛丑，"诏卫王先视事，广平
郡王以次日。"① 直至至道三年，太宗将自己的九子全部封
王，其中还包括早亡的赵元懿，也于至道三年六月赠左卫
将军，追封代国公。但太宗对廷美诸子初封官位，除德恭
在廷美得罪削籍前被授予贵州防御使（后因廷美也被削
籍），其余九子均被授予从四品的环卫官。太祖一脉的德
昭四子与德芳三子也被授予中级环卫官。至此，可以说宋
太宗关于皇位继承的各种疑虑均已打消，为自己的千秋万
代做好铺垫。

一般来讲，太祖、太宗两朝，皇子初次受封大抵是在
出阁之后，年龄稍长时。但自真宗朝开始，受封皇子年龄
逐步下移。真宗六子中除赵祯外，均夭折。也许是希望赵
祯顺利成长，大中祥符七年，对还不满4周岁的赵祯进行
授封，"授左卫上将军，封庆国公"。次年"十二月，迁特
进、忠正军节度使、检校太尉、兼侍中，封寿春郡王"。②
仁宗三子赵昉、赵昕、赵曦均在3岁前夭折，其中赵昕与
赵曦受检校太尉、兼节度使及国公。③ 唯独赵曙有所例外。
因真宗无子，国本为重，景祐三年保庆皇太后"从容劝上
选宗子养宫中，由是英宗自宫邸未龀屺养后所"。④ 同时，
"赐名宗实，授左监门卫率府副率，累迁右羽林军大将军、

---

① 《续资治通鉴长编》卷二三，太平兴国七年七月辛丑，第524—
525页。

② 《宋会要辑稿·帝系一之五》，第3页。

③ 《宋会要辑稿·帝系一之三六》，第24页。

④ 《续资治通鉴长编》卷一一九，景祐三年十一月戊寅，第2811页。

宜州刺史。皇祐二年，为右卫大将军、岳州团练使。嘉祐
中，宰相韩琦等请建储，仁宗曰：'宗子已有贤知可付者，
卿等其勿忧。'时帝方服濮王丧。六年十月辛卯，起为秦
州防御使、知宗正寺，帝以终丧辞。奏四上，乃听。丧
终，复授前命，又辞。七年八月，许罢宗正，复为岳州团
练使。戊寅，立为皇子。癸未，改今名。……九月，迁齐
州防御使、钜鹿郡公"。① 英宗赵曙最开始养于宫中时仅受
左监门卫率府副率，为东宫官阶，从八品。之后，才迁右
羽林军大将军（六军官名）、宜州刺史（遥郡），到皇祐二
年迁为右卫大将军（环卫官，从四品）、岳州团练使。嘉
祐年间，英宗因生父濮王丧服未满，谢绝了迁任秦州防御
使。直至嘉祐七年，赵曙被正式立为皇子，因此被授予齐
州防御使以及郡国公。英宗四子中，赵颢、赵頵于嘉祐八
年四月"为和州防御使、乐安郡公"，"为博州防御使、大
宁郡公"。② 而长子赵顼因立储需要，于英宗即位后"授安
州观察使，封光国公"。③ 宋神宗十四子中，除幼年夭折的
五子，其余九子均初次便授予节度使之位。哲宗子赵茂早
亡，史籍中没有官职授予的明确记录。徽宗与钦宗授封诸
子，也大体遵循神宗封子之制，初除即授节钺。南宋史家
李心传总结了北宋时期皇子初授官职的情况："祖宗故事，
皇子初除防御使（太祖第二子及英宗初为皇子，并防御
使）。太宗以后，或封王，或封国公，其间亦有封郡王、
郡公者。神宗诸子初除皆节度使，封国公，稍迁郡王，加

---

① 《宋史》卷一三《英宗纪》，第253—254页。
② 《宋会要辑稿·帝系一之三七》，第25页。
③ 《宋史》卷一四《神宗纪》，第263页。

平章事，至出阁封王，则始兼两镇，加司空。后皆因之。"① 从上述可知，李心传对于皇子初除防御使总结得并不到位，太祖的两子德昭与德芳均初授防御使一职。另，英宗两子赵颢、赵頵也被授予防御使一职。除皇子之外的其他宗室成员，在太祖朝，初授皇弟光义和光美均为防御使。太宗即位后，初授皇侄德恭防御使。由此观来，天水一朝确有初授关系近密的宗室成员为防御使的制度，但因太宗非常规登基的政治需求，这一制度中止。北宋中期，虽有仁宗、英宗两朝试图恢复祖制，但仍未全面实行。

一般而言，太祖、太宗两朝，宗子授官未形成定制。② 天禧元年，真宗令宗正卿赵安仁议为定制。安仁"请以宣祖、太祖、太宗孙初荫授将军，曾孙授右侍禁，玄孙授右班殿直，内父爵高者听从高荫，其事缘特旨者不以为例"。③ 真宗朝，宗室繁衍较广，要依据亲疏订立制度，以示区别。此时授予官职虽都为武官，但不限于南班官（环卫官）。

景祐二年，仁宗举行了南郊大礼，郊祀天地并以太祖、太宗及真宗配享，宗室诸子上表乞求推恩。仁宗将宗室官阶一律换为南班官。"宗子诸司使领诸州刺史者十二人换诸卫大将军、领诸州团练使，诸司使十九人换诸卫大将军、领诸州刺史，诸司副使十九人换诸卫大将军；

---

① （宋）李心传：《建炎以来朝野杂记》甲集卷一二《皇子除官例》，中华书局，2000，第235页。
② 《宋会要辑稿·帝系四之三》，第100页。
③ 《宋史》卷二四五《楚王元偁传》，第8704页。

内殿承制以下一百三十人，并为将军、率府率副率，用
乙未赦书也。先是，宗子无迁官法，唯遇稀旷大礼，则
普迁一官。及南郊，并侑三圣，宗子皆上表乞推恩，故
有此制。旧自借职十迁乃至诸司副使，今副率四迁即遥
领刺史，八迁即为节度使云。"① 以上为李焘记载的景祐
宗室换官之制，由此制度宗室迁转步伐加快。宗子改换
南班官之后，从太子右内率府副率迁转四次即可除授遥
郡刺史，再迁转八次就可为节度使，具体迁转情况总结
如下：

太子右内率府副率（转太子右监门率府率）。

太子右监门率府率（转右千牛卫将军）。

右千牛卫将军（转右监门卫大将军）。

右监门卫大将军（转遥郡刺史）。

遥郡刺史（转遥郡团练使。继诸王后、见封国公
及特旨，即转正刺史）。

遥郡团练使（转遥郡防御使。继诸王后、见封国
公及特旨，即转正团练使）。

刺史（转团练使）。

团练使（转防御使）。

防御使（转观察使）。

观察使（转节度观察留后）。

节度观察留后（转节度使，特旨转左、右卫上
将军）。

----

① 《续资治通鉴长编》卷一一七，景祐二年冬十月丙午，第 2763 页。

左、右卫上将军节度使（转节度使同中书门下平章事）。

节度使同中书门下平章事（转节度使兼侍中）。

节度使兼侍中。[1]

此处需要说明的是，宗室成员迁转遥郡刺史后，很少有直接从遥郡刺史迁转至正任刺史，大多因特旨由遥郡刺史、遥郡团练使、遥郡防御使直接落阶官成正任刺史、正任团练使及正任防御使。

英宗朝，宗室数量越来越多，富弼议裁损宗室授官。枢密副使吴奎曰："祖宗时，宗室皆近亲，然初授止于殿直、侍禁、供奉官，不如今之过也。朝廷必为无穷计，当有所裁损。"[2] 这种忧患以熙宁年间的改革凸显出来。熙宁二年的宗室改制，主要针对授官、任官恩例以及俸禄对财政造成的巨大压力等方面。自此，宗室以五服为标准，确立亲疏远近关系，打破所有宗室成员享有"世官世禄"制度。此次改制还规定了宗室成员磨勘之法："祖宗元孙磨勘，至正观察使止，祖免亲至遥郡防御使止；非祖免亲至遥郡刺史止。"[3] 熙宁五年，朝廷还规定："宗室改官，欲自观察使以上令大宗正司检举保明申奏，中书以例施行。其正任防御使以下，止令本司检举，依审官东院京朝官磨勘例取旨，候印画讫降付中书给敕告。"[4] 以防御使为界，

① 《宋史》卷一六九《职官志九》，第 4034 页。

② （宋）李攸：《宋朝事实》卷八《玉牒》，第 128 页。

③ 《宋会要辑稿·帝系四之三三》，第 117 页。

④ 《续资治通鉴长编》卷二三三，熙宁五年五月壬辰，第 5657 页。

以上正任官依中书例施行，以下正任官，令审官东院以磨勘例施行。尽管如此，仍有少数升迁较快的宗室已至使相及以上。熙宁十年，"今后宗室除授使相者，虽及十年，更不取旨"。① 因此，朝廷于元丰五年（1082）又诏："自今宗室防御使转观察使已上，听大宗正寺司磨勘，历任保明，奏降中书取旨。其副率至防御使，即中书磨勘，进状请画敕授。"②

由表3-2统计可知，《宋史·宗室传》中所载北宋宗室成员担任防御使与团练使的共48人，52人次，其中9人卒后赠官为防御、团练两使；担任防御使的共28人，29人次，另外还有7人卒后赠官为防御使；担任团练使的共14人，15人次，另有2人卒后赠官为团练使。《宋史·宗室传》共载180位北宋时期宗室成员传记，那么担任防御、团练两使者所占比例大致为27%。在庞杂的宗室群体中，能名列正史传记的，都是与皇帝关系最紧密的。除去疾病、早亡等，在这些入宗室传的人员中，授予防御、团练使的比例还是较高的。从表3-2可见，宗室，都是依据亲疏授予防御、团练两使的。

表3-2　北宋宗室担任防御、团练两使情况

宗室姓名	亲属关系	任职时间	防御使	团练使	死后赠官
赵廷美	宣祖子	建隆元年	嘉州防御使		追封廷美为涪王，谥曰悼

---

① 《宋会要辑稿·帝系四之三〇》，第115页。
② 《续资治通鉴长编》卷三二七，元丰五年六月辛亥，第7865页。

续表

宗室姓名	亲属关系	任职时间	防御使	团练使	死后赠官
赵德恭	廷美子	太平兴国四年	贵州防御使		赠保信军节度使，追封申国公
		咸平二年		胜州团练使	
		景德初	衡州防御使		
赵承庆	德恭子			和州团练使	赠武信军节度使、循国公
赵克己	德恭孙，承寿子				赠深州防御使、饶阳侯
赵叔韶	克己子		和州防御使		赠镇东节度观察留后、会稽郡公
赵克修	德恭孙，承寿子			成州团练使	赠同州观察使、冯翊侯
赵叔充	克修子		唐州防御使		赠崇信军节度使、尹国公，谥孝齐
赵承训	德隆子，廷美孙				赠深州团练使
赵承睦	德雍子，廷美孙			彭州团练使	
赵承幹	德钧子，廷美孙		怀州防御使		赠保静军节度使、萧国公
赵德昭	太祖子	乾德二年	贵州防御使		赠中书令，追封魏王，赐谥，后改吴王，又改越王
赵守巽	惟吉子，德昭孙		和州防御使		赠武成军节度使、楚国公
赵从蔼	惟忠子，德昭孙		齐州防御使		赠武胜军节度观察留后、韩国公

宗室姓名	亲属关系	任职时间	防御使	团练使	死后赠官
赵从信	惟忠子，德昭孙		雄州防御使		保宁军节度使、楚国公
赵世规	从恪子，惟忠孙		沂州防御使		
赵世清	守巽子		茂州防御使		
赵从说	惟正子，德昭孙			温州团练使	赠济州防御使、济南侯
赵世延	守节子，惟吉孙，德昭玄孙		绛州防御使		赠武宁军节度观察留后、彭城郡公
赵守约	惟吉子，德昭孙				赠沂州团练使
赵世静	守约子		均州防御使		赠镇海军节度观察留后、北海郡公
赵世长	守约子		解州防御使		赠张信军节度观察留后、济阳郡公
赵守度	惟吉子，德昭孙			英州团练使	赠广州观察使、庐江侯
赵惟忠	德昭子	大中祥符五年		昌州团练使	赠鄂州观察使，追封江夏侯
赵从信	惟忠子		雄州防御使		赠保宁军节度使、楚国公，谥安僖
赵惟和	德昭子	大中祥符六年			赠汝州防御使、临汝侯
赵从审	惟和子		复州防御使		赠宁国军节度观察留后、宣城郡公
赵从诲	惟和子			台州团练使	赠襄州观察使、襄阳侯

宗室姓名	亲属关系	任职时间	防御使	团练使	死后赠官
赵德芳	太祖子	开宝九年	贵州防御使		赠中书令、岐王及谥
赵从照	惟叙子，德芳孙			归州团练使	赠同州观察使、齐国公
赵世恩	从式子，惟宪孙，德芳玄孙		楚州防御使		卒赠奉国军节度使
赵惟叙	德芳子	大中祥符四年			赠怀州防御使，追封河内侯
赵惟宪	德芳子			领贺州团练使，真拜资州团练使	赠安德军节度使兼侍中、英国公
赵惟能	德芳子	大中祥符元年			赠蔡州防御使、张掖侯
赵宗育	允言子，元佐孙				赠颍州防御使、汝阴侯
赵允成	元佐子		濮州防御使		赠安化军节度使、郇国公
赵宗保	元僖孙		代州防御使		
赵仲恕	宗保子			忠州团练使	
赵允宁	元份子		颍州防御使	唐州团练使	
赵宗望	元杰之后		舒州防御使		赠安化军节度使观察留后、高密郡公
赵允熙	元偁子				赠博州防御使、博平侯
赵允让	元份子	仁宗即位	汝州防御使		
赵宗懿	允让子	英宗时		宿州团练使	追封舒王

续表

宗室姓名	亲属关系	任职时间	防御使	团练使	死后赠官
赵仲鸾	宗懿子		常州防御使		赠武康军节度使、洋国公
赵仲汾	宗懿子		莱州防御使		赠昭化军节度使、荣国公
赵宗朴	允让子		陇州防御使		赠太师、中书令，追封定王
赵士从	仲湜子，宗辅孙，允让玄孙	靖康末	洺州防御使		
赵颢	英宗子		和州防御使		
赵孝锡	颢子			嘉州团练使	

　　景祐新制，仁宗将宗室官阶一律换为南班官。南班官是指环卫官衔。"南班"形象地描绘了宗室人员参加朝会时处殿庭南部的位置，也说明了其最基本的职能——奉朝请。这一群体有形而无声地列席朝会，塑造了宗室这一特殊的群体身份。南班官不但赋予这一群体礼仪功能，还决定了礼仪位次、俸禄及料钱等礼制和经济待遇。

二　宗室出任防御使、团练使的礼法制度

　　北宋对于宗室防范较严，宗室任官的原则是"优之以爵禄，而不责以事权"。① 苗书梅先生总结宗室任职范围的限制："宗室不注缘边差遣"，"宗子不得为将官"，"宗室

---

① 《皇宋中兴两朝圣政》卷五九，淳熙八年二月己亥，北京图书馆出版社，2007，第387页。

之不为执政，祖宗法度守此至严"，"宗室不差试官"。①
朝廷对宗室的社会交往也严格限制，尤其不能结交权贵之
家。例如，宋仁宗无子，考虑立宗室子弟为皇子。

> 仁宗遽曰："朕有意多时矣，但未得其人。"……
> 既而又左右顾曰："宗室中孰为可？"韩公惶恐对曰：
> "不惟宗室不接外人，臣等不知，此事岂臣下敢议，
> 当出自圣择。"仁宗曰："宫中尝养二子，小者甚纯，
> 然近不惠，大者可也。"遂启曰："其名谓何？"仁宗
> 即道今上旧名，曰名某，今三十岁矣。余等遂力赞
> 之，议乃定。余等将下殿，又奏曰："此事至大，臣
> 等未敢施行，请陛下今夕更思之，臣等来日取旨。"②

从宋仁宗和宰相韩琦等大臣的对话中，我们可以明确
宗室成员是禁止和朝中大臣结交的，甚至宗室子弟在居丧
期间也必须上报大宗正司，而且不可以接见前来的宾客。
熙宁八年，"右千牛卫将军令禠等言：'祖母亡，乞许父世
享及臣等于权殡所守宿百日。令铎等言：见今外居，子侄
颇多，乞诏士人修习儒业。'诏并从之，世享等仍不得出
入接见宾客"。③由此可见北宋对宗室成员的严格管理。崇
宁二年，朝廷又下诏："应官员不得与宗室、戚里之家往
还。其宗室、戚里之家门客，申尚书省保明，选行义纯正

---

① 苗书梅：《宋代宗室、外戚与宦官任用制度述论》，《史学月刊》
1995年第5期，第33页。
② 《欧阳修全集》卷一一九《又三事》，第1839—1840页。
③ 《宋会要辑稿·帝系四之三〇》，第115页。

之人充。其见在门客准此。"① 朝廷唯恐宗室成员的社会交往掺杂政治目的，因此对其进行严格限制，就连宗室子弟的内部交往也有很多约束。"初，诸王邸散居都城，过从有禁，非朝谒从祠不得会见。"②

虽然分享不了政治权力，但宗室毕竟是天子的宗属，为了补偿与平衡，朝廷还要在仪制方面体现特别的优待。景德四年，"诏宗室宜在同品官之上故。从之"。③ 嘉祐七年，"明州观察使、昌国公承亮，陇州防御使、邢国公世永，起居立位并令在本班之上"。④由此可见，在宋朝朝会立班中，宗室位序要高于本班。遇到皇帝生日宴会，宗室防御使以下与外官观察使同一班位，"阁门言：宗室防御使已下，自来与观察使一班立位，今除长宁节，上寿重行坐外，其余宴并是一班"。但自仁宗天圣五年开始，"不论宗室，今依《仪制》，遇游宴，令与外任防、团、刺史西面一行坐，或遇崇德殿上寿及宴，并合移过东面"。⑤除了位序上的优待，宗室群体还可以享受回赠制度。如绍圣元年（1094），赵宗晟因知大宗正司达十年之久，"合得恩泽特与回授长男吉州防御使仲御"，⑥ 后拜府州观察使。崇宁四年，同知大宗正事赵仲爰劝导宗室子弟勤学向善有方，"蒙恩特转一官，回授有官有服亲。乞与弟右武卫大将军、

---

① 《宋会要辑稿·刑法二之四三》，第 8307 页。
② 《续资治通鉴长编》卷一一七，景祐二年九月戊申，第 2757 页。
③ 《宋会要辑稿·仪制三之七》，第 2332 页。
④ 《宋会要辑稿·仪制三之二九》，第 2345 页。
⑤ 《宋会要辑稿·仪制三之一三》，第 2336 页。
⑥ 《宋会要辑稿·职官二十之十九》，第 3573 页。

袁州团练使仲诜"。①

景祐新制对宗室高爵厚禄的做法，随着宗室人口的大量膨胀，在仁宗后期招致许多非议。② 至英宗时，"宗室四千余人，男女相半，存亡亦相半"。③ 此时宗室已有两千余人。元祐初年，苏辙讲："宗室之众，皇祐节度使三人，今为九人；两使留后一人，今为八人；观察使一人，今为十五人；防御使四人，今为四十二人。"④ 可见尽管经过熙宁改制，较之仁宗皇祐年间，正任防御使以上高品阶宗室还是成倍增加，总计达七十四人。李心传记载，宣和末年这一数字增加更多，节度使六十人，其中宗室三十七人。⑤ 对于宋代整个宗室的财政花费，宋人记载："京师百官月俸四万余缗，诸军十一万缗，而宗室七万余缗，其生日折洗昏嫁丧葬四季衣不在焉。"⑥ 若此记载可靠，那么整个宗室的花费居然高出百官月俸近一倍，占到军费的近七成。由此可见，宗室的花费给宋朝财政带来巨大压力。一般来讲，宗室成员的俸禄包括正式俸禄与额外俸禄两部分，其中正式俸禄有奉钱、衣赐、禄粟等三部分，额外俸禄包括郊赐、津贴、杂支赐、公使钱等。因宗室为天子近属，其

---

① 《宋会要辑稿·帝系五之二一》，第 132 页。

② 《续资治通鉴长编》卷一五二，庆历四年九月戊辰，第 3698 页；《续资治通鉴长编》卷一八〇，至和二年六月辛卯，第 4351 页。

③ （宋）范镇：《东斋记事》卷一，中华书局，1980，第 11 页。

④ （宋）章汝愚：《群书考索·续集》卷四五《宋朝财用》，第 1137 页。

⑤ （宋）李心传：《建炎以来朝野杂记》甲集卷一二《文臣节度使》，第 239 页。

⑥ （宋）吴曾：《能改斋漫录》卷一三《熙宁月俸》，《全宋笔记》第 5 编第 4 册，大象出版社，2012，第 115 页。

额外俸禄名目众多，数量有时大大超过正式俸禄。以遥郡刺史以上的节镇官为例，具体考察北宋宗室群体的俸禄数额（见表3-3）。

表3-3　宋朝宗室俸禄数额

官阶	奉钱	衣赐	禄粟	郊赐	公使钱
节度使	400 贯	春冬绢各 100 匹，大绫 20 匹，小绫 30 匹，春罗 10 匹，冬绵 500 两	100 石	1000 两银 1000 匹绢	2000 贯
节度观察留后	300 贯	春绢 20 匹，冬绢 30 匹，大小绫各 10 匹，春罗 1 匹，冬绵 50 两	不载	700 两银 500 匹绢	1500 贯
观察使	300 贯	春冬绢各 15 匹，绫 10 匹，春罗 1 匹，冬绵 50 两	不载	500 两银 500 匹绢	1000 贯
防御使	200 贯	同上	不载	同上	750 贯
团练使	150 贯	同上	70 石	同上	500 贯
刺史	100 贯	不载	50 石	300 两银 300 匹绢	250 贯
遥郡防御使	150 贯	春冬绢各 15 匹，绫 10 匹，春罗 1 匹，冬绵 50 两	70 石	同上	无
遥郡团练使	100 贯	不载	50 石	同上	无
遥郡刺史	80 贯	春冬绫各 10 匹，绢 15 匹，冬绵 50 两，罗 1 匹	无	250 两银 250 匹绢	无

资料来源：此表主要依据汪圣铎《宋代宗室制度考略》（《文史》第33辑，中华书局，1990）其中"宋朝宗室奉钱衣赐数额（与庶官对照表）"及"宋朝南班宗室郊赐数额与庶官对照表"改制而成。史料依据《宋史·职官志》、《宋会要辑稿·职官五七之一至七》、《宋会要辑稿·礼五之二九、三〇》、《宋朝事实》卷八《玉牒》等。大致为北宋神宗熙宁至元丰年间情况。

　　另外，宗室成员为皇亲贵戚，其婚姻关系的缔结关乎整个皇族的形象，因此对于宗室子弟婚姻对象的选择，皇帝非常关心,既要维护家族的绵延发展,还要推动家族之间的友好交往。"祖宗时,宗室之众无亲疏之差,无贵贱之等。幼而养之,长而爵之,冠、婚、丧、祭悉仰于上恩,至渥也。及神宗即位,尽变其制。"① 神宗朝之前,宗室成员的婚姻大多由皇帝定夺,后来人数越来越多,皇帝亲自过问已不现实,宗室子弟也多产生以财论婚姻的观念。为了维护宗室身份,朝廷对于宗室成员的婚姻加强了管理。庆历二年,仁宗诏令大宗正司:"自今皇亲婚姻具依律令外……又所与系亲之家,若见任文武、升朝官,虽三代不尽食禄,但非工商伎术及恶逆之族,有朝臣委保者,听之。"② 从这段史料可以看出,宋代经济发达,财富流通速度加快,社会风气使婚姻观念出现变化。皇帝为了维护皇家的至尊地位,对于宗室成员的婚姻对象做了限制,严格禁止与工商、伎术、恶逆之族通婚,而且联姻对象必须有朝臣担任保人。朝廷还对宗室婚姻的保人做了规定:"应婚嫁者委主婚宗室,择三代有任州县官或殿直以上者,列姓名、家世、州里、岁数奏上,宗正司验实召保,付内侍省宣系,听期而行。嫁女则令其婿召保。其冒妄成婚者,以违制论。主婚宗室与媒保同坐,不以赦降,自首者减罪,告者有赏。"③ 由此可知,宗室成员的婚姻非同儿戏,事关皇家颜面,就连保人、主婚人等不遵守议亲

---

① （宋）程洵:《尊德性斋小集》卷二,中华书局,1991,第37页。
② 《续资治通鉴长编》卷一三七,庆历二年七月庚午,第3287—3288页。
③ 《宋史》卷一一五《礼志六》,第2739页。

规定也要受到相应的惩罚。为了限制宗室成员参与朝中政治，朝廷规定宗室子弟禁止与内臣联姻。元祐三年（1088），大宗正司上言："内臣出入宫掖，若与宗室联姻，非便。欲乞宗室不得与内臣之家为亲。"①

宗室成员为皇亲贵戚，其家庭关系和睦与否关乎整个皇族的形象，因此宗室妇人大多具有贤良的优秀品质，既可妥善管理家庭事务，还可维持家族成员关系的和谐稳定。如钦州防御使赵世表的妻子柴氏，"夫人在家时，事父母孝敬，待人宽以和，内外亲族无长少，皆称之。既笄，适钦州防御使世表"。②除了贤德之外，宗妇们大多具有较高的文化素养。如池州团练使赵令委妻子宋氏，"识文字，间亦取池州书卷读。或问之，笑不答。别日与谈议，则辄能作前人语。故益审夫人为知记传"。③道州团练使赵宗望妻子张氏，"夫人性沉厚，言语动作皆不妄明达，喜□书，每闲养，惟以图史为乐"。④宗妇们的品德操守不仅在家庭生活中占据重要位置，还关系整个皇族的尊贵形象。从以上分析可知，北宋对宗室成员的婚姻缔结有着严格规定，而且非常重视婚姻对象的道德品质和文化素质，

---

① 《续资治通鉴长编》卷四一四，元祐三年九月庚申，第10063页。
② 《范太史集》卷四八《钦州防御使妻安康郡君柴氏墓志铭》，《景印文渊阁四库全书》第1100册，台北，台湾商务印书馆，1986，第515页。
③ 河南省文物考古研究所编《北宋皇陵》附录三《宋宗室右武卫大将军池州团练使妻容县君宋氏墓志铭》，中州古籍出版社，1997，第547页。
④ 《皇从侄右武卫大将军道州团练使清源郡公宗望故夫人永嘉郡夫人张氏墓志铭》，郭茂育、刘继保编著《宋代墓志辑释》，中州古籍出版社，2016，第183页。

这样既保证了朝堂的稳定，又维护了皇帝家族的和谐发展。

北宋宗室成员"皆赋以重禄，别无职业"，① 为了防止宗室成员不求上进、单纯追求享乐，皇帝非常注重宗室子弟的文化素质培养。太宗说："诸子生长在深宫，未知世务，必资良士，赞导为善，使日闻忠孝之道。"②读书治学可以使伦理纲常的观念深入宗室成员内心，让其"知历代兴衰治平措置之方，使不得罪于尊卑上下之际"。③ 在右文政策的影响下，宋代社会读书风气浓厚。皇帝本人也非常喜欢读书。宋太祖"独喜观书，虽在军中，手不释卷。闻人间有奇书，不吝千金购之"。④ 宋太宗对宰相说："朕每日所为自有常节，晨间视事既罢，便即观书，深夜就寝，五鼓而起，盛暑尽日亦未尝寝。"⑤ 真宗说："勤学有益，最胜他事。且深资政理，无如经书。朕听政之余，惟文史是乐，讲论经义，以日系时，宁有倦邪！"⑥ 在皇帝的影响下，北宋宗室成员也喜爱阅读，文化素养很高。如袁州防御使赵世繁"长而好学，嗜书史黄老百家之言，无所不

---

① （宋）赵汝愚：《宋朝诸臣奏议》卷三二《上仁宗乞宗子以次补外》，第 312 页。

② （宋）钱若水修，范学辉校注《宋太宗皇帝实录校注》卷三三，雍熙二年五月辛未，中华书局，2012，第 337 页。

③ （明）黄宗羲著，（清）全祖望补修《宋元学案》卷五七《梭山复斋学案》，陈金生、梁运华校点，中华书局，1986，第 1863 页。

④ 《续资治通鉴长编》卷七，乾德四年五月甲戌，第 171 页。

⑤ （宋）江少虞：《宋朝事实类苑》卷二，上海古籍出版社，1981，第 13 页。

⑥ （宋）彭百川：《太平治迹统类》卷二六，广陵古籍刻印社，1981，第 17 册，第 37 页。

观，善歌诗，得风人古雅之思"。① 通州团练使赵令琮"长于《诗》《书》，好《论语》《孟子》《老》《庄》"。② 荣州团练使赵仲雪读书非常刻苦，无论严寒酷暑，潜心治学，"侯性夷淡，嗜学至忘寒暑"。③ 秀州团练使赵令悫每日读书分秒必夺："每闻昕鼓，必先至学馆，族人无敢后者。英宗建宫学，取以为法。"④ 宗室子弟不仅读书万卷，而且书法造诣也非常高。宁州团练使赵令龟"幼聪悟，不为儿童戏，惟喜书为笔砚"。⑤ 吉州团练使赵宗望书法造诣非常高，多次得到皇帝的赏识：

> 后复于延和殿试宗室子弟所学书，令宗正第其高下，以公书第一。先帝好飞白书，侍从蒙赐者以为荣，公前后所得殊多。又尝以金泥纹罗书"宗望好学乐善"及"为善最乐"字以赐之，非它儗也。⑥

在读书治学的氛围中，宗室子弟也乐于藏。卫州防

---

① 《范太史集》卷四六《右金吾卫大将军袁州防御使赠安武军节度观察留后信都郡公墓志铭》，《景印文渊阁四库全书》第 1100 册，第 499 页。

② 《范太史集》卷四七《右武卫大将军通州团练使赠洪州观察使追封豫章侯墓志铭》，《景印文渊阁四库全书》第 1100 册，第 509 页。

③ 《范太史集》卷五十《右武卫大将军荣州团练使赠徐州观察使彭城侯墓志铭》，《景印文渊阁四库全书》第 1100 册，第 529 页。

④ 《范太史集》卷四五《右武卫大将军秀州团练使墓志铭》，《景印文渊阁四库全书》第 1100 册，第 487 页。

⑤ 《范太史集》卷四七《右武卫大将军宁州团练使赠襄州观察使襄阳侯墓志铭》，《景印文渊阁四库全书》第 1100 册，第 501 页。

⑥ 《范太史集》卷四五《右金吾卫大将军吉州团练使墓志铭》，《景印文渊阁四库全书》第 1100 册，第 487 页。

御使赵宗颜"好学，通王氏《易》，喜为诗，藏书数万卷"。① 保州防御使赵仲洽"家多藏书，手不释卷"。② 荣州团练使赵仲雪父亲北海公"藏书万卷，教育诸子"。③ 宗室子弟自幼接受良好的教育，喜爱藏书、读书，文化水平非常高，有些人还著书立说，流传千古。庆州防御使赵令菪"性聪敏好学，博通群书，喜为诗，不尚华采"。④ 卫州防御使赵宗颜是宋太宗的曾孙，著有诗集十卷。⑤ 袁州防御使赵世繁，著有"《赵世繁歌诗》十卷、《忠孝录》五卷"。⑥ 有些品学兼优的宗室子弟还作为其他宗室子弟的教化榜样，如台州防御使赵仲绾"尽心于学，专治《诗》。从《诗》受《易》，通大义。是时朝廷屡诏选教官以教宗子，有能通经术行谊修饬者以名闻，公为举首。召试学士院，以《诗》《易》对义，中选"，⑦ 为赵宋宗室的文化素质培养起到了积极作用。

宋教化宗室子弟，主要为了使其好学向善、忠君孝

---

① 《欧阳修全集》卷三七《皇从侄卫州防御使遂国公墓志铭》，第541页。

② 《范太史集》卷四五《保州防御使赠崇信军节度使房国公墓志铭》，《景印文渊阁四库全书》第1100册，第485页。

③ 《范太史集》卷五十《右武卫大将军荣州团练使赠徐州观察使彭城侯墓志铭》，《景印文渊阁四库全书》第1100册，第529页。

④ 《范太史集》卷四五《右金吾卫大将军庆州防御使墓志铭》，《景印文渊阁四库全书》第1100册，第486页。

⑤ 《欧阳修全集》卷三七《皇从侄卫州防御使遂国公墓志铭》，第541页。

⑥ 《范太史集》卷四六《右金吾卫大将军袁州防御使赠安武军节度观察留后信都郡公墓志铭》，《景印文渊阁四库全书》第1100册，第500页。

⑦ 《范太史集》卷五二《台州防御使赠武康军节度使追封崇国公墓志铭》，《景印文渊阁四库全书》第1100册，第546页。

悌。如《宗室宝戒》载："采实祖宗事为书，意在规谏宗室之良也。"① 宗室子弟深得皇室教育之精髓，虽身处富贵，但感激皇恩，珍惜当下生活，从不骄奢淫逸。如宁州团练使赵令龟"不迩声色，好学不倦，生长富贵，深以骄奢为戒"。② 康州防御使赵令伦"御家有法，闺门严肃。为人沈厚详雅，趋进应对，从容可观。天资清约，饮食衣服不事华侈，及祭祀宾客则致其丰美"。③ 北宋宗室成员对于孝道非常重视，朝廷对其孝行加以肯定。吉州防御使赵世采孝行为世人所称道，因此"仁宗尝'忠孝'二字面赐之"。④ 宗室子弟经过皇家教育的洗礼和熏陶，大多具有高尚的气节，洺州防御使赵世崇"有奇节，其气尚介直，每会议邸中，立辩其是非，不为贵倨所屈"。⑤ 北宋宗室子弟读书治学而产生的文化自觉，是有益于社会的。程民生先生认为："宋代宗室普遍具有较高的文化水平，既雅化了身心，又浸透了大量的儒家忠君等伦理观念，加以制度的约束，使之自觉不自觉地接受了驯化教育，消弭了暴戾之气。宗室整体的文化水平起到了潜移默化的作用。"⑥

---

① （宋）王应麟：《玉海》卷一三〇《宗室宝戒》，第2412页。
② 《范太史文集》卷四七《右武卫大将军宁州团练使赠襄州观察使襄阳侯墓志铭》，《景印文渊阁四库全书》第1100册，第501页。
③ 《范太史文集》卷四六《右武卫大将军康州防御使墓志铭》，《景印文渊阁四库全书》第1100册，第495页。
④ 《范太史集》卷五二《吉州刺史本州防御使赠崇信军节度使谯国公墓志铭》，《景印文渊阁四库全书》第1100册，第551页。
⑤ （宋）王珪：《华阳集》卷五三《宗室赠洺州防御使广平侯墓志铭》，《景印文渊阁四库全书》第1093册，第389页。
⑥ 程民生：《论宋代宗室的文化水平》，《经济社会史评论》2018年第2期，第50页。

忠君爱国的思想已经深入宗室子弟内心，他们时刻牢记对于皇帝的忠心和孝悌，这是他们的政治操守。北宋宗室子弟在政治上无实权，只具备礼仪功能，奉朝请和参与朝会。即便没有任何政治权力，宗室子弟仍然严于礼法、谨慎行事。洺州防御使赵令攀"严于礼法，动静周旋，容止必肃，衣冠必正"。① 廉州防御使赵仲歇"循守法度，上下无间言，内外莫不加敬"。② 汉州防御使赵仲革"奉朝请四十余年，未尝有过失"。③ 雄州防御使赵叔纳"奉朝请三十年，未尝有过"。④ 可见，朝廷对于宗室成员的教化非常到位。

综上所述，以防、团两使为代表的宗室成员，"生则高爵厚禄以处之，以示敦睦之教；没则隆名异数以赠之，以致哀荣之情"。⑤ 一方面，为了消除他们对于皇位的潜在威胁，北宋皇帝在政治上对他们严格限制；另一方面，为了弥补他们在政治诉求上的缺憾，在经济上又加以优待，使其享受优越的物质生活条件。在社会交往方面，因显赫

---

① 《范太史集》卷五一《右监门卫大将军赠洺州防御使追封广平侯墓志铭》，《景印文渊阁四库全书》第 1100 册，第 538 页。
② 《范太史集》卷五一《廉州防御使赠感德军节度使华国公墓志铭》，《景印文渊阁四库全书》第 1100 册，第 539 页。
③ 《范太史集》卷五二《汉州刺史本州防御使赠保宁军节度使婺国公墓志铭》，《景印文渊阁四库全书》第 1100 册，第 549 页。
④ （宋）慕容彦逢：《摛文堂文集》卷一四《宗室故右金吾卫大将军雄州防御使赠安化军节度观察留后追封高密郡公墓志铭》，《景印文渊阁四库全书》第 1123 册，第 463 页。
⑤ （宋）吕陶：《净德集》卷九《皇族郊恩封赠制》，中华书局，1985，第 92 页。

而敏感的身份，宗室成员被严格限制，尤其是与朝中权贵的结交。在婚姻选择上，因代表皇家的颜面，结婚对象不仅要求有良好的出身，同时还要具备优秀的品质和较高的文化素养。如此待遇下，以防、团两使为代表的宗室成员安于现状，北宋皇权的稳固又多了一重保障。正如士大夫黄屦对宋神宗所说："陛下之于宗室，以爵贵之，以禄富之，以《诗》《书》《礼》《乐》教之，以忠孝仁义成之，可谓得亲叙之道矣。"①

第二节　宦官

中国古代社会，皇帝久居深宫，负责照顾皇帝饮食起居的宦官与其接触时间最久，关系也较之他人亲近。如《资治通鉴》记载：

> 宦官用权，为国家患，其来久矣。盖以出入宫禁，人主自幼及长，与之亲狎，非如三公六卿，进见有时，可严惮也。其间复有性识儇利，语言辩给，伺候颜色，承迎志趣，受命则无违迕之忠，使令则有称惬之效。自非上智之主，烛知物情，虑患深远，侍奉之外，不任以事，则近者日亲，远者日疏，甘言卑辞之请有时而从，浸润肤受之诉有时而听。于是黜陟刑赏之政，潜移于近习而不自知，如饮醇酒，嗜其味而

---

① 黄屦：《上神宗乞特燕宗室以齿》，（宋）赵汝愚：《宋朝诸臣奏议》卷三二，第317页。

忘其醉也。黜陟刑赏之柄移而国家不危乱者，未之有也。①

　　北宋皇帝一般对于文武权臣有所防范与猜忌，宋太宗言："朝廷皆无忠臣，言莫及此。"②因复杂的政治关系，皇帝能信任的人较少。因此，身份卑微而又能常伴左右的宦官，更能得到皇帝的信任。对于前代的教训，北宋朝廷也不断进行总结反思："祖宗之法严，宰相之权重，貂珰有怀奸慝，旋踵屏除，君臣相与防微杜渐之虑深矣。"③宋太祖立国之后，严格控制宦官人数，限制在 50 人之内。宋太宗时期规定以 180 人为限，"自供奉官至黄门，以一百八十人为定员"。④哲宗规定宦者在百人以内。直到北宋末年，蔡京结交宦者，宦官人数才失去控制。

　　宋代宦官管理机构庞大，常有变迁。但自北宋景德三年以后，宦官的管理机构改为两个：内侍省与入内内侍省。内侍省简称前省，其官员主要有左右班都知、副都知、押班等；入内内侍省简称后省，其官员主要有都都知、都知、副都知及押班等。入内内侍省因更为接近皇室生活，地位要高于前省。唐代"宦者所历散官与文官同"。⑤北宋设立的独立的宦官官阶，在元丰改制前后名称稍不同（表 3 - 4）。

---

① 《资治通鉴》卷二六三，第 8595—8596 页。
② （宋）司马光：《涑水记闻》卷二《赵昌言》，中华书局，1989，第 24 页。
③ 《宋史》卷四六六《宦者传·序》，第 13599 页。
④ 《宋史》卷一六六《职官志六》，第 3940 页。
⑤ （元）马端临：《文献通考》卷六四《职官考十八》，第 1941 页。

表 3 - 4　北宋内侍官阶

元丰改制前	元丰改制后
内东头供奉官	供奉官
内西头供奉官	左侍禁
殿直	右侍禁
高品	左班殿直
高班	右班殿直
黄门	黄门
祗候殿头	祗候侍禁
祗候高班	祗候殿直
祗候高班内品	祗候黄门
内品	内品
祗候内品	祗候内品
贴祗候内品	贴祗候内品

资料来源：（元）马端临《文献通考》卷六四《职官考十八》；《宋史·职官志》。

通常来讲，宦官在内侍省与入内内侍省的迁转，到供奉官而止。自供奉官以上迁转，则入武臣诸司使系列，归吏部，再迁转则入遥郡、正任官系列。内东头供奉官为从八品，诸司副使为从七品，诸司正使为正七品。但北宋自太宗以后，还在供奉官以上设六阶，延福宫使、景福殿使、宣庆使、宣政使、昭宣使、皇城使，[1] 是为"特恩转例"。自昭宣使至延福宫使五阶被称为班官，品位较高，延福宫使为从五品，昭宣使为正六品。宦官在前后两省升迁至最高为止，再迁转则归吏部，入武臣系列，一般为诸司使系列以及节度使至刺史系列。龚延明先生认为班官与遥郡节镇官不存在上

---

[1]　《宋史》卷一六九《职官志九》，第 4035 页。

下之阶差，即宦官可同时带遥郡官与班官。[①] 宋真宗以后，
节度使至刺史系列已经沦为武臣迁转贵品的虚衔。北宋规
定，宦官的迁转仅至遥郡节度观察留后、延福宫使，但此
规定到徽宗朝被打破。

表3-5，以《宋史·宦者传》为考察对象，更加鲜明
地展示了北宋宦官担任防御使、团练使的情况。

表3-5 北宋宦官任团练使、防御使

姓名	初授官职	担任团练使	担任防御使	卒时官职	卒后赠官
王继恩	内班高品	因参与雍熙北伐，端拱初，领本州团练使	因平李顺成都之乱，授予顺州防御使	右监门卫将军	
李神福	入内高品	真宗即位，领恩州团练使、勾当永熙陵行宫事	大中祥符初，因封泰山，授宣庆使，领昭州防御使	宣庆使，领昭州防御使	赠润州观察使
刘承规	高班	景德四年，三司上言新课增羡，承规以劳加领昭州团练使	大中祥符初，议封泰山，以掌发运使迁昭宣使、长州防御使	检校太傅、左骁卫上将军、安远军节度观察留后致仕	赠左卫上将军、镇江军节度
阎承翰	殿头高品	大中祥符四年，迁内园使、左班都知，领奖州团练使		南作坊使、入内都知	赠怀州防御使
秦翰	黄门	大中祥符初，祀汾阴礼毕，加领平州团练使		平州团练使	赠贝州观察使

---

① 龚延明编著《宋代官制辞典》，附表21《宋前期入内内侍省、内侍省宦官迁转官阶表》，第698页。

姓名	初授官职	担任团练使	担任防御使	卒时官职	卒后赠官
周怀政	入内高品	天禧三年，领英州团练使，加昭宣使			
张崇贵	内中高品	景德三年九月，以德明誓表来上，崇贵因请入朝，以功拜皇城使、内侍左右班都知，领诚州团练使		诚州团练使昭宣使	赠丰州观察使
张继能	黄门			内园使	汀州团练使
石知颙	内中高品		平侬智高广南之乱，领绵州防御使	延福宫使，提点奉先院	赠太尉、定武军节度使
邓守恩	黄门			入内副都知	赠淄州防御使
杨守珍	入内黄门			内园使、右班都知、领端州刺史	赠原州防御使
韩守英	入内高品	奖州团练使	雅州防御使	延福宫使、入内都知	赠定国军节度观察留后
蓝继宗	中黄门	修玉清昭应宫，宫成，迁洛苑使、高州团练使，充都监	仁宗即位，迁左骐骥使、忠州防御使、永定陵修奉钤辖	景福殿使、邕州观察使	赠安德军节度使
蓝元震	高班		忠州防御使	入内副都知、忠州防御使	赠镇海军留后

姓名	初授官职	担任团练使	担任防御使	卒时官职	卒后赠官
张惟吉	入内黄门	果州团练使		皇城司	赠昭信军节度观察留后。逾月，又赠保顺军节度使
张若水	小黄门		建庆寿、宝慈两宫，典领工作，再迁嘉州防御使	领辉州观察使，提举四园苑诸司库务	赠天平军留后
卢守懃	入内内品	贵州团练使	荣州防御使兼邠宁环庆路安抚都监；复恩州防御使	左卫大将军致仕	赠保顺军节度使
王守规	小黄门		康州防御使	宣庆使、康州防御使、内侍右班副都知	赠昭武军留后
李宪	入内黄门		平白城之乱，以功加昭宣使、嘉州防御使	右千牛卫将军，分司南京，居陈州	赠武泰军节度使
张茂则	小黄门	宫苑使、果州团练使，为永兴路兵马钤辖		哲宗即位，迁定国军留后，加两省都知	绍圣论元祐人，以茂则尝预任使，追贬左监门卫将军，崇宁中入党籍
宋用臣			积劳至登州防御使，加宣政使	徽宗即位，迁蔡州观察使、入内副都知。为永泰陵修奉钤辖	赠安化军节度使

续表

姓名	初授官职	担任团练使	担任防御使	卒时官职	卒后赠官
王中正	入内黄门	因治熙河之功迁作坊使、嘉州团练使		嘉州团练使	
李舜举	黄门	嘉州团练使			赠昭信军节度使
石得一	黄门	元祐初，领成州团练使			赠随州观察使
梁从吉	内高班	从高遵裕至灵武，进永州团练使			赠成德军节度使
李祥	入内黄门	从刘昌祚征灵武，议功加沂州团练使	夏人攻兰州，祥赴援，进阶防御使		
冯世宁	入内黄门	忠州团练使		以内客省使、彰化军留后致仕	赠开府仪同三司
李继和	黄门	文州团练使		累迁宣庆使、文州团练使、入内副都知	
程昉	小黄门	达州团练使		达州团练使，制置河北河防水利	赠耀州观察使
苏利涉	入内内品	海州团练使			赠奉国军节度使
阎文应		恩州团练使	嘉州防御使	相州钤辖	赠邠州观察使

《宋史·宦者传》共记载43位宦官，其中担任过团练使和防御使的共有31位，包括3位卒后追赠的，其一为团练使，另两位为防御。有14位生前仅做过团练使，有6

位生前仅做过防御使。有 8 位宦官，生前有多次防御使和团练使迁转经历。若仅以生前担任团练、防御两使计算，那么共 28 位，占到北宋传记宦官的 65%。可见，团练、防御两使是北宋高级宦官迁转的重要官阶。据张邦炜先生统计，"《宋史·宦者传》中载北宋宦官共 43 人，除冯世宁 1 人而外，其他 42 人概莫能外地担任他职、兼领外事。在这 42 人中，曾奉命到外地完成特殊使命者 19 人；负责治理黄河、兴建宫殿、筑城修路等土木工程者 15 人；出使党项、辽朝者 5 人；曾管勾修国史、干当实录院者 4 人；或勾当群牧司或任群牧副使，管理马政者 7 人；勾当三班院，主管武官三班使臣的注拟、升移、筹赏等事者 6 人；担任经制市舶司、勾当内藏库、监在京榷货务、提举诸司库务之类的职务，或奉命议更茶法、经制财用、督运物资，以参与理财活动者 7 人。曾率兵打仗者多达 18 人。曾奉命监军、史有明文者虽然只有 6 人，可是曾任钤辖者 14 人、都监者 16 人、巡检者 9 人、走马承受者 8 人"。[①] 根据表 3-5 的统计，明确记载授予宦官团练使、防御使原因的共 15 人，20 人次；其中因军事、战功而授予官职的共 8 人，10 人次；因祭祀大礼等升迁的共 3 人（次）；因修建宫殿而授官的共 2 人（次）；无具体功绩而因积劳而升迁的共 2 人（次）；因负责皇陵事务而升迁的 2 人（次）；因治河有功而升迁的 1 人（次）。由此可见，北宋上层宦官不仅仅为皇室的家奴，更是广泛地参与朝野政

---

① 张邦炜：《宋代皇亲与政治》，四川人民出版社，1993，第 266—267 页。

治、军事战争等国内大事。

《宋史·宦者传》中记载的宦官大多为皇帝信任之人。与权臣相比，宦官身份低下，又善攀附迎合，在与皇帝的朝夕相处中，容易满足其情感需要。如嘉州团练使李舜举任职御药院十四年，忠于职守、尽心尽责，宋神宗赐书十九字："李舜举公忠奉上，恭勤俭身，始终惟一，以安以荣。"[1] 平州团练使秦翰卒，宋真宗痛心为之落泪。"戊戌，昭宣使、平州团练使、入内都知秦翰卒。上甚悼惜，为之泣下，赠贝州观察使，赙䞋加等。及修内毕，又遣使以袭衣、金带赐其家。"[2] 这些宦官大多具有一定的文化，如张继能"喜读书，然好治生……宗室多召侍讲说书，上嘉其勤学，令讲诵日别给公膳，专遣继能主之"。[3] 嘉州团练使李舜举"颇览书传，能文辞笔札"。[4] 杨守珍"为入内黄门，习书史，学兵家方略"。[5] 嘉州团练使王中正，"因父任补入内黄门，迁赴延福宫学诗书、历算"。[6] 长州防御使刘承规喜爱读书，文化素质颇高，"颇好儒学，喜聚书，间接文士质访故实，其有名于朝者多见礼待，或密为延荐"，而且著书立说，"又制定权衡法，语在《律历志》"，[7] 还对管理宫廷内部事务颇为擅长，"自掌内藏仅三十年，检察

---

① 《宋史》卷四六七《李舜举传》，第 13645 页。

② 《续资治通鉴长编》卷八五，大中祥符八年闰六月戊戌，第 1939 页。

③ 《宋史》卷四六六《张继能传》，第 13623 页。

④ 《宋史》卷四六七《李舜举传》，第 13645 页。

⑤ 《宋史》卷四六七《杨守珍传》，第 13631 页。

⑥ 《宋史》卷四六七《王中正传》，第 13642 页。

⑦ 《宋史》卷四六六《刘承规传》，第 13609—13610 页。

精密，动著条式"。① 刘承规侍奉三朝皇帝，做事稳妥，深得皇帝赏识，"承规事三朝，以精力闻，乐较簿领，孜孜无倦。……性沈毅徇公，深所倚信，尤好伺察，人多畏之"。②

这些宦官在具体的国家事务中发挥了较大的作用。阎承翰率领数万人治理郓河决口。咸平三年五月，"河决郓州王陵埽，浮巨野，入淮泗，水势悍激，侵迫州城"。皇上任命阎承翰"率诸州丁男二万人往塞之"。③ 熙宁元年，黄河因为河道淤堵而决堤，都水监丞宋昌和宦官程昉建议开二股河疏导东流：

> 神宗熙宁元年六月，河溢恩州乌栏堤，又决冀州枣强埽，北注瀛。七月，又溢瀛州乐寿埽。帝忧之，顾问近臣司马光等。都水监丞李立之请于恩、冀、深、瀛等州，创生堤三百六十七里以御河，而河北都转运司言："当用夫八万三千余人，役一月成。今方灾伤，愿徐之。"都水监丞宋昌言谓："今二股河门变移，请迎河港进约，签入河身，以纾四州水患。"遂与屯田都监内侍程昉献议，开二股以导东流。于是都水监奏："庆历八年，商胡北流，于今二十余年，自澶州下至乾宁军，创堤千有余里，公私劳扰。近岁冀州而下，河道梗涩，致上下埽岸屡危。今枣强抹岸，冲夺故道，虽创新堤，终非久计。愿相六塔旧口，并

---

① 《宋史》卷四六六《刘承规传》，第 13609 页。
② 《宋史》卷四六六《刘承规传》，第 13609 页。
③ 《宋会要辑稿·方域十四之四》，第 9552—9553 页。

二股河导使东流，徐塞北流。"①

王安石大力支持程昉开二股河以导东流治河建议，黄河治理取得了很好的效果，土壤改善，百姓获益。"昨修二股河，所用夫功物料比北流所费不多，又出公私田土为北流所占者极众，向时泻卤，今皆肥壤，河北自此必丰富如京东，其功利非细也。"② 宦官程昉还修治了漳河，"内臣程昉、大理寺丞李宜之于河北开修漳河，功力浩大，凡九万夫"。③ 程昉主持疏浚葫芦河，"导葫芦河，自乐寿之东至沧州二百里。塞孟家口，开乾宁军直河，作桥于真定之中渡。又自卫州王供埽导沙河入御河，以广运路。累迁达州团练使，制置河北河防水利"。④ 程昉治理滹沱河也有自己的主见，成效明显，"昉治滹沱河，议者争出所见，谓非利。昉确不移，既而水行，人便之。上嘉焉，进官以赏之"。⑤ 由此可见，达州团练使程昉对于兴修水利、疏通河道非常有经验，有效地减少了河流决堤、淤堵带来的灾害，使土壤肥沃，百姓获利。

漕运是中国古代社会输送物资的主要方式，因此，北宋对于漕运分外重视。元丰六年，为保证漕运的正常运行，嘉州防御使李宪负责修整纲船。《宋会要辑稿》记载：

---

① 《宋史》卷九一《河渠志一》，第 2274 页。
② 《续资治通鉴长编》卷二三六，熙宁五年闰七月辛亥，第 5729 页。
③ （宋）刘挚：《忠肃集》卷七《劾程昉开漳河》，中华书局，2002，第 136 页。
④ 《宋史》卷四六八《程昉传》，第 13653 页。
⑤ 《宋会要辑稿·食货七之二八》，第 6130 页。

二月六日，诏："熙河兰会经略制置司计置兰州人万、马二千粮草，于次路州军划刮官私橐驼二千与经略司，令自熙州折运，事力不足，即发义勇、保甲。"二十四日，李宪言："计置兰州粮十万，乞发保甲或公私橐驰般运，及虑妨春耕，臣已修整纲船，自洮河漕至吹龙寨，俟厢军折运赴兰州。"诏如橐驼、舟船折运不足，须当发义勇、保甲，即依前诏。①

汴河是北宋的生命线，漕运保障了地方财富向中央输送。在漕运的运输和管理过程中，宦官因其与皇帝的特殊关系，以管理者和监督者的身份积极参与到了北宋航运体系之中。

内藏库本为皇帝私人财富，但太宗对近臣讲设立内藏库的初衷："此盖虑司计之臣不能节约，异时用度有阙，复赋率于民，朕不以此自供嗜好也。"② 宦官作为皇帝亲信，负责掌管皇帝私财。长州防御使刘承规（珪）理财能力很强，将内藏库管理得井然有序：

初，刘承珪（规）尝掌库，经制多其所置，又推究置库以来出纳，造都帐及《须知》，屡加赏焉。真宗再临幸，作铭刻石。大中祥符五年，重修库屋，增广其地。既而又以香药库、仪鸾司屋益之，分为四库：金银一库，珠玉、香药一库，锦帛一库，钱一

---

① 《宋会要辑稿·食货四三之三》，第 6963 页。
② 《宋史》卷一七九《食货志下一》，第 4370 页。

库。金银、珠宝有十色，钱有新旧二色，锦帛十三
色，香药七色。天禧二年，又出内藏缗钱二百万给
三司。①

之前内藏库的管理人员并没有所应具备的理财和资金
管理能力，在刘承规掌管之后，内藏库财产账目条理清
晰，而且在"权衡法"改革之后，经济换算简便易行。
"及是，监内藏库刘承珪等推究本末，改造法制，中外咸
以为便。"② 刘承规的"权衡法"对于宋代经济体制改革
做出了巨大贡献。

一般来说，宫廷建筑的建造和修缮工作，宦官要参与
其中，有的还因此而受封赏。景祐三年，"三司使、刑部
侍郎程琳为吏部侍郎，崇仪使、英州刺史、入内副都知张
永和领贵州团练使，引进副使王克基为西上阁门使，并以
修睦亲宅成也。监督工作使臣而下，第赏之"。③ 除了物质
赏赐，还有官职晋升或减磨勘年限，如邓守恩在修缮皇陵
的工作中表现突出，"减磨勘五年。故事，督工作止加职，
上以修奉祖宗陵寺，故特迁官"。④

北宋宦官积极而广泛地参与各项事务，既有宫廷内
务，也有具体的地方事务，对北宋社会经济做出了积极而
重要的贡献。但这些宦官有的尽忠职守，有的在正常俸禄
和赏赐之外，利用职务之便，中饱私囊。

① 《宋史》卷一七九《食货志下一》，第4370页。
② 《续资治通鉴长编》卷三三，淳化三年三月辛丑，第735页。
③ 《续资治通鉴长编》卷一一九，景祐三年八月辛未，第2800页。
④ 《续资治通鉴长编》卷二四二，熙宁六年春正月己酉，第5890页。

真宗年间，阎承翰因擅用群牧司钱被朝廷发现而受到惩罚，"当赎金三十斤"。① 李宪在熙河经略安抚司干当公事时，"县官财用，听其取与。内之府库金帛，转输万里，外之生灵膏血，渔夺百端，倾之于宪，如委诸壑，出没吞吐，神鬼莫见，而一切不会于有司"。② 神宗年间，李宪"以和雇佣为名，强役工匠，非法残害，死者甚重，加以借势营私，危害不一"。③ 应全面认识宦官在北宋社会发展中所起的作用，程民生先生指出："除了个别时期外，宋代宦官作为一个群体，在宋史中积极作用大于消极作用。"④

那么，北宋各朝皇帝是否为集中皇权，限制权臣、武将而重用宦者，给予高官厚禄呢？若仅以北宋无宦官之祸来说明问题，似有浅显之嫌。因此，以北宋宦官的磨勘和迁转之制来具体考察。

宋代，官员因寄禄官而铨选和升迁。在规定的年限之内，考课劳绩过失，以此作为迁转的依据，称为"磨勘"。北宋初年，宦官无正式的磨勘之制，仁宗景祐年间诏："内臣入仕三十年，累有勤劳，经十年未尝迁者，奏听旨。"⑤ 宦官入仕三十年后，十年一磨勘。宦官的磨勘年限

---

① 《宋史》卷四六六《阎承翰传》，第 13611 页。
② 刘挚：《上哲宗弹奏王中正等四宦官之罪》，（宋）赵汝愚：《宋朝诸臣奏议》卷六三，第 697 页。
③ 安惇：《劾内臣甘承立奏》，曾枣庄、刘琳主编《全宋文》卷二二一二，上海辞书出版社，2006，第 282 页。
④ 程民生：《北宋开封人才的井喷现象与历史贡献》，《河南大学学报》（社会科学版）2017 年第 2 期，第 70 页。
⑤ 《宋史》卷一六九《职官志九》，第 4038 页。

远远高于文官三年一迁、武职五年一迁，虽然此法可以抑制宦者升迁速度过快，以免位高权重带来后患，但是似乎并不完全可行。于是，庆历年间"至是乃令以劳进官者无拘于年"。① 仁宗嘉祐五年，吕诲上奏："自内品供奉，不数年间，授诸司使，遥领刺史、防、团之任。"② 宦者以劳进官，若不拘泥于制度，数年间即可遥领刺史、防、团之任。因此，嘉祐六年，仁宗又下诏令以限制"无拘于年"而升迁过速的宦官："内臣入仕，并理三十年磨勘，有已经磨勘者，理二十年，其以劳得减年，无得过五年。"③ 因此，宦官的磨勘年限定为二十年，若遇因劳减年，最多只能减磨勘五年。但根据北宋宦者的升迁情况，此规定执行得并不严格，如"入内供奉官李直清、殿头冯永清王献章各减磨勘七年"。④ 北宋宦者一般升迁到都知、押班以后，才能带高级官阶。若没能升任都知、押班即非正式带高级官阶，则被称为"寄资"。北宋朝廷对寄资后的叙迁做了规定，如"明限以年，诏俟出院优迁之，毋得累寄"⑤"若干办御药院，不许寄资"⑥ 等。"内臣有寄资至团练使者，谓之暗转。"⑦ 但有个别受宠的宦官，寄资条件得以放宽，如《长编》载："上批：李宪特与磨勘，于见寄礼宾

① 《宋史》卷四六八《李继和传》，第 13651 页。
② 《续资治通鉴长编》卷一九二，嘉祐五年十一月辛丑，第 4650 页。
③ 《宋会要辑稿·职官三六之一二》，第 3893 页。
④ 《续资治通鉴长编》卷二八〇，熙宁十年春正月甲戌，第 6853 页。
⑤ 《宋史》卷三一八《赵概传》，第 10365 页。
⑥ （宋）洪迈：《容斋随笔》四笔卷一六《寄资官》，中华书局，2005，第 823 页。
⑦ 《宋史》卷三一八《赵概传》，第 10365 页。

副使上转七资，为洛苑副使，仍寄资。"① 神宗直接批示李宪特与磨勘，并且还给予较高的经济待遇："勾当御药院李宪为遥郡团练使寄资，给全俸。"② 同样寄资团练使、给予全俸的还见宋用臣："同判都水监、入内东头供奉官、寄礼宾使、遥郡刺史宋用臣为寄六宅使、遥郡团练使，给寄资全俸。"③ 至北宋末年，寄资官已"至于宣庆诸使，遥郡防、团、观察，其高者为延福宫、景福殿承宣使"。④ 至"六贼"权倾朝野之时，宦官的寄资制度被完全破坏。

对于宦官的高职位升迁，北宋还是非常谨慎的。宋太祖鉴于唐、五代以来宦官乱政的教训，提出防微杜渐之家法："国朝惩五季阉宦横肆之弊，不典兵，不预政，子孙守之，永为家法。"⑤ 在北宋前期，无宦者加授节度使的现象。太宗朝后期，始有宦者"多至诸司使，有加领观察使者"。⑥ 以表3－5所见，北宋任职团练、防御两使的宦官均集中于哲宗朝以前，只有宋用臣卒于徽宗朝。这些宦官卒时最高官职为节度观察留后，且仅为三人，刘承规、张茂则、冯世宁。内臣刘承规以忠谨得幸，生病将死，求为节度使，真宗欲为之，"宰相持不可而止"，⑦ "自是内臣官不过留后"。⑧ 元人修《宋史》时感叹道："中更主幼母

---

① 《续资治通鉴长编》卷二四一，熙宁五年十二月丁酉，第5887页。
② 《续资治通鉴长编》卷二四七，熙宁六年冬十月辛巳，第6024页。
③ 《续资治通鉴长编》卷三〇〇，元丰二年九月丁卯，第7297页。
④ （宋）洪迈：《容斋随笔》四笔卷一六《寄资官》，第823页。
⑤ （明）林駉：《古今源流至论》续集卷八《宦官下》，《景印文渊阁四库全书》第942册，第465页。
⑥ 《宋史》卷四六六《王仁睿传》，第13601页。
⑦ 《宋史》卷四六六《宦者传一》，第13599页。
⑧ 《宋史》卷二八二《王旦传》，第9549页。

后听政者凡三朝，在于前代，岂非宦者用事之秋乎！祖宗之法严，宰相之权重，貂珰有怀奸慝，旋踵屏除，君臣相与防微杜渐之虑深矣。"① 但如此严的祖宗之法却于徽宗朝被破，官拜节度使的宦者比比皆是，如童贯、杨戬、梁师成、蓝从熙、谭稹等。对于杨戬授节钺，时人也颇有微词："杨戬除节度使，（张）商英曰：'祖宗之法，内侍无至团练使。有勋劳当陟，则别立昭宣、宣政诸使以宠之，未闻建旄钺也。'讫持不下，论者益称之。"②

从以上分析可以看出，北宋以团练使、防御使安置有功绩的高级宦官，以使帝王的家奴更加忠诚。在一定程度上，宦官是皇帝的家臣。宦官参与宫廷、国家的管理事务，本质上是代表皇帝行使权力，同时也是抑制文臣武将权力发展的一种手段。张邦炜先生认为，皇帝有时不信任大臣而信任宦官，完全是出于稳固统治的需要。的确，历史上虽有干政擅权的宦官，可是无黄袍加身的阉人，而篡权夺位的文臣、武将却屡见不鲜。③ 柴德赓先生也持此看法："宋太宗信内侍，取其不反耳。"④

第三节　外戚

所谓外戚，一般是指皇帝的母族和妻族，"戚里者谓

---

① 《宋史》卷四六六《宦者传一》，第 13599 页。
② 《宋史》卷三五一《张商英传》，第 11097 页。
③ 张邦炜：《宋代皇亲与政治》，第 274 页。
④ 柴德赓：《宋宦官参与军事考》，《1900—1949 年中国学术研究期刊汇编》（辅仁学志九），线装书局，2009，第 184 页。

三后四妃之家"，① 三后包括太皇太后、皇太后、皇后，四妃包括贵妃、淑妃、德妃、宪妃。另从《宋史·外戚传》中可见，皇帝的姐妹、女儿的夫族也在外戚之列。外戚还被称为"戚里""国戚""近戚""外姻"等，一般是这些异姓宗族缌麻以上的亲属。

　　在中国古代社会，皇帝被称为天子，拥有至高无上的权力。与皇帝有着姻亲关系的外戚，也拥有特殊的权力和社会地位。但如果外戚依附于"三后四妃"等而结成政治集团，那么就成为戚党。戚党同时还包括依附的宾客、僚属等。女主干政，戚党渗入政治中，必然会对政局有所影响。比如汉代霍光及王莽、唐代武后和韦后等外戚僭乱朝政之象。但宋代与其他朝代相比，情况则有所不同。如宫崎市定在《宋元的经济状况》中指出："外戚在中世每每是篡夺的根源，但是在宋代，他们对于皇室内部的事情没有任何的发言权了。他们就像把自己的女儿供奉给神祇一样，仅能引以为荣，欢喜一阵子罢了。要想因皇室联姻而平起平坐，那是不被许可的。"宋代外戚染指政治的现象的确大大减少，即便两宋垂帘听政的太后有 9 位②之多，也终归未影响皇位的顺利交接。北宋外戚出身、任官、赏赐等的变化，说明朝廷对于皇亲国戚有着诸多限制，外戚地位在逐步下降。

　　宋朝对于外戚的政策是"崇爵厚禄"而不领职事："祖宗鉴前世之祸，徙尊以高爵，宠以厚禄，使之贵而无

①　《皇宋中兴两朝圣政》卷五四，淳熙二年五月己卯，第 216 页。
②　张邦炜：《两宋无内朝论》，《宋代婚姻家族史论》，人民出版社，2003，第 395 页。

位，高而无民，次祸乱之所以不作也。"① 但朝廷对外戚限制仍较多，如后妃族里外戚与朝臣交往要受到弹劾和处罚。宋仁宗在景祐元年下诏："如闻戚里之家，多与朝士相接，或漏禁中语，其令有司察举之。"② 宋徽宗朝，向宗良"与侍从希宠之士交通，使物议籍籍，谓皇太后今犹预政"。③ 外戚私自与朝臣结交，泄露朝廷机密，遭到陈瓘弹劾。

外戚所任官职的制度更为严苛。苗书梅先生总结为：外戚"不得为监司、郡守"，不可任官军帅臣，"不许任侍从官"，"毋除二府职任"。④ 宋朝一般授予外戚武官官阶，不授文资，主要是为了防止外戚干预朝政。尽管朝廷授予外戚武职，但"皆空官无实"。⑤ 即使原来为文资，也要改官为武职，并沿袭。如神宗娶了向经的女儿为妃，向经由原来的虞部员外郎改为庄宅使，后升迁为光州团练使。⑥ 一般授予外戚阁门官，包括阁门使、阁门副使、通事舍人等；其二为环卫官，包括诸位上将军、诸位大将军及诸位将军等；第三种是较高级武官、节镇官，包括节度使、节度观察留后、观察使、防御使、团练使及刺史等。以《宋史·外戚传》为考察对象，更为鲜明地展示北宋外戚担任防御使、团练使的情况（见表3-6）。

---

① （宋）王称：《东都事略》卷一一九《外戚传》，孙言诚、崔国光校点，齐鲁书社，2000，第1033页。
② 《续资治通鉴长编》卷一一四，景祐元年五月庚午，第2676页。
③ 《宋史》卷三四五《陈瓘传》，第10962页。
④ 苗书梅：《宋代官员选任和管理制度》，第325—328页。
⑤ 《宋史》卷一六六《职官志六·环卫官》，第3932页。
⑥ 《宋史》卷四六四《向经传》，第13580页。

表 3-6　北宋外戚任团练使、防御使情况

外戚姓名	亲属关系	初授职务	担任团练使	担任防御使	卒时官职	卒后赠官
杜彦圭	杜审琦从子。杜审琦，昭宪杜太后之兄	起家六宅副使	开宝六年，领饶州团练使	饶州防御使	左迁均州团练副使	赠归义军节度
杜彦钧	杜审琦从子	起家补供奉官		领恩州防御使；真宗嗣位，改领颍州防御使	密州观察使，出为并代副都部署	赠安化军节度
杜惟序	杜审琦曾孙	三班奉职	郑州团练使、乾州团练使		乾州团练使	
贺令图	父怀浦；孝惠皇后之兄	供奉官	涿州团练使		涿州团练使	
王继勋	彰德节度饶之子；孝明皇后同母弟	内殿供奉官	建隆二年，加领恩州团练使	永州防御使，彭州防御使	右监门率府副率，分司西京	
刘知信	母即昭宪太后之妹	起家授奉官	太宗即位，进领锦州团练使；雍熙初，领澶州团练使		东京都巡检使	赠太尉，天平军节度
刘文裕	父审奇；简穆皇后为文裕祖妣	起家补殿直	雍熙初，领顺州团练使；领端州团练使		容州观察使，镇州兵马部署	赠宁远军节度
刘美	后之兄	三班奉职		天禧三年，领昭德军防御使	武胜军节度观察留后	赠太尉，昭德军节度

续表

外戚姓名	亲属关系	初授职务	担任团练使	担任防御使	卒时官职	卒后赠官
刘从德	刘美子	崇仪使	黎州团练使		恩州兵马都总管，知相州	赠保宁军节度使，封荣国公
刘从广	刘美子；娶荆王元俨女		崇州团练使	为滁州防御使	宣州观察使，真定府路马步军副都总管	赠昭庆军节度使
刘永年	刘美孙	内殿崇班	廉州团练使；单州团练使	英宗立，迁沂州防御使	邕州观察使，步军副都指挥使	崇信军节度使
马季良	娶刘美女	越州上虞尉		太后崩，换濠州防御使	屯卫将军	
郭崇仁	守文之子，章穆皇后弟也	左班殿直	章穆崩，迁昭州团练使；丁母忧，拜解州团练使	贺州防御使；以疾改磁州防御使	磁州防御使	赠彰德军节度观察留后
杨景宗	章惠太后从父弟	祡酒班殿侍	迁舒州团练使	章惠崩，迁成州防御使	建宁军留后，提举在京诸司库务	赠安武军节度使兼太尉
符惟忠	彦卿曾孙，外祖母贤靖大长公主	三班奉职			阁门使	赠客省使，眉州防御使

续表

外戚姓名	亲属关系	初授职务	担任团练使	担任防御使	卒时官职	卒后赠官
柴宗庆	祖禹锡，父宗亮，宗庆尚太宗女	左卫将军·驸马都尉，领恩州刺史		禹锡卒，真拜康州防御使，改复州	同中书门下平章事，武成军节度使	赠中书令
王贻永	溥之孙，尚郑国公主	授右卫将军、驸马都尉	奖州团练使、洺州团练使，卫州团练使	怀州防御使	尚书右仆射，检校太师兼待中、景灵宫使	赠太师、中书令
李昭亮	明德太后兄，继隆子	东头供奉官	贺州团练使，成州团练使	宁州防御使	昭德军节度使	赠中书令
李惟贤	李昭亮子	三班奉职	荣州团练使		四方馆使	
李珣	尚兖国公主；李用和子；李用和、章懿皇太后弟		濮州团练使		建武军节度使、检校太师	赠太师、中书令
李珣	李用和子	阁门祗候	郴州团练使		秦宁军留后，提举万寿观，知相州	
李遵勖	尚万寿长公主，崇矩孙，继昌子	左龙武将军、驸马都尉	均州团练使，宏州团练使，康州团练使	泽州防御使	宁国军节度使	赠中书令

续表

外戚姓名	亲属关系	初授职务	担任团练使	担任防御使	卒时官职	卒后赠官
李端懿	李遵勖子	如京副使	单州团练使	济州防御使	宁远军节度留后	感德军节度使
李端愿	李遵勖子	如京副使	恩州团练使	汝州防御使	太子少保	赠开府仪同三司
李评	李端愿子	东头供奉官	成州团练使		成州团练使	赠襄州观察使
曹偕	曹偁之从弟；曹偁为韩王彬之孙，慈圣光献皇后弟	许州都监		华州防御使	河阳总管	
曹评	曹偁子			温州防御使	平海军节度使	开府仪同三司
曹诱	曹偁子	左藏库副使	庆州团练使	恩州防御使	安德军节度使、醴泉观察使	开府仪同三司
高遵裕	忠武军节度使琼之孙		以功进团练使		右屯卫将军	赠永州团练使
高公纪	高遵裕从侄佺士林，士林子公纪	供奉官	团练使	永州防御使	集庆留后	赠感德军节度使

续表

外戚姓名	亲属关系	初授职务	担任团练使	担任防御使	卒时官职	卒后赠官
高世则	高公纪子			康州防御使	感德军节度使，充万寿观使，进开府仪同三司	赠太傅
向经	经女为神宗皇后	虞部员外郎；选经女为妃，改庄宅使	妃为皇后，进光州团练使	濮州防御使	定国军留后	赠侍中
张敦礼	尚英宗女郓国长公主	授左卫将军、驸马都尉		和州防御使	宁远军节度使	赠开府仪同三司
韦渊	显仁太后季弟			忠州防御使	太保、太傅	赠太师

　　《宋史·外戚传》共记载 56 位外戚，其中担任过团练使和防御使的共有 34 位，包括 1 位生前未担任，卒后追赠为防御使的。有 11 位生前仅做过团练使，有 8 位生前仅做过防御使，另有 14 位，生前有多次团练使和防御使的迁转经历。若仅以生前担任团练、防御使计算，则共 33 位，占到入《宋史·外戚传》的外戚总数的 59%，比例很高。表 3-6 中还包括 6 位驸马。宋代"沿汉唐故事，皇祖姑、皇姑为大长公主，皇姊妹为长公主，皇女为公主"。① 宋代选尚公主的驸马，不论之前任何官职或是有无官位，结亲后都将授予诸卫将军。宋神宗熙宁八年之前，不论大长公主、长公主还是公主，初次授封驸马都尉一般均为小将军，如王贻永，王溥之孙。"咸平中，尚郑国公主，授右卫将军、驸马都尉。"② 李遵勖，字公武，崇矩孙，继昌子也。大中祥符间，尚万寿长公主，"授左龙武将军、驸马都尉，赐第永宁里"。③ 另，《长编》中还记载了曹琮孙曹诗尚邠国大长公主，"并授左领军卫大将军、驸马都尉"。④ 在熙宁八年以前，对于驸马选尚公主授官等级未加区分。但之后宋朝有了新规定："驸马都尉选尚公主、长公主并除小将军，下降日，除刺史；选尚大长公主，即除大将军，下降日，除团练使。"⑤ 可见，宋朝对驸马选尚公主、长公主与大长公主有了授官区分，并且在下降日再授予刺

---

① 《宋会要辑稿·帝系八之一》，第 177 页。
② 《宋史》卷四六四《王贻永传》，第 13561 页。
③ 《宋史》卷四六四《李遵勖传》，第 13568 页。
④ 《续资治通鉴长编》卷二七一，熙宁八年十二月丙申，第 6638 页。
⑤ 《宋会要辑稿·帝系八之五〇》，第 204 页。

史或团练使。以后驸马都尉的官职迁转便以刺史、团练使为基础。"成州团练使、驸马都尉宋邦光,操纯守正……可特与转代州防御使。"① 哲宗元祐元年二月诏:"宣州防御使、驸马都尉张敦礼,为密州观察使。"② 由此可见,驸马都尉的一般迁转过程为刺史、团练使、防御使、观察使、留后乃至节度使。一般武官十年迁转一次,同时包括驸马。熙宁八年后,驸马都尉改为七年迁转一次。"国朝武臣,正任十年一迁官。熙宁八年,特诏驸马都尉七年一迁官,乃著于令,非独示优,亦所以杜其非理干请也。"③这种规定不仅为优待驸马的表现,同时也是为杜绝其他理由的升迁请求。虽然,制度规定了驸马都尉的迁转过程及磨勘年限,但是要想执节钺,北宋朝廷还是非常谨慎的。"五季,武夫悍卒,以军功进秩为节度使者,不可数计,而班在卿、监之下。太祖皇帝以节度使受禅,遂重其选,升其班于六曹侍郎之上,此建隆三年三月壬午诏书也。故恩数同执政官,而除拜锁院宣麻尤异焉,非宗室近属、外戚国婿年劳久次,不得为此官。"④

北宋对于外戚、驸马等授予节度使是相当慎重的。据张邦炜先生统计,北宋驸马官至使相的仅为 6 人,高怀德、石保吉、魏咸信、柴宗庆、王贻永、潘正夫;两宋共有公主 88 人,因早逝或出家而未婚者共 58 人,已婚者 30

---

① 《宋会要辑稿·帝系八之五七》,第 208 页。
② 《宋会要辑稿·帝系八之五三》,第 205 页。
③ (宋)王栐:《燕翼诒谋录》卷四,中华书局,1981,第 35 页。
④ (宋)王栐:《燕翼诒谋录》卷一,第 5 页。

人。① 在已婚公主中，北宋 29 人。那么官至使相的 6 位驸马，占到北宋驸马总数的 21%。这 6 位驸马拜为使相，但朝廷中充斥着反对声音。开宝五年，宋太祖二女延庆公主下嫁石保吉。雍熙三年之后，石保吉长期出知大名、定州等河北缘边重要州郡。宋真宗考虑授予石保吉使相之前，咨询了宰相李沆的意见。李沆答道："赏典之行，须有所自。保吉因缘戚里，无攻战之劳，骤据台席，恐腾物议。"后真宗又提及此事，李沆"执奏如初，其事遂寝"。② 李沆去世之后，宋真宗才同意授予石保吉武宁军节度使兼同平章事。通过宋真宗授石保吉使相一事可以看出，宋代士大夫对于外戚势力非常警惕，通过抵制皇帝旨意来制约外戚权力，力图避免产生恶劣的后果。

石保吉之后还有魏咸信、王贻永、柴宗庆、高怀德和潘正夫等 5 位驸马都尉拜为使相，但其过程也较为曲折。如魏咸信因选尚宋太祖三女永庆公主而成为驸马都尉，在边防重镇久经历练，无论在军事边防上还是在内政治理上，都很有作为，如任职贝冀路都部署时，"劲敌之垒，烟火相望。公左实右伪，虚振军声，倍道兼行，直抵边郡。敌亦惮公威名，辟易而退"。魏咸信做澶州知州时，治理当地水患，贡献巨大，"河水湍悍，旧堤回曲，备御告劳，科率为患，乃径凿新渠二十里，以直水势，由是十余年间无衍溢之患"。③ 魏咸信在晚年还想报国恩，上书皇帝请求外任。宋真宗非常感动，于是与宰相向敏中商讨拜

---

① 张邦炜：《宋代皇亲与政治》，第 104—108 页。
② 《续资治通鉴长编》卷五七，景德元年八月丙子，第 1253 页。
③ （宋）夏竦：《文庄集》，《宋集珍本丛刊》第 2 册，第 678—679 页。

魏咸信为使相，"咸信联荣戚里，位居节制，何乃复怀希望！"其后"以建南京奖太祖旧臣"为由，拜魏咸信为使相，"逾年，出判天雄军"。①魏咸信守卫边疆几十年，皇帝想拜其为使相还需要使用心理战术以防宰相反对，足见士大夫对于外戚势力的提防。宋仁宗想拜柴宗庆为节度使，与宰辅们商讨。宰相王曾说："先朝石保吉、魏咸信，皆历行阵有劳，晚方除使相。且将相之任，系国重轻，岂容私请？"在听闻宰辅们的反对意见后，仁宗只好冠冕堂皇地说："朝廷名分，何可妄求？卿等可召宗庆谕之。"②大观二年（1108），潘正夫选尚哲宗二女韩国公主（南渡后改称吴国长公主），正因如此，韩国公主没有被金人掠走北上，幸运南渡。宋高宗初年，吴国长公主为了替潘正夫求得使相，经常入宫给宋高宗施加压力，宋高宗因遭到宰辅反对而没有应允。绍兴九年（1139），潘正夫拜使相，朝臣以祖宗家法之名试图劝阻宋高宗，宋高宗自知理亏，因此下诏说明缘由：潘正夫是哲宗遗留的少数至亲，这是特例，以后其他人拜使相不可以效仿。

　　有宋一代，皇帝对于授予驸马都尉使相是非常谨慎的。一则鉴于汉唐戚里之祸，对于外戚非常忌惮。如天圣元年宋仁宗下诏："驸马都尉等自今不得与清要权势官私第往还。如有公事，即赴中书、枢密院启白。仍令御史台常切觉察，如有违犯，纠举以闻。"③从仁宗开始，朝廷限

① 《续资治通鉴长编》卷八三，大中祥符七年十二月辛酉，第1906页。
② （宋）曾巩撰，王瑞来校证《隆平集校证》卷二《慎名器》，中华书局，2012，第81页。
③ 《宋会要辑稿·帝系八之四八》，第203页。

制外戚和大臣之间的交往活动。皇祐年间，仁宗颁布《一司敕》，严禁驸马都尉与朝廷要臣交往，让这些驸马都尉明白自己的敏感身份，严加自律。二则北宋中期以后，驸马都尉背后的家族势力不再强大，为了凸显皇恩，赐少数驸马为使相，利害关系已没有宋初那么明显。

朝廷对于以驸马为代表的外戚势力的磨勘、迁转也多加限制。治平三年（1066），宋英宗女徐国公主下嫁王师约，朝廷授予王师约为嘉州刺史。仅相隔两年，熙宁元年，王师约升迁为成州团练使。熙宁八年，王师约迁为汝州防御使，其间隔七年。宋神宗下诏曰："诏自今驸马都尉改官及七年，取旨。先是，驸马都尉初无改官法，至是始著为令。后又诏，及七年令尚义吏部磨勘，更不取旨。"① 由此可知，以驸马为代表的外戚武职人员，其磨勘年限高于文资。朝廷通过延长迁转年限来限制外戚的政治职位上升以及经济待遇；另，从"更不取旨"看出朝廷杜绝外戚的"非理由"请官。

由表 3-6 可知，外戚的初授官职一般为武职，且以后的迁转官阶也为武职。"祖宗之法，后族戚里不得任文资。"② 但表中有一例外，马季良娶真宗刘皇后兄刘美之女，成为刘皇后的侄女婿。马季良，家本茶商，初补越州上虞尉，后改秘书省校书郎。仁宗登基，刘太后临朝，"迁光禄寺丞。顷之，擢秘阁校理、同判太常礼院，再迁太子中允、判三司度支勾院，以太常丞、直史馆提举在京

---

① 《续资治通鉴长编》卷二六四，熙宁八年五月壬申，第6463页。
② （宋）李心传：《建炎以来朝野杂记》甲集卷一《宪节邢皇后》，第35页。

诸司库务，擢龙图阁待制。三丞充近职，非故事也。迁尚
书工部员外郎、龙图阁直学士、同知审官院。……会江南
旱，出为安抚使，再迁兵部郎中"。① 因刘太后的关系，马
季良以文资一路升迁，以至"三丞充近职，非故事也"，
朝论哗然。刘太后去世，仁宗亲政，以"祖宗之制，不可
以私恩废"② 之说，"降龙图阁直学士、工部郎中马季良为
濠州防御使，赴本州"。③ 原为虞部员外郎的向经，因其女
被选为神宗藩邸时的王妃，"改庄宅使。帝即位，妃为皇
后，进光州团练使"，④ 后又升迁至潍州防御使、明州观察
使、定国军留后。

　　"保全外戚之道，则莫若赋之禄而使就第"，⑤ 宋人认
为管理外戚，不但要以高爵还要以厚禄，才可使其"不招
权擅事"。⑥ 有的外戚官职升迁受限制，但可以享受高于本
官阶的俸禄，也算安抚之策。李遵勖，崇矩孙，大中祥符
年间，真宗召对便殿，选尚万寿长公主。"领宏州团练使，
真拜康州团练使，给观察使禄。"⑦ 观察使高出团练使两个
官阶，如此算是优待。《长编》中记载了神宗与王安石针
对厚禄以向经的对话：

---

① 《宋史》卷四六三《马季良传》，第 13552 页。
② 《皇宋中兴两朝圣政》卷三，建炎二年正月壬子，第 485 页。
③ 《续资治通鉴长编》卷一一二，明道二年夏四月己未，第 2614 页。
④ 《宋史》卷四六四《向经传》，第 13580 页。
⑤ （宋）张方平：《乐全先生文集》卷七《刍荛论二·主柄论·后妃》，
　《宋集珍本丛刊》第 5 册，第 682 页。
⑥ 吴执中：《上徽宗论郑居中除同知枢密院事》，（宋）赵汝愚：《宋朝
　诸臣奏议》卷三五，第 352 页。
⑦ 《宋史》卷四六四《李遵勖传》，第 13568 页。

上谓王安石曰："御史言向经宅太侈，军士以为一次拜郊钱物止修得一区皇后父宅。"安石曰："向经外戚，至尊贵，但赐一宅，以臣所见，甚不为侈。若军士辄有言，小人陵上乃至此，此风岂可长？臣以为外戚使奉法顺理，不敢为非，足矣。若加恩赐宅如经，有何不可！"①

此番君臣对话道出了宋朝处外戚之法的真谛：养之以丰禄高爵，使其"奉法顺理，不敢为非"，即"足矣"。对于武将家族与北宋皇室的联姻，陈峰先生总结道："北宋赵氏皇室收到了拉拢武将上层的效果，特别是得到了一些重要将帅家族的支持。与此同时，还不断培育出长期参与统军的联姻将门。如石守信、王审琦、吴廷祚、曹彬、李处耘及高琼家族。他们长期把持高级将领之职，形成数世不衰的高门将家。"② 北宋前期，这种世代联姻使得武将家族与北宋皇室的姻盟关系形成，体现了统治者对于武将笼络与戒惕并存，同时也实现了双方稳定的利益格局。

宋仁宗之前对外戚任用的标准是："宋法待外戚厚，其间有文武才谓，皆擢而用之。"③ 太祖朝的武将外戚大都委以重任，或掌一方之政，或领兵出征。雍熙三年冬，契丹扰边，太宗"悉命诸主婿镇要地：王承衍知大名，石保

---

① 《续资治通鉴长编》卷二三九，熙宁五年冬十月丙申，第5818页。
② 陈峰：《北宋皇室与"将门"通婚现象探析》，《文史哲》2004年第3期，第105页。
③ 《宋史》卷四六三《外戚传上》，第13535页。

吉知河阳，咸信知澶州”。① 雍熙四年，“太宗尝驿召边将潘美、田重进、崔翰、王承衍等入对，并召在京掌兵将帅，访以备边之策，帝又亲为规则，为此图以示之”。② 太祖朝，外戚对地方治理的贡献巨大，如朝廷想将石保吉由地方调回中央任职，地方百姓上书挽留，“部民上治状，乞还镇所，诏奖谕之，仍从其请”。③ 魏咸信治理地方水患，贡献巨大，“乃径凿新渠二十里，以直水势，由是十余年间无衍溢之患”。④ 自仁宗朝以后，外戚“不畀事权”。元符三年（1100），王师约担任枢密院都承旨，与禁止外戚掌权要的规则相违背，于是，陈瓘多次弹劾：“臣伏见驸马都尉王师约，近除枢密院都承旨，非祖宗用人之法，违神考设官之意。”⑤ 徽宗解释：“批除王师约枢密都承旨，皇太后之意也。”⑥ 崇宁二年，宋徽宗发布诏令：“其自今勿复援忠彦例，以戚里宗属为三省执政官，世世守之，著为甲令。”⑦ 由此，外戚不可任执政官成为宋朝祖宗家法之一。

　　宋朝统治集团对于外戚的限制体现了“事为之防，曲为之制”的治国理念。首先，朝廷通过制度设计限制外戚出任使相、军职、侍从和转文资，并且延长其磨勘年限，严禁

---

① 《宋史》卷二四九《魏咸信传》，第 8805 页。

② （宋）王应麟：《玉海》卷二四三《阵法》，第 2737 页。

③ 《宋史》卷二五〇《石保吉传》，第 8813 页。

④ （宋）夏竦：《文庄集》卷二九《故保平节度使同中书门下平章事驸马都尉赠中书令魏公墓志铭》，《宋集珍本丛刊》第 2 册，第 679 页。

⑤ （明）黄淮、杨士奇：《历代名臣奏议》卷一四一《乞罢王师约枢密都承旨》，第 1846 页。

⑥ （宋）邵伯温：《邵氏闻见录》卷五，中华书局，1983，第 44 页。

⑦ 《宋会要辑稿·职官一之三〇》，第 2955 页。

结交朝廷要臣，以此来降低其政治威胁。其次，文人士大夫集团兴起，其以天下为己任，在面对违背祖宗之法事件时，可以有效地制约皇权。程民生先生认为："士大夫制约皇权的直接有效的方式，即抵制、拒不执行皇帝的命令。……士大夫的缴诏封驳行为，制止了皇帝轻率或荒唐的旨意，避免了恶劣后果的产生，杜绝了更多的非分企图，在一定范围内有效地约束了皇权。"①

第四节　中高级武将

北宋时期，高度重视对于武将的统治，形成了具有鲜明时代特征的御将之策。"崇文抑武"的基本方略在宋太祖朝形成，经太宗朝发展，并为以后诸帝继承，既限制与压制高级武将，又进行经济收买及给予一定的社会地位。宋太祖开国后，授予武将节度—刺史系的官位。张演评述了北宋时期的武阶官制度：

> 宋朝之待武臣也，厚其禄而薄其礼。凡贵于正任，重于管军，要在横行，近在承旨、御带，宠在阁职。设遥郡以赏劳绩，设使臣以别禄秩，此武臣之名分也。以节度使、留后、观察、防御、团练使、刺史为正任；以殿前马、步军副都指挥使，三衙都虞候，天武、捧日、龙武、神卫四厢都指挥使为管军；以内

---

① 程民生：《论宋代士大夫政治对皇权的限制》，《河南大学学报》（社会科学版）1999 年第 3 期，第 60—61 页。

客省使，客省、引进、四方馆、东西上阁门使副为横行；以通事舍人、阁门祗候为阁职；以横行使及诸州带防御、团练使，刺史为遥郡；以诸司使副、内殿承制、崇班为大使臣，供奉官、侍禁、殿直、供奉职为小使臣。自遥郡而上本俸皆厚，其使臣本禄虽稍薄，而添支给券皆优。若朝谒御燕，惟正任预焉，盖正任方号武臣，得与文臣分班也，管军臣僚号侍卫，横行、大使臣皆为祗应官尔，此所谓薄其礼也。①

宋代，武阶官正任、遥郡、横行及大小使臣这一序列并无大的变化。现依据《宋史》中《列传》《忠义传》《佞幸传》《叛臣传》中关于武将人物的记载，对北宋武将任职防御使、团练使情况进行统计（含遥郡官），因宗室与外戚分别论述，暂不考虑（见表3-7）。

北宋武将出身较复杂，按照陈峰先生的分类方法，将武将出身分为武将世家、军班行伍、潜邸亲随、外戚、文人文官从军、武举选拔、蕃将、吏人出职及其他等。② 根据表3-7所统计，北宋时期任防御、团练两使的武官共有228人（包含遥郡），其中出身武将世家的100人，包含魏咸信、石保兴、韩重赟、韩崇训、王彦升、韩伦、慕容德丰、符昭愿、符昭寿、王廷义、侯延广、李继偓、王凯、潘美、尹崇珂、刘廷让、崔彦进、张廷翰、皇甫继明、张琼、曹翰、杨信、杨嗣、党进、李汉琼、刘遇、李怀忠、

---

① （宋）章汝愚：《群书考索·后集》卷二一《官门·张演论》，第564页。
② 陈峰：《北宋武将群体与相关问题研究》（增订本），人民出版社，2021，第2页。

表3-7 《宋史》所载北宋武将任团练使、防御使情况

姓名	初授官职	担任团练使	担任防御使	卒时官职	卒后赠官	史料来源
魏咸信	朝散大夫、太子右坊通事舍人		太平兴国初，真拜吉州防御使	陕州大都督府长史、保平军节度	赠中书令	卷二四九
魏昭亮	如京副使	西上阁门使、恩州团练使	昭亮未死日，求进用，加兼端州防御使	端州防御使	赠贝州观察使	卷二四九
石保兴	供奉官	守信卒，领本州团练使；淳化五年，真拜蕲州团练使	咸平三年，棣州防御使	棣州防御使		卷二五〇
石保吉	天平军衙内都指挥使		太平兴国初，迁爱州防御使	镇安军节度，检校太师	赠中书令	卷二五〇
王承衍	牙职		领恩州刺史，加本州防御使	河中尹、护国军节度，加检校太尉	赠中书令	卷二五〇
王师约	左卫将军	成州团练使	汝州防御使			卷二五〇
韩重赟	周广顺初，补左班殿直副都知		宋初，擢为龙捷左厢都校，领永州防御使	彰德军节度	赠侍中	卷二五〇

续表

姓名	初授官职	担任团练使	担任防御使	卒时官职	卒后赠官	史料来源
韩崇训	供奉官		大中祥符二年，授左龙武军大将军，领韶州防御使	以本官分司西京卒		卷二五〇
韩崇业	供奉官	咸平四年，改左屯卫大将军，领高州团练使		左屯卫大将军，领高州团练使		卷二五〇
		恩州团练使，领铁骑左厢都指挥使		防州防御使		卷二五〇
王彦升	后唐时补东班承旨	乾德初，迁申州团练使	开宝二年，改防州防御使			
韩伦	宋初，拜磁州刺史	亳州团练使	乾德四年，亳州防御使	亳州防御使		卷二五一
蔡德丰	山南东道衙内指挥使	颖州团练使，知贝、瀛二州		颖州团练使		卷二五一

续表

姓名	初授官职	担任团练使	担任防御使	卒时官职	卒后赠官	史料来源
符昭愿	周广顺中，以荫补天雄军牙职，俄领兴州刺史	黎州团练使	黎州防御使	黎州防御使	赠镇东军节度	卷二五一
符昭寿	初补供奉官	咸平初，迁凤州团练使，益州钤辖		凤州团练使		卷二五一
王廷义	供奉官	开宝二年，加领横州团练使		横州团练使	赠建雄军节度	卷二五二
郭承祐	西头供奉官	进六宅使、黎州团练使		建武军节度使	赠太尉	卷二五二
折御勋	右职	汾州团练使、权知府州事		泰宁军节度使	赠侍中	卷二五三
折惟忠	西头供奉官	简州团练使		起复云麾将军卒	特赠惟忠耀州观察使	卷二五三
折继祖	右班殿直	皇城使、成州团练使		加解州防御使卒		卷二五三
折继世	延州东路巡检	左骐骥使、果州团练使		左骐骥使、果州团练使		卷二五三

续表

姓名	初授官职	担任团练使	担任防御使	卒时官职	卒后赠官	史料来源
折可大		荣州团练使、知府州				卷二五三
折可适	补殿侍，隶延州	皇城使、成州团练使、知岷兰镇戎军	东上閤门使、泾州防御使、泾原铃辖、知州事，真拜和州防御使	拜淮康军节度使		卷二五三
王承美	丰州牙内指挥使	丰州团练使	景德初，丰州防御使	丰州防御使	大中祥符五年，卒，赠恩州观察使	卷二五三
侯延广	补牙职	至道间，拜宁州团练使、知灵州兼兵马都部署		宁州团练使、知灵州兼兵马都部署		卷二五四
李继偓	周显德末，补内殿直	龙卫右厢都指挥使、领本州团练使	内外马步军都军头、领恩州防御使			卷二五四
赵延溥	周显德中，以父任补左班殿直。宋初，为铁骑指挥使	责授磁州团练使	磁州防御使	蔚州观察使	赠天德军节度	卷二五四

续表

姓名	初授官职	担任团练使	担任防御使	卒时官职	卒后赠官	史料来源
王凯	三班奉职	神龙卫四厢都指挥使、泽州团练使	捧日天武四厢防御使，绵州防御使	拜武胜军节度留后，侍卫亲军马军副都指挥使	赠彰武军节度使	卷二五五
康延沼	幼隶后唐明宗帐下		建隆四年，改怀州防御使	怀州防御使		卷二五五
赵承煦		成州团练使				卷二五六
吴元扆	左卫将军	爱州团练使		武胜军节度、大傅	赠中书令	卷二五七
王仁赡	牙校		太平兴国七年，唐州防御使	唐州防御使		卷二五七
李继隆	供奉官	平李继迁叛，改领环州团练使	侍卫马军都虞候、武州防御使	山南东道节度开府仪同三司	中书令	卷二五七
李继和	供奉官		景德年间，擢殿前都虞候、领端州防御使	端州防御使	赠镇国军节度	卷二五七
曹璨	供奉官	武州团练使；入为枢密都承旨，改领亳州团练使	契丹人寇，领康州防御使	河阳节度使、同平章事	赠中书令	卷二五八

续表

姓名	初授官职	担任团练使	担任防御使	卒时官职	卒后赠官	史料来源
曹玮	牙内都虞候	引进使、英州团练使	迁客省使、康州防御使	彰武军节度使	赠侍中	卷二五八
曹琮	阁内都指挥使	卫州团练使	秦州防御使	马军副都指挥使、定国军节度观察留后	赠安化军节度使兼侍中	卷二五八
曹佺			皇城使、嘉州防御使			卷二五八
潘美	典谒	平李重进，以功授泰州团练使	时湖南叛将汪端既平，乃授美潭州防御使	忠武军节度，进封韩国公，加同平章事	赠中书令	卷二五八
		开宝三年，征岭南，俄加领武州团练使				
郭守文	宋初，迁西头供奉官	雍熙二年，俄加领武州团练使		北面行营都部署兼镇定、高阳关两路排阵使	赠侍中	卷二五九
郭崇仁		解州团练使				卷二五九

续表

姓名	初授官职	担任团练使	担任防御使	卒时官职	卒后赠官	史料来源
尹崇珂	后周时，东西班都知	荆湘平，授朗州团练使		保信军节度	赠侍中	卷二五九
刘廷让	广顺初，朴内殿直押班		宋初，转江州防御使，领龙捷右厢	宁江军节度	赠太师	卷二五九
崔彦进	广顺初，朴卫士	宋初，领果州团练使	征李筠，迁常州防御使	保静军节度	赠侍中	卷二五九
张廷翰	初为汉祖亲校	从平扬州，领果州团练使；转龙捷左厢都指挥使、领春州团练使		蜀平，授侍卫马步军都虞候、领彰国军节度	赠侍中	卷二五九
皇甫继明	殿前指挥使		端拱二年，转龙、神卫四厢都指挥使，领罗州防御使		赠彰武军节度	卷二五九
张琼	典禁军		嘉州防御使			卷二五九
曹翰	供奉官	征西蜀后，迁蔡州团练使		左千牛卫上将军	赠太尉	卷二六〇

续表

姓名	初授官职	担任团练使	担任防御使	卒时官职	卒后赠官	史料来源
杨信	宋初，权内外马步军副都军头		迁殿前都虞候，领汉州防御使	太平兴国二年，改镇宁军节度使，并领殿前都指挥使	赠侍中	卷二六〇
杨嗣	建隆初以信荐为殿直	授奖州团练使		大中祥符六年，以左龙武大将军致仕		卷二六〇
党进	周广顺初，补散指挥使	迁马步军副都军头，领虔州团练使	改虎捷右厢都指挥使，领睦州防御使	太平兴国二年忠武军节度	赠侍中	卷二六〇
李汉琼	晋末，补西班卫士	澄州团练使	转虎捷左厢都指挥使，领融州防御使	彰德军节度，检校太尉	赠中书令	卷二六〇
刘遇	广顺初，补控鹤都头	累迁控鹤右厢都指挥使，领琼州团练使	从征太原，以功迁虎捷右厢，改领蔚州防御使	保静军节度	赠侍中	卷二六〇
李怀忠	散都头	富州团练使	太宗即位，改领富州防御使	侍卫步军都虞候，领大同军节度	赠侍中	卷二六〇
米信	殿前指挥使	太宗即位，领高州团练使		判左右金吾街仗事	赠横海军节度	卷二六〇

续表

姓名	初授官职	担任团练使	担任防御使	卒时官职	卒后赠官	史料来源
刘廷翰	殿前指挥使	太宗即位，迁右厢都指挥使，领本州团练使		大名尹、天雄军节度	赠侍中	卷二六○
刘赞明		皇城使、勤州团练使				卷二六○
崔翰	补牙军使	端州团练使		镇安军节度使	赠侍中	卷二六○
张禹珪	东西班承旨	洺州团练使		四厢之职		卷二六一
刘几	将作监主簿，后第进士	嘉州团练使		秘书监致仕		卷二六二
张宗诲	秘书省正字		兴州防御使	以秘书监致仕		卷二六三
马令琮	晋开运二年，拜隰州刺史	怀州团练使		怀州团练使		卷二七一
张廷翰	牙校	冀、亳二州团练使				卷二七一
周广	牙校	乾德三年，迁潘州团练使		右屯卫大将军，潘州团练使		卷二七一
石曦	右神武将军	诚州团练使		右龙武军大将军		卷二七一

续表

姓名	初授官职	担任团练使	担任防御使	卒时官职	卒后赠官	史料来源
张藏英	关南都巡检使	宋初，迁瀛州团练使，并护关南军		瀛州团练使		卷二七一
陆万友			宋初，历沂、蕲二州防御使。乾德四年，改汝州。江南平，为和州防御使	雍熙二年，改右监门卫大将军，充河阴兵马都监		卷二七一
解晖	奉国军队长	刘继元降，以功迁高州团练使，知霸州		右千牛卫上将军		卷二七一
郭廷谓	殿前承旨		乾德二年，代还，改绛州防御使	静江军节度观察留后		卷二七一
辅超	小校	真宗即位，加领奖州团练使，真拜莱州团练使		莱州团练使		卷二七一
杨延昭	供奉官	契丹众大败，进莫州团练使	莫州防御使	莫州防御使		卷二七二
杨文广	殿直	治平中，擢成州团练使	迁兴州防御使	兴州防御使	赠同州观察使	卷二七二

姓名	初授官职	担任团练使	担任防御使	卒时官职	卒后赠官	史料来源
荆罕儒	密州刺史		建隆初，升郑州防御，以罕儒为使	郑州防御使		卷二七二
荆嗣	控鹤卒	咸平三年，澄州团练使；五年，复拜蔡州团练使	大中祥符七年，改虢州防御使、邠宁环州防御使、邠宁环州副部署	虢州防御使、邠宁环庆副部署		卷二七二
曹光实	永平军节度管内捕盗游奕使	太平兴国二年，迁唐州团练使；五年，改汝州团练使		汝州团练使		卷二七二
张晖	隶控鹤军	华州团练使		西川行营先锋都指挥使		卷二七二
司超	小校		舒州防御使 蔡州防御使 绛州防御使 郑州防御使 蕲州防御使	蕲州防御使		卷二七二

续表

姓名	初授官职	担任团练使	担任防御使	卒时官职	卒后赠官	史料来源
李进卿	兴顺军校	铁骑左厢都指挥使，领乾州团练使。乾德初，改汉州团练使。二年，领澄州团练使		步军都指挥使，领静江军节度	赠侍中	卷二七三
李延渥	供奉官	景德年间，大中祥符八年，拜瀛州团练使；以疾换右领军卫大将军，领濮州团练使		左武卫大将军致仕		卷二七三
杨美	禁军大校	蜀平，领恩州团练使	开宝二年，改领端州防御使		赠侍中	卷二七三
何继筠	殿直	建隆二年，棣州团练使	乾德四年，棣州防御使	建武军节度	赠侍中	卷二七三
何承矩	幼为棣州衙内指挥使	英州团练使 真拜雄州团练使 齐州团练使		齐州团练使	特赠相州观察使	卷二七三

续表

姓名	初授官职	担任团练使	担任防御使	卒时官职	卒后赠官	史料来源
李汉超	殿前指挥使	领恩州团练使	从平李重进，寻迁齐州防御使兼关南兵马都监	太平兴国初，迁应州，判齐州，仍为关南巡检	赠太尉、忠武军节度	卷二七三
郭进			建隆初，太祖亲征泽、潞，迁洛州防御使	太平兴国初，领云州，观察使，判邢州，仍兼西山巡检	赠安国军节度	卷二七三
牛思进		改本州团练使		右千牛卫上将军致仕		卷二七三
李谦溥	殿直	开宝三年，济州团练使		济州团练使		卷二七三
李允正		大中祥符三年，河州团练使		河州团练使		卷二七三
马仁瑀		虎捷左厢都指挥使，领扶州团练使	从平泽、潞，领常州防御使；建隆二年，改领岳州防御使，仁瑀为密州防御使；开宝四年，迁瀛州防御使	朔州观察使	赠河西军节度	卷二七三

续表

姓名	初授官职	担任团练使	担任防御使	卒时官职	卒后赠官	史料来源
王继勋	牙校	宋初，迁磁州团练使				卷二七四
梁迥	吏部小史	江南平，以功领顺州团练使	唐州防御使 汾州防御使	隰州刺史，押阵部署		卷二七四
田钦祚	殿直	睦州团练使 房州团练使 鄂州团练使		鄂州团练使		卷二七四
翟守素	殿直	商州团练使		商州团练使		卷二七四
刘福	怀德指挥使	马步都军头、武州团练使	洛州防御使	淳化初，迁凉州观察使，判雄州事		卷二七五
安守忠	牙内指挥使	每西戎犯边，录功就拜濮州团练使	雄州防御使兼本州兵马部署 端拱中，兼高阳关都部署，迁瀛州防御使	感德军节度观察留后	赠太尉	卷二七五

续表

姓名	初授官职	担任团练使	担任防御使	卒时官职	卒后赠官	史料来源
孔守正	东西班承旨	长州团练使	颍州防御使 振州防御使	彰德军留后	赠泰宁军节度使	卷二七五
谭延美	殿前散都头		蕲州防御使 亳州防御使	左领军卫上将军致仕	赠建武军节度	卷二七五
元达	御龙直队长	雍熙年间,领妫州团练使		幽州刺史	赠昭化军节度	卷二七五
尹继伦	殿直	淳化初,长州团练使 淳化五年,深州团练使		灵、庆兵马副都部署		卷二七五
薛超	虞候	淳化初,领澄州团练使		澄州团练使		卷二七五
丁罕	指挥使	奖州团练使 泽州团练使、知霸州		密州观察使		卷二七五

续表

姓名	初授官职	担任团练使	担任防御使	卒时官职	卒后赠官	史料来源
赵赞	龙卫指挥使	镇州团练使			赠归义军节度使	卷二七五
李斌	御龙直指挥使	溪州团练使		桂州观察使		卷二七五
		莱州、洺州团练使				
刘谦	宋初，正许州龙卫副指挥使	捧日左厢都指挥使，领勤州团练使	捧日、天武四厢都都指挥使，领勤州防御使；侍卫马军都虞候，改领诃州防御使	都指挥使，移领保静军节度	赠侍中	卷二七五
王继升	供奉官	端拱初，改领顺州团练使				卷二七六
王昭远	殿前指挥使	襄州驻泊都监，俄授泽州团练使、洺州都部署	端拱初，召为殿前都虞候，领勤州防御使	保静军节度使	赠太尉	卷二七六
王宾	东头供奉官、亳州监军	滨州团练使		滨州团练使		卷二七六

续表

姓名	初授官职	担任团练使	担任防御使	卒时官职	卒后赠官	史料来源
马全义	出身行伍	果州团练使	迁虎捷左厢都校，领睦州防御使；改龙捷左厢都校，领江州防御使	江州防御使	赠检校太保、大同军节度使	卷二七八
马知节	供奉官		大中祥符七年，出为颍州防御使	除彰德军留后，知贝州兼部署	赠侍中	卷二七八
王超			怀州防御使			卷二七八
王德用		迁捧日左厢都指挥使、英州团练使；天圣初，以博州团练使	龙神卫、捧日、天武四厢都指挥使，康州防御使、侍卫亲军步军马军都虞候	桂州、福州观察使	赠太尉、中书令	卷二七八
王咸融			左藏库使，眉州防御使			卷二七八
傅潜	殿前左班	捧日右厢都指挥使、领富州团练使	迁日骑、天武左右厢都指挥使，领云州防御使；内外马步都军头，领潘州防御使	大中祥符四年，迁左监门大将军		卷二七九

续表

姓名	初授官职	担任团练使	担任防御使	卒时官职	卒后赠官	史料来源
戴兴	御马左直	改天武左厢都指挥使，领胜州团练使	侍卫步军都虞候，领云州防御使	左金吾街仗（降职）	赠太尉	卷二七九
王汉忠	殿前指挥使	端拱初，出为宾州团练使		左屯卫上将军	赠太尉	卷二七九
王能	内殿直	咸平初，自棒日右厢都指挥使出为济州团练使	景德初，擢济州防御使	彰信军节度	赠太尉	卷二七九
张凝		咸平四年，加宁州团练使	景德初，迁宁州防御使	宁州防御使	赠彰德军节度	卷二七九
		咸平五年，郑州团练使	拜防御使，复出为宁边军路部署			卷二七九
魏能	散员左班都知	黄授右羽林将军后，转康州团练使		康州团练使		

续表

姓名	初授官职	担任团练使	担任防御使	卒时官职	卒后赠官	史料来源
陈兴	御龙右直	景德三年，迁棣州团练使，知徐州	大中祥符初，召为龙神卫四厢都指挥使，领登州防御使。坐擅释劫盗，改叙州防御使，罢军职，改叙州防御使	叙州防御使，知怀州		卷二七九
许均	武骑十将	擢为磁州团练使		磁州团练使		卷二七九
张进	控鹤官	天武右厢都指挥使，领贺州团练使	咸平初，迁昭州防御使	昭州防御使		卷二七九
李重贵	殿前指挥使	改捧日右厢都指挥使，至道二年，出为卫州团练使	真宗即位，加卫州防御使；以疾甚，授左武卫大将军，领潘州防御使	左羽林军大将军致仕		卷二七九
呼延赞	东班长	康州团练使		康州团练使		卷二七九
刘用		真宗即位，加祁州团练使		祁州团练使，邢州部署		卷二七九

续表

姓名	初授官职	担任团练使	担任防御使	卒时官职	卒后赠官	史料来源
周仁美	贝州骁捷军	景德中，出为磁州团练使	景德八年，卫四厢都指挥，擢为龙神卫四厢都指挥，领奖州防御使，迁棒日，天武四厢都指挥使，改领端州防御使	端州防御使		卷二七九
田绍斌	骁武副指挥使	溪州团练使	端拱元年，拜冀州防御使	左领军卫大将军，领康州团练使，巩县都监		卷二八〇
		迁左领军卫大将军、康州团练使，巩县都监	真宗即位，改莱州防御使			
王荣	殿前指挥使	累迁龙卫都指挥使，领罗州团练使	真宗即位，授滨州防御使			卷二八〇

续表

姓名	初授官职	担任团练使	担任防御使	卒时官职	卒后赠官	史料来源
王荣	殿前指挥使	郊祀，改左龙武军，领达州团练使		昌州防御使		卷二八〇
杨琼	御龙直	左领军卫大将军，领贺州团练使	大中祥符中迁左左卫大将军，领昌州防御使；改防御使，灵庆路副都部署，河外都巡检使	左领军卫大将军，知兖州，领兖州贺州团练使		卷二八〇
钱守俊	禁卫	淳化三年，出为单州团练使；又明年，改迁齐州	授左领军卫大将军，领潭州防御使，权金吾街仗	潭州防御使		卷二八〇
徐兴	御龙直		端拱中，改莫州防御使，知静戎军，历祁、博二州	左监门卫大将军		卷二八〇
李重睿		澄州团练使				卷二八〇
白守素	东班承旨	合州团练使				卷二八〇

续表

姓名	初授官职	担任团练使	担任防御使	卒时官职	卒后赠官	史料来源
冯行己	右侍禁		以卫州防御使致仕	终金州观察使		卷二八五
冯伸己	右侍禁	果州团练使		右武卫大将军、守本官分司西京		卷二八五
高琼	御龙直指挥使	神卫右厢都指挥使，领西州团练使 / 天武右厢都指挥使，领蓟州团练使 / 领富州团练使	单州防御使	检校太尉、忠武军节度	赠侍中	卷二八九
高继勋	右班殿直	西上阁门使、昭州团练使 / 知襄州、领果州团练使 / 真授陇州团练使，知雄州	擢奉日天武四厢都指挥使、连州防御使	信军节度使		卷二八九

续表

姓名	初授官职	担任团练使	担任防御使	卒时官职	卒后赠官	史料来源
高继宣	西头供奉官	擢揲日天武四厢都指挥使、恩州团练使，知并州	迁眉州防御使	眉州防御使		卷二八九
范廷召	殿前指挥使	日骑右厢都指挥使，领费州团练使	端拱初，出为齐州防御使；数月，授揲日天武四厢都指挥使，领澄州防御使	河西军节度	赠侍中	卷二八九
葛霸	殿前指挥使	端拱初，出为博州团练使		昭德军节度，知耀州	赠太尉	卷二八九
葛怀正		博州团练使				卷二八九
葛怀敏	西头供奉官	改莱州团练使	擢龙神卫四厢都指挥、眉州防御使	眉州防御使	镇戎军节度使	卷二八九
曹利用	补殿前承旨，改右班殿直		客省使、嘉州防御使			卷二九〇
曹继颙	左班殿直		龙神卫四厢都指挥使、端州防御使	端州防御使		卷二九〇

续表

姓名	初授官职	担任团练使	担任防御使	卒时官职	卒后赠官	史料来源
张耆	西头供奉官	昭州团练使,并代州钤辖	英州防御使,侍卫亲军马军都虞候;从帝东封,迁绛州防御使,殿前都虞候	太子太师	赠太师兼侍中	卷二九〇
张利一	供奉官	西上阁门使、嘉州团练使,雄州团练使		雄州团练使		卷二九〇
张希一	引进使		均州防御使	均州防御使提举崇福宫		卷二九〇
杨崇勋	东西班承旨		英州防御使为马军都虞候	坐其子宗诲纳赇枉法,以左卫上将军致仕,改太子太保	赠太尉	卷二九〇
夏守恩	西头供奉官		泰州防御使	除名连州编管		卷二九〇
夏随	茶酒班殿侍	出知卫州,真拜韶州团练使	徙邠州,迁泰州防御使	耀州观察使	赠昭信军节度使	卷二九〇
狄青	散直	捧日天武四厢都指挥使、惠州团练使	侍卫步军殿前都虞候、眉州防御使	同中书门下平章事	中书令	卷二九〇

姓名	初授官职	担任团练使	担任防御使	卒时官职	卒后赠官	史料来源
张玉		嶰州团练使	昭州防御使	宣州观察使	赠建雄留后	卷二九〇
李溥	三司小吏	奖州团练使		千牛卫将军致仕		卷二九九
上官正	郇州摄官	峰州团练使；徒高阳关副都部署，真拜洺州团练使	以正知贝州，迁洺州防御使；授左龙武军大将军、平州防御使，分司西京	平州防御使		卷三〇八
裴济	殿直	李继迁迁叛，以济领顺州团练使，知灵州兼都部署		顺州团练使	特赠镇江军节度	卷三〇八
张昫	牙职	大中祥符九年，加领昭州团练使，知鄜州		西上阁门使		卷三〇八
王延德		端拱初，领蓟州团练使	至道二年，加领平州防御使	平州防御使	赠邕州观察使	卷三〇九
王应昌		庄宅使、端州团练使				卷三〇九

续表

姓名	初授官职	担任团练使	担任防御使	卒时官职	卒后赠官	史料来源
程德玄	翰林使	迁领代州团练使	加领代州防御使	代州团练使	特赠郑州防御使	卷三〇九
王延德	殿前承旨	淳化三年，改代州团练使，知邠州		左千牛卫上将军		卷三〇九
阎日新	牙职	咸平初，出为舒州团练使，知郓州；改右领军卫大将军，昭州团练使，知单州		昭州团练使		卷三〇九
钱晦		东上阁门使，贵州团练使	忠州防御使，知河中府；改颍州防御使；为秦凤路马步军总管历霸州防御使	群牧副使		卷三一七
蔚昭敏	龙卫副都虞候	唐州团练使，累迁至殿前副都指挥使		保静军节度使	赠侍中	卷三二三
高化	御龙弩直双员都头	天武右厢都指挥使	仁宗嘉之，进神龙卫四厢都指挥使，龚州防御使，改兴州防御使，真定路副都总管	右屯卫上将军	赠太尉	卷三二三

续表

姓名	初授官职	担任团练使	担任防御使	卒时官职	卒后赠官	史料来源
周美	宿卫	进梼日、天武四厢都指挥使、陵州团练使	侍卫亲军马军殿前都虞候、眉州防御使	授耀州观察使、又进马军副都指挥使	赠忠武军节度使	卷三二三
孟元	少隶禁军	龙神卫四厢都指挥使、忠州团练使、高阳关马步军总管	步军都虞候、眉州防御使、并代路副都总管	马军都虞候、徙鄜延路	赠遂州观察使	卷三二三
刘谦	卫士	嘉州团练使兼京城巡检				
		博州团练使、环庆路马步军总管兼知邠州	龙神卫四厢都指挥使、象州防御使	龙神卫四厢都指挥使、象州防御使	赠永清军观察留后	卷三二三
			知环州、累迁象州防御使			
赵振	军兵行伍	白州团练使、知绛州		左神武军大将军		卷三二三
		复右武卫将军、惠州团练使、并代路兵马钤辖				
		迁副总管、祁州团练使	博州防御使			

续表

姓名	初授官职	担任团练使	担任防御使	卒时官职	卒后赠官	史料来源
张忠	初隶禁军	天武右厢指挥使、潮州团练使 真拜齐州团练使		齐州团练使、澶州总管		卷三二二
范恪	少隶军籍于许州		解州防御	保信军节度观察留后、永兴军路副都总管	赠昭化军节度使	卷三二二
马怀德	三班奉职	四方馆使、舒州团练使	卫亲军步军都虞候、象州防御使、鄜延路副都总管	静难军节度观察留后	赠安远军节度使	卷三二二
安俊	资善堂祗候	果州团练使、环庆路副总管	侍卫步军都虞候、陵州防御使	侍卫步军都虞候、陵州防御使	赠闽州观察使	卷三二二
向宝	御前忠佐	龙神卫四厢都指挥使、嘉州团练使		龙神卫四厢都指挥使、嘉州团练使		卷三二三
石普	给事太宗邸中	洛苑使、富州团练使 冀州团练使		左卫大将军分司西京		卷三二四

续表

姓名	初授官职	担任团练使	担任防御使	卒时官职	卒后赠官	史料来源
张孜	三班奉职	恩州团练使、真定路兵马钤辖				卷三二四
		单州团练使、龙神卫四厢都指挥使	济州防御使、侍卫马军都虞候	宁远军节度使	赠太尉	
许怀德	东西班班殿侍	凤州团练使				
		陵州团练使、本路副都总管		宁远军节度使	赠侍中	卷三二四
			康州防御使			
李允则	衙内指挥使	四方馆引进使、高州团练使	仁宗即位，领康州防御使	康州防御使		卷三二四
张亢	进士及第，为广安军判官、应天府推官	果州团练使、知瀛州	眉州防御使	客省使、眉州防御使、徐州总管		卷三二四
		引进使、果州团练使	眉州防御使、真定府路副都总管			

续表

姓名	初授官职	担任团练使	担任防御使	卒时官职	卒后赠官	史料来源
赵滋	三班奉职	龙神卫四厢都指挥使，嘉州团练使	英宗即位，领端州防御使，步军都虞候	端州防御使，步军都虞候	赠遂州观察使	卷三二四
刘平	进士及第，补无锡尉	忻州团练使，知成德军	龙神卫四厢都指挥使，永州防御使，知定州	步军副都指挥使，江宁军节度观察留后，静	赠朔方军节度使兼侍中	卷三二五
任福	卫士	忻州团练使，鄜延路副总管，管勾延州东路蕃部事	龙神卫四厢都指挥使，贺州防御使	贺州防御使，侍卫马军都虞候	福武胜军节度使兼侍中	卷三二五
王仲宝	刑部史	四方馆使，领濮州团练使	磁州防御使知代州	左屯卫大将军		卷三二五
景思立	以荫主渭州泾平砦	四方馆使，河州团练使	引进使，忠州防御使，知河州	引进使，忠州防御使，知河州		卷四五二
王信	补龙、神卫指挥使		马步军都虞候，象州防御使	感德军节度观察留后	赠武宁军节度使兼侍中	卷三二六
蒋偕	举进士，补韶州司理参军	依智高反，除宫苑使，韶州团练使，为广南东西路钤辖		北作坊使，忠州刺史	赠武信军节度观察留后	卷三二六
张忠	教骏	依智高反，领英州团练使		英州团练使		卷三二六

续表

姓名	初授官职	担任团练使	担任防御使	卒时官职	卒后赠官	史料来源
田敏	易州牙吏	涿州团练使 虢州团练使知隰州	迁郑州防御使、泾原路总管 降左屯卫大将军、昭州防御使 环庆路都总管、仪州防御使	环庆路都总管、仪州防御使		卷三二六
康德舆	三班奉职	果州团练使、知冀州		果州团练使、知冀州		卷三二六
张昭远	左班殿直		捧日天武四厢都指挥使、新州防御使 步军马军都虞候、嘉州防御使，知代州 莫州防御使 左龙武军大将军、昭州防御使	左龙武军大将军、昭州防御使	赠应州观察使	卷三二六

续表

姓名	初授官职	担任团练使	担任防御使	卒时官职	卒后赠官	史料来源
王韶	第进士，调新安主簿	以功进威州团练使、熙河经略安抚	邳州防御使	邳州防御使	赠宁远军节度使	卷三二八
高永能	行伍	四方馆使、荣州团练使		四方馆使、荣州团练使	赠房州观察使	卷三三四
沈起	进士高第，调滁州判官	团练使		团练使		卷三三四
陶弼	阳朔主簿	郭逵南征，转邕康州团练使、复知邕州		东上阁门使		卷三三四
林广	内殿崇班		卫州防御使、马军都虞候		卫州防御使、马军都虞候	卷三三四
种世衡	将作监主簿			侍禁、阁门祗候	赠成州团练使	卷三三五
种谔	左藏库副使	迁凤州团练使、龙神卫四厢都指挥使		阁门祗候、知延州		卷三三五
种谊	熙河副将	东上阁门使、保州团练使		东上阁门使、保州团练使		卷三三五

续表

姓名	初授官职	担任团练使	担任防御使	卒时官职	卒后赠官	史料来源
种师道	三班奉职		龙神卫四厢都指挥使、洛州防御使、知渭州	检校少保、静难军节度使、京畿河北制置使	赠开府仪同三司	卷三三五
郝质	殿前行门	英州团练使	眉州防御使	节安武军，为都指挥使	赠侍中	卷三四九
刘昌祚	右班殿直	西上阁门使、果州团练使 进步军都虞候、雄州团练使、知渭州		武康军节度使	赠开府仪同三司	卷三四九
卢政	供奉官	祁州团练	昌州防御	拜武泰军节度使	赠开府仪同三司	卷三四九
燕达	内殿崇班		荣州防御使	武信军节度使	赠开府仪同三司	卷三四九
姚兕	右班殿直	忠州团练使，进副总管 真拜通州团练使		真拜通州团练使	赠忠州防御使	卷三四九

续表

姓名	初授官职	担任团练使	担任防御使	卒时官职	卒后赠官	史料来源
姚麟	皇城使	威州团练使、龙神卫四厢都指挥使		节度建雄、定武军、检校司徒	赠开府仪同三司	卷三四九
姚雄	泾原、秦凤将		复州防御使	检校司空、奉宁军节度使致仕	赠开府仪同三司	卷三四九
杨遂	神卫指挥使	荣州团练使、京城左厢巡检	邓州防御使、步军都虞候	宁远军节度、殿前都指挥使	赠侍中	卷三四九
宋守约	左班殿直	文州刺史、康州团练使、知雄州		洋州观察使	赠安武军节度使	卷三四九
苗授	供备库副使	引进使、果州团练使、泾原都钤辖；昌州团练使、龙神卫四厢都指挥使		武泰军节度使	赠开府仪同三司	卷三五〇
苗履	阁门祗候	擢龙神卫四厢都指挥使、成州团练使	四方馆使、吉州防御使	成州团练使		卷三五〇

续表

姓名	初授官职	担任团练使	担任防御使	卒时官职	卒后赠官	史料来源
王君万	殿侍	达州团练使		凤翔钤辖		卷三五〇
王赡	皇城使	领开州团练使 / 维州团练使	四方馆使、莱州防御使	维州团练使,为路钤辖	保平军节度观察留后	卷三五〇
王文郁	供奉官	荣州团练使	秦州防御	冀州观察使		卷三五〇
刘绍能	右班殿直	皇城使、简州团练使		皇城使、简州团练使		卷三五〇
李浩	供备库副使、广西都监		引进使、陇州防御使 / 忠州防御使,捧日天武都指挥使、马军都虞候	黔州观察使	赠安化军留后	卷三五〇
和斌	散直	荣州团练使,知宣州		拜龙、神卫四厢都指挥,至步军都虞候	赠宁州防御使	卷三五〇
刘仲武	礼宾使		客省使、荣州防御使	泸川军节度使	赠检校少保	卷三五〇
曲珍	阁门祗候		怀州防御使、龙神卫四厢都指挥使 / 东上阁门使、忠州防御使	东上阁门使、忠州防御使		卷三五〇

续表

姓名	初授官职	担任团练使	担任防御使	卒时官职	卒后赠官	史料来源
刘阄	军校	辰州团练使	雄州防御使、泾原钤辖	雄州防御使、泾原钤辖		卷三五〇
贾昌品	内殿承制	步军都虞候、濠州团练使		步军都虞候、濠州团练使	赠雄州防御使	卷三五〇
张蕴		成州团练使	通州防御使	通州防御使	赠感德军节度使	卷三五〇
王恩	供备库副使		卫州防御使	检校司徒致仕	赠开府仪同三司	卷三五〇
赵隆	泾原将		温州防御使	温州防御使、本道马步副都总管	赠镇潼军节度使	卷三五〇
何灌	武选登第,为河东从事		吉州防御使,改知兰州	武泰军节度使、河东		卷三五七
			正拜郓州防御使			
康保裔	东班押班	端拱初,授淄州团练使		彰国军节度		卷四四六

续表

姓名	初授官职	担任团练使	担任防御使	卒时官职	卒后赠官	史料来源
康继英		左卫大将军、贵州团练使				卷四四六
刘朔（不详）			吉州防御使	真定府路都钤辖		卷四四七
程迪		武功大夫、荣州团练使、泸南潼川府路走马承受公事		荣州团练使	赠明州观察使	卷四四七
陈淬	三班奉职	忠州团练使、真定府路马步副总管		御营使、六军都统、淮南招抚使	赠拱卫大夫、明州观察使	卷四五二
侯陈熙利用	殿直	郑州团练使		雍熙二年，改右监门卫将军、领应州刺史	郑州团练使	卷四七〇
朱勔	隶军籍		防御使	无		卷四七〇
舒亶			沂州防御使	沂州防御使	特赠武卫军节度	卷四七八

米信、刘廷翰、刘赞明、崔翰、马令琮、张廷翰、杨延
昭、杨文广、荆罕儒、荆嗣、曹光实、张晖、司超、李进
卿、李延渥、杨美、何继筠、何承矩、李汉超、郭进、李
谦溥、李允正、马仁瑀、田钦祚、翟守素、安守忠、孔守
正、尹继伦、丁罕、马全义、马知节、王超、王德用、王
咸融、呼延赞、田绍斌、白守素、范廷召、葛霸、葛怀
正、葛怀敏、曹利用、曹继邺、张耆、张利一、张希一、
马怀德、许怀德、李允则、赵滋、景思立、康德舆、张昭
远、种谔、种谊、种师道、刘昌祚、姚兕、姚麟、姚雄、
宋守约、苗授、苗履、王君万、王赡、李浩、和斌、刘仲
武、张蕴、康保裔、康继英、程迪、康延沼；潜邸亲随共
44人，包含赵延溥、赵承煦、王仁赡、李继隆、李继和、
张禹珪、周广、石曦、张藏英、陆万友、解晖、郭廷谓、
辅超、元达、李斌、刘谦、王继升、王昭远、王宾、傅
潜、戴兴、王汉忠、王能、张凝、李重贵、刘用、周仁
美、王荣、杨琼、李重睿、杨崇勋、夏守恩、夏随、裴
济、王延德、王应昌、程德玄、王延德、阎日新、蔚昭
敏、高化、安俊、石普、张孜；军班行伍出身共33人，
包含牛思进、刘福、谭延美、薛超、赵瑢、魏能、陈兴、
许均、张进、钱守俊、徐兴、狄青、张玉、周美、孟元、
刘谦、赵振、张忠、范恪、向宝、任福、王信、张忠、林
广、郝质、卢政、燕达、杨遂、曲珍、刘阒、贾嵩、王
恩、赵隆；外戚共20人，包含王继勋、高琼、高继勋、
高继宣、钱晦、魏昭亮、石保吉、王承衍、王师约、韩崇
业、郭承祐、吴元扆、曹璨、曹玮、曹琮、曹佾、郭守
文、郭崇仁、冯行己、冯伸己；藩官将领共12人，包含

折御勋、折惟忠、折继祖、折继世、折可大、折可适、王承美、张煦、田敏、高永能、王文郁、刘绍能；文人文官从军共 11 人，包含刘几、张宗诲、上官正、张亢、刘平、蒋偕、王韶、沈起、陈淬、舒元、种世衡；武举出身共 1 人，为何灌；吏人等其他出身为 7 人，包含李溥、王仲宝、陶弼、侯莫陈利用、朱勔、梁迥、刘翊。从统计可见，北宋武官任防、团两使，武将世家出身占 43.9%，潜邸亲随占 19.3%，军班行伍出身占 14.5%，外戚占 8.8%，藩官将领占 5.3%，文人文官从军占 4.8%，武举出身占 0.4%，吏人等其他出身占 3.1%。

从统计数据可知，北宋武将中任防、团两使者，武将世家所占比例最大，其次为潜邸亲随、军班行伍出身。因《宋史》中另有《外戚传》，此武将构成中，外戚较少。北宋时期有皇室与武将联姻的传统，因此有势力的外戚之家大抵都为武将世家。武将世家、军班行伍、潜邸亲随出身的武将成为防、团两使的中坚力量。武将世家在武官群体中占有显赫的地位，其子弟可以凭借恩荫等顺利得到任命及升迁，迅速成长为北宋武将的后备力量。另外，皇帝登基前的亲信及随从，逐渐成为武将群体中的权贵势力，其地位及影响力逐渐上升。"祖宗即位之始，必拔擢左右之人以为腹心羽翼。岂以为永世之法哉，乃遭时不得已而然也。自后嗣君守承平之业，继圣考之位，亮阴未言之间，有司因循，踵为故事，凡东宫僚吏一概超迁，谓之'随龙'。"[①] 随龙者

① 司马光：《上神宗论郭昭选除阁职》，（宋）赵汝愚：《宋朝诸臣奏议》卷六九，第 766 页。

在帝王即位以后，往往可以快速升迁。宋英宗时规定：
"有官者各选一官，亲事官以下各转一资。"哲宗元符三年
规定："诏随龙人昭宣使、遥郡刺史刘瑷特授宣政使、遥
郡防御使，应随龙内臣及长宿车子，登位日供承翊卫内臣
四人张琳、张祐等各迁两官，余一官。亲事官、诸军、三
省行首司、内知客、医官等各转两资。"① 如仁宗时期的安
俊，"仁宗为皇太子，俊以将家子谨厚，选为资善堂祗
候"。等到仁宗登基以后，"补右班殿直，累迁东头供奉
官、阁门祗候，为环州都监"。安俊久知边政，累迁"龙
神卫、捧日天武四厢都指挥使，果州团练使，环庆路副总
管；迁侍卫步军都虞候、陵州防御使"。②

　　军班行伍出身是指应募从军的士兵，通过军功得到提
拔后得以跻身高级武将的行列。北宋承袭五代"皆以军卒
为将"③的遗风，即"宋初诸将，率奋自草野，出身戎行，
虽盗贼无赖，亦厕其间，与屠狗贩缯者何以异哉？"④ 如王
彦升就是行伍出身，后凭借军功升至防御使，"国初有王
彦升者，本市井贩缯人。及壮从军，累立战功，至防御
使"。⑤ 熙宁五年，王安石亦言："太祖时，接五代，百姓
困极，公侯多自军中起，故豪杰以从军为利。今百姓安业
乐生，易以存济，军士无复有如向时拔起为公侯者，豪杰

① 《续资治通鉴长编》卷五二〇，元符三年春正月庚寅，第 12381 页。
② 《宋史》卷三二三《安俊传》，第 10467—10468 页。
③ （宋）王林：《燕翼诒谋录》卷五，第 44 页。
④ 《宋史》卷二七五《论曰》，第 9383 页。
⑤ （宋）王辟之：《渑水燕谈录》卷九《杂录》，中华书局，1981，第
　　111 页。

不复在军，而应募者大抵皆不能自振之人而已。"① 如仁宗皇祐四年，英州团练使张忠对将士言："我十年前一健儿，以战功为团练使，汝曹勉之。"② 《宋史·张忠传》记载了张忠的发迹史："张忠，开封人。初隶龙骑备征，选为教骏。有军校恣掊敛，忠欧杀之，坐配鼎州。既遁去为盗，复招出。隶龙猛军。"③ 北宋时期，出身军班行伍官至团练使、防御使之人并不在少数。如王安石所言："矧今募兵为宿卫，有积官至刺史以上者。"④ 北宋朝廷对行伍出身者也较为重视，如嘉祐三年规定："自军班出至正任者，方得知边要州军。"⑤ 名将狄青亦起家戎行，"青奋行伍，十余年而贵"，后官至枢密副使，其面部仍然留有早年招募入伍的刺字。仁宗劝其用药除去，狄青答曰："陛下以功擢臣，不问门地，臣所以有今日，由此涅尔，臣愿留以劝军中，不敢奉诏。"⑥ 宋虽与隋唐不同，秉承祖宗家法以儒立国，但战争贯穿北宋始末，客观上给予有能力的行伍出身者更多机会。为保证出生入死的武将的社会地位，使其任防御使、团练使等正任官，此为武官品位序列的最高层次，以示"序迁之宠"。

如同以往一样，北宋开国后产生了一批军功武将，这些功臣或参与发动了陈桥兵变，或为原来的禁军宿将，积

① 《续资治通鉴长编》卷二三六，熙宁五年闰七月壬戌，第5743—5744页。
② 《续资治通鉴长编》卷一七三，皇祐四年七月壬戌，第4164页。
③ 《宋史》卷三二六《张忠传》，第10521页。
④ 《续资治通鉴长编》卷二二三，熙宁四年五月癸巳，第5420页。
⑤ 《续资治通鉴长编》卷一八八，嘉祐三年闰十二月丁卯，第4539页。
⑥ 《宋史》卷二九〇《狄青传》，第9719页。

极向宋太祖俯首称臣，对时局的稳定发挥了重要作用。按照以往传统，这些军功武将会成为政治上的显赫力量。然而，自唐后期开始，藩镇林立，国家失序，武装力量控制了社会的方方面面，文臣以及文化因素对国家社会的影响有限，皇权也走向式微。北宋为了稳定统治秩序并可以长治久安，总结了以往治理的经验教训："大抵五代之所以取天下者，皆以兵。兵权所在，则随以兴；兵权所去，则随以忘。"① 在这样的大背景下，如何处理好军功集团和新兴政权之间的关系，是宋初统治集团亟须解决的问题。首先，通过"杯酒释兵权"剥夺一批军功武将的权力。其次，对藩镇势力加以压制，通过"稍夺其权，制其钱谷，收其精兵"，② 剥夺地方节度使的实权。到真宗时，文臣知州制取代了地方刺史制。可以说，以开国将领为代表的军功集团在北宋政治舞台上退得非常迅速。陈峰先生指出："经过宋太祖朝治国思想方略的启动，一系列制度建设和举措的推行，武人不仅远离了朝政的中心，而且军功集团也趋于瓦解，逐渐退出了中央和地方行政机构，其政治影响力大为减弱。"③ 北宋统治集团强调文臣与武将的角色与分工，对于长期存在的文武关系失衡问题，尤其是武将的政治诉求，在制度设计上予以弥补。宋朝统治者从官制上突破，走了一条独特的削藩之路。节度—刺史一系彻底阶

---

① 《范香溪先生文集》卷四《五代论》，《宋集珍本丛刊》第 42 册，第 394 页。

② 《续资治通鉴长编》卷二，建隆二年七月戊辰，第 49 页。

③ 陈峰：《宋代军功集团在政治上的消亡及其影响》，《中国史研究》2008 年第 4 期，第 108 页。

官化，"节度、承宣、观察、团练、防御、刺史则俱无职任，特以为武臣迁转之次序"。① 节度—刺史一系阶官化后也有正任和遥郡之分。正任官不列入常调磨勘，原以待边境立功者，殊不易得，素有"贵品"之称。遥郡虽次于正任官，但不失"美官"之称，与正任官一样，遥郡无职事，仅表官阶而已。节度—刺史一系，解决了大量中高级武将的晋升问题，朝廷给予了他们足够的尊贵。北宋统治者以和平变革的方式，重新分配中央与地方权力，实现了政权的平稳过渡。

在"崇文抑武"的社会风气下，武将群体长期扮演着统治集团的陪位角色。尤其在澶渊之盟签订之后，北宋统治集团似乎得到启发，找到一种代价更小的消除边患的方法——以金钱换和平。但北宋统治集团过为已甚，在"以文驭武"的规则下，削弱了国家的军事国防建设，并且严重违背了中国传统的政治常识，"不能强其兵，而能必胜敌国者，未之有也"。② 文臣、武将的政治作用、政治地位严重失衡，由此，北宋长期被边防危机困扰。这样惨痛的后果，被南宋学人吕祖谦指出：

> 国朝治体，有远过前代者，有视前代为未备者。夫以宽大忠厚建立规模，以礼逊节义成就风俗，此所谓远过前代者也。故于傲扰艰危之后，驻跸东南逾五十年，无纤毫之虞，则根本之深可知矣。然文治可观

---

① （元）马端临：《文献通考》卷五九《职官考十三》，第 1777 页。
② 黎翔凤：《管子校注》卷二《七法第六》，梁运华整理，中华书局，2004，第 106 页。

而武绩未振，名胜相望而干略未优，故虽昌炽盛大之
时，此病已见。是以元昊之难，范、韩皆极一时之
选，而莫能平殄，则事功之不竞从可知矣。①

　　一般来说，对武臣群体安抚、笼络的措施，被北宋统
治集团视为祖宗之法而承袭下去。天禧四年，真宗大赐宗
室、文武臣僚，其中曹利用就获赐银五千两，又赐"殿前
副都指挥使蔚昭敏钱四百万，步军副都指挥使冯守信三百
五十万，殿前都虞候夏守恩、马军都虞候刘美各三百
万"。② 仁宗初期，曹利用获得重用，不仅加官晋爵，还有
丰厚的物质优待，"公使钱岁万缗"。③ 骄侈贪吝的武将张
耆，也是皇帝用高官厚禄笼络的对象，"宠遇最厚，赐第
尚书省西，凡七百楹，安佚富盛逾四十年"。④ 庸庸碌碌的
夏守赟，历任禁军三衙职位，最后还得授节钺。⑤ 没有任
何战功的郭承祐堂而皇之地跻身将帅之列。⑥ 北宋中高级
武将打了败仗的例子比比皆是，那些有明显过失的将领，
却没有得到应有的惩处，造成了非常恶劣的影响。咸平二
年，契丹来袭，王荣"性恇怯，数日不敢行"，等到辽军
渡河后，昼夜不停地逃跑，光战马就累死了"十有四五"。
损失如此之多的优良战马，真宗非常心疼，但却"置荣不

①　《宋史》卷四三四《吕祖谦传》，第12873—12874页。
②　《续资治通鉴长编》卷九六，天禧四年十二月乙酉，第2228页。
③　《宋史》卷二九〇《曹利用传》，第9707页。
④　《宋史》卷二九〇《张耆传》，第9711页。
⑤　《宋史》卷二九〇《夏守恩传附守赟传》，第9716页。
⑥　《宋史》卷二五二《郭从义传附承祐传》，第8851—8852页。

问"，没有给予任何惩罚。① 咸平三年，滨州防御使王荣护送军粮前往灵武，夜被蕃贼突袭，"荣部大乱"，其部下奋力抵抗，"荣不能救，死者甚众，亡失殆尽，法当诛，上特贷之"，② 仅仅流放均州而已。咸平六年，被朝廷重新起用，"起为左卫将军"。③ 凤州团练使许怀德出任秦凤路副总管，"未行，坐夏人破塞门砦不赴援，降宁州刺史"。可是，没过多久，他又被提拔为"龙神卫四厢都指挥使、陵州团练使、本路副都总管"。面对西夏扰边的情况，"又坐当出讨贼逗留不进，所部兵夫弃随军刍粮"，不但没有受到惩罚，反而"徙秦凤路副都总管，改捧日、天武四厢"。之后，又有少数民族进犯，"亡十余帐"，可许怀德并未受到降职处分，只是"徙永兴军，又徙高阳关、并代路"。许怀德不仅毫无战功可言，反而几次三番出现重大过失，没有受到惩处和追究，而是屡屡获得晋升，担任禁军要职，最终还走上人生巅峰——被授予节钺，"祀明堂，进都指挥使，更保宁、建雄二节度"。④

对于宋朝统治者宽纵武将、姑息失职的行为，宋人也多有诟病："安阳人陈贯喜言兵，咸平中，大将杨琼、王荣丧师，贯上书言：'前日不斩傅潜、张昭允，使琼辈畏死不畏法，今不严其制，后当益弛。'"⑤ 但是北宋统治者宁愿任用循规蹈矩、能力平庸的武将，也不愿任用和提拔

① 《续资治通鉴长编》卷四六，咸平三年正月庚寅，第988页。
② 《续资治通鉴长编》卷四七，咸平三年十月丙辰，第1029页。
③ 《宋史》卷二八〇《王荣传》，第9500页。
④ 《宋史》卷三二四《许怀德传》，第10477页。
⑤ 《续资治通鉴长编》卷五九，景德二年三月甲寅，第1322页。

骁勇善战、有勇有谋之人。太宗朝以降，对于武将的恩赐、宽纵、用人规则以及文武臣僚政治地位的差异等，都和当时的治军理念、政治背景分不开。北宋一直奉行"守内虚外""以文御武"的策略，使军队遵从国家全面防御的边防战略的同时，制定了维持内部秩序稳定、压抑限制武将的方针，其结果固然是武将群体在体制内循规蹈矩，安分于制度内部的职位升迁，而别无建功立业的政治抱负。

第四章 北宋阶官化后的防御使 与团练使的酬劳制度

第一节 物质优待

一 俸禄

为保证防御、团练两使等高级武官安于职守、效忠国家，宋朝制定了一系列酬劳制度，如品、阶、勋、爵、谥号、功臣、章服、休假、俸禄等，其中以俸禄制度为代表的物质优待，对于安抚重要武职人员尤为重要。虽然有关宋代俸禄制度的研究成果颇丰，[①] 但对宋代俸禄水平的认

---

① 代表性研究成果有：〔日〕衣川强《宋代文官俸给制度》，郑樑生译，台北，台湾商务印书馆，1977；龚延明《宋代官吏的管理制度》，《历史研究》1991 年第 6 期；邵红霞《宋代官僚的俸禄与国家财政》，《江海学刊》1993 年第 6 期；何忠礼《宋代官吏的俸禄》，《历史研究》1994 年第 3 期；苗书梅《宋代官员选任和管理制度》；黄惠贤、陈锋主编《中国俸禄制度史》，其中杨果先生撰写第六章"两宋俸禄"，武汉大学出版社，1996，第 241—307 页；张全明《也论宋代官员的俸禄》，《历史研究》1997 年第 2 期；汪圣铎《宋代官员俸禄和其他颁给分享考析》，《中华同人学术论集》，中华书局，2002，后被收入《宋代社会生活研究》，人民出版社，2007，第 173—209 页。

识存在两种截然相反的看法：一种观点认为，宋朝的"益俸"之策，"恩逮于百官者唯恐其不足，财取于万民者不留其有余，此宋制之不可为法者也"。① 另一观点则认为，"俸禄低下的官员在整个宋代绝非少数，而占有很大比例"。显然对于宋朝官员俸禄的评价，衡量标准直接影响结果。那么为客观起见，在北宋 167 年的较长时段内，要分时期②来具体考察官员俸禄水平。第一个时期是北宋前期，自北宋开国到真宗景德年间。北宋开国，官僚俸禄之制承袭五代时期后唐之标准。而后唐因连年战乱，经济凋敝，只能以唐朝俸禄的半额支给，宋初即是如此，"所支半俸，复从虚折"。③ 但即便这半额支给也是"一分实钱，二分折支"。④ 因文武官员俸禄较低，宋太祖下诏："吏员繁而求事之治，俸禄薄而责人以廉，甚无谓也。与其冗员

---

① （清）赵翼著，王树民校证《廿二史札记校证》卷二五《宋制禄之厚》，第 533 页。

② 关于北宋时期官员俸禄水平的分期考察，主要有两分法与三分法之别。两分法以龚延明、苗书梅两位先生为代表。两个时期分别为：（1）北宋前期，以本官为主的四十一等禄制确立；（2）北宋后期，以元丰禄制为中心的第二期禄制。三分法以杨果、张全明两位先生为代表，但二者的分法略有不同。杨果先生的三分法为：（1）北宋前期，基本沿用五代旧有俸制；（2）宋仁宗时期，确立起以本官为主的四十一等禄制；（3）神宗元丰以后到北宋末为第三个时期，建立起元丰新禄制。张全明先生的三分法为：（1）北宋前期，即自宋建立至真宗景德年间，承唐、五代旧制，确立了按官品高低发放俸禄的定制；（2）从真宗大中祥符元年重定百官俸禄至元丰三年改革官制及其俸禄制度，确立了以本官为主凡四十一等的俸禄发放制度；（3）自元丰三年官制改革开始至北宋末，重新确立了《元丰寄禄格》的官吏俸禄发放制度。为具体考察北宋俸禄制度，本书采用张全明先生的三分法。

③ 《宋史》卷一七一《职官志十一》，第 4114 页。

④ （宋）高承：《事物纪原》卷四《官爵封建部·折俸》，第 202 页。

而重费，不若省官以益俸。"因此，宋人评价"省官益俸"为：非独垂一时之训，足以为万世之制。[1] 太宗即位后，沿用此制，并取消了官员折支俸钱要扣除之制，以十分支付，"雍熙三年，文武官折支俸钱，旧以二分者，自今并给以实价"。[2] 另外，对于致仕的官员，唐代不给俸禄，而北宋自真宗即位后，"乃始诏致仕官特给一半料钱，盖以示优贤养老之意"。[3] 第二阶段，自真宗大中祥符元年重定官员俸禄之制到元丰改制，此时期确立了以本官为主的四十一等禄制。真宗大中祥符年间，因"上承二圣恭俭，富有多积"，国家经济条件改善，而且政治清明，"承平既久"，"且以庶官食贫勤事，非厚其廪稍，无以责廉隅。故因行庆，特议增给"。[4] 朝廷增加百官俸禄，颁定了《定百官俸诏》，制定了上自三师、三公120贯，下至奉职、借职4贯，[5] 共分为二十二等的俸禄制度。因"乾兴以后，更革为多"，[6] 枢密使韩琦于嘉祐元年上奏："内外文武官俸入添支，并将校请受，虽有品式，每遇迁徙，须申有司检勘中覆，至有待报岁时不下者，故请命近臣，就三司编定之。"于是三司置司编禄令。[7] 嘉祐二年，三司使张方平等，"上《新编禄令》十卷，名曰《嘉祐禄令》，遂颁行

① （宋）高晦叟：《珍席放谈》卷上，《全宋笔记》第3编第1册，大象出版社，2008，第181页。
② 《宋史》卷一七一《职官志十一》，第4115页。
③ （宋）叶梦得：《石林燕语》卷五，中华书局，1984，第72页。
④ 《续资治通鉴长编》卷七九，大中祥符五年十一月丙午，第1804页。
⑤ 《宋大诏令集》卷一七八《定百官俸诏》，第641页。
⑥ 《宋史》卷一七一《职官志十一》，第4114页。
⑦ 《续资治通鉴长编》卷一八四，嘉祐元年九月甲辰，第4448页。

之"。[1] 那么具体到武官防御使、团练使,《嘉祐禄令》是如何规定的呢?为鲜明起见,以《宋史·职官志》为史料依据,制作表4-1来具体考察。

表4-1 嘉祐禄制之防御使、团练使俸禄标准

俸禄	防御使		遥郡防御使		团练使		遥郡团练使	
	皇亲	非皇亲	皇亲	非皇亲	皇亲	非皇亲	皇亲	非皇亲
月俸（千钱）	300	300	150	150	150	150	100	100
禄粟（石/月）	100	100	70	100	70	70	70	70
元随傔人衣粮	20	30	20	15	15	30	15	10
绫（匹/年）	10	无	10	无	10	无	10	无
绢（匹/年）	30	20	30	20	30	20	30	20
罗（匹/年）	1	无	1	无	1	无	1	无
绵（两/年）	50	50	50	50	50	50	50	50
盐（石/年）	不载	5	不载	无	不载	5	不载	无

《嘉祐禄令》不仅是北宋开国以来俸禄制度的成功改革,同时也是中国古代社会中俸禄制度发展的重要转折,它完成了魏晋以来以官品定俸向以本官定俸的转变。由表4-1可知,宋朝对于宗室的经济优待很明显,同时朝廷对于外戚的经济待遇也要胜于普通武职人员。比如真宗天禧元年,"左龙武军将军、宏州团练使、驸马都尉李遵勖为康州团练使,给观察使俸料、公使钱"。[2] 以团练使之职,给予观察使的俸禄及公使钱,显然这是对于驸马都尉李遵

---

① 《续资治通鉴长编》卷一八六,嘉祐二年冬十月甲辰朔,第4492页。
② 《续资治通鉴长编》卷九〇,天禧元年十二月戊子,第2090页。

勘的特殊恩惠。

第三阶段为元丰三年的官制改革到宋室南渡前。神宗元丰二年，右正言、知制诰李清臣上奏："官与职不相准，差遣与官职又不相准，其阶、勋、爵、食邑、实封、章服、品秩、俸给、班位各为轻重后先，皆不相准。乞诏有司讲求本末，渐加厘正，以成一代之法。"① 以李清臣为代表的高级文官看到了当时官制的种种弊端，要求厘正。元丰三年六月，朝廷设置"详定官制所"，专门负责官制改革。八月，宋神宗即下《改官制诏》："国家受命百年，四海承德，岂兹官政，尚愧前闻，今将使台、省、寺、监之官，实典职事；领空名者一切罢去，而易之以阶，因以制禄，凡厥恩数，悉如旧章。"② 俸禄制度又发生了一次重大的转变。元丰三年九月，宋朝颁布了官吏俸禄新制——《元丰寄禄格》，即以阶官（散官）寄禄代替职事官（本官）寄禄。《元丰寄禄格》实施以后，还确定了在京职事官的职钱与外任官的职田并行之制。这样，即形成了以寄禄官的本俸为主，以职钱（或职田）为辅的双轨俸禄制度。

表 4-2 详细列举了元丰改制后防御、团练两使的俸禄标准，与《嘉祐禄令》相比，实际所得变化不大，但是皇亲的地位有所突出。此时凡文武官料钱，"并支一分见钱，二分折支"。③ 也就是说，俸料钱的 2/3 给以他物。元

① 《续资治通鉴长编》卷二九八，元丰二年五月己丑，第 7250 页。
② 《宋大诏令集》卷一六二《改官制诏》，第 616 页；《续资治通鉴长编》卷三〇七，元丰三年八月乙巳，第 7462 页。
③ 《宋史》卷一七一《职官志十一》，第 4114 页。

随傔人衣粮是指宋朝官员按照职位和品位，可以拥有一定数量的杂役。按照官员品级的不同，杂役的称呼也有区别："凡任宰相、执政有随身，太尉至刺史有元随，余止傔人。"① 元随的衣粮费用由朝廷拨给官员个人，其标准为："观察使，防御使，元随三十人。团练使（已上并具奉禄类），元随三十人。"② 这个标准是很高的，当时宰相的"随身"不过70人，"知枢密院事参知政事，枢密副使，同知枢密院事……随身五十人"。③对于元随的数量不同时期也略有变化，宋哲宗元祐八年，兵部上奏："左骁卫大将军、德州防御使、提举亳州明道宫刘斌前任侍卫亲军步军都虞候、信州团练使日，依条被宣借人数，今来未有明文，乞比类施行。本部契苗授以节度使留十五人，徐诚以刺史留八人，以此约之，团练使可留十人，防御使可留一十二人，观察使、两使留后十三人。"④ 朝廷批准了兵部的建议。由此可知，防御使可以留元随12人，团练使可以留元随10人。

表 4-2　元丰改制后之防御使、团练使俸禄标准

俸禄	防御使		遥郡防御使		团练使		遥郡团练使	
	皇亲	非皇亲	皇亲	非皇亲	皇亲	非皇亲	皇亲	非皇亲
月俸（千钱）	200	200	150	150	150	150	100	100
禄粟（石/月）	100	100	100	70	70	50	70	50

① 《宋史》卷一七二《职官志十二》，第4143页。
② 《宋史》卷一七二《职官志十二》，第4143页。
③ 《宋史》卷一七二《职官志十二》，第4142页。
④ 《宋会要辑稿·职官三二之三〇》《宋会要辑稿·职官三二之三一》，第3827—3828页。

续表

俸禄	防御使		遥郡防御使		团练使		遥郡团练使	
	皇亲	非皇亲	皇亲	非皇亲	皇亲	非皇亲	皇亲	非皇亲
元随傔人衣粮	30	15	15	15	20	10	10	10
绢（匹/年）	20	20	20	20	20	20	20	20
绵（两/年）	50	50	50	50	50	50	50	50
盐（石/年）	5	无	无	无	5	无	无	无

资料来源：据《宋史》卷一七一《职官志十一》、《宋会要辑稿·职官五七之一至七》而制。

　　自元丰改制到北宋末期，防御使、团练使的俸禄额度并不是一成不变的，除了对功勋卓著者进行恩赏外，还有裁减俸禄的情况。元祐三年，缘于对夏战争的财政压力，哲宗下诏："大中大夫以上知、判州府，添赐公使钱。正任团练使、遥郡防御使以上至观察使，并分大郡、次郡。初除次郡，俸钱各减四分之一，移大郡全给。留后、节度使，分大镇、次镇、小镇，递减五万。刺史以下，使相以上，不减。其刺史至节度使公使钱，依俸钱分数裁减。"[1]宣和年间，金军南下侵宋，为维持军费开支，武臣遥郡以上皆减俸。讲议司言："检会吏职出身降正任官已降一等，支遣遥郡俸外立定诏，元系吏职，已改换出身，见请全俸人并依逐等减半；支破内刺史料钱禄粟减三分之一；不曾改换出身人，依见减半，则例更递降一等；支给内观察使，降防御使，仍减禄粟十石；团练使不降，减料钱、禄粟三分支一……户部疾速施行。"[2]不仅汉官如此，"蕃官

---

[1]　《宋会要辑稿·职官五七之四七》，第4584页。
[2]　《宋会要辑稿·职官五七之六八》，第4595页。

带遥郡之人，请受且依减定例支"。①

二　公使钱

北宋高级武官除了基本俸禄之外，还有各种津贴，其中较为重要的就是公使钱、职钱、职田等。公使钱也叫公用钱，是宋朝各行政机构的办公经费，也可用作年节供给官员宴饮之资以及犒赏往来官员、军队等，实为一种经济补贴。太祖时期即开创了宋朝公使钱之制："太祖既废藩镇，命士人典州，天下忻便，于是置公使库。"② 后来在京的一些官府以及武官等也增加了公使钱。原则上，不允许官员私自占有公使钱，但是宋朝对于武职人员控制较弱，知渭州尹洙言："臣窃见自来武臣，将所赐公使钱，诸杂使用，便同己物。"③

给予高级武职人员公使钱，也是宋初削弱藩镇财权的一种手段，如《闻见近录》记载："太祖即位，患方镇犹习故，常取于民无节，而意多跋扈。一日，召便殿，赐饮款曲。因问诸方镇：'尔在本镇，除奉公上之外，岁得自用，为钱几何？'方镇具陈之，上喻之曰：'我以钱代租税之入，以助尔私。尔辈归朝，日与朕相宴乐，何如？'方镇再拜，即诏给侯伯随使公使钱，虽在京，亦听半给。州县租赋，悉归公上，民无苛敛之患。"④

---

① 《宋会要辑稿·职官五七之五〇》，第4585页。
② （宋）王明清：《挥麈录》后录卷一《祖宗置公库以待过客，欲使人无旅寓之叹》，中华书局，1961，第52页。
③ 《续资治通鉴长编》卷一四四，庆历三年冬十月甲子，第3490页。
④ （宋）王巩：《闻见近录》，丛书集成初编本。

根据文献记载，正任刺史至节度使所得的公使钱可直接视为官员个人所有，如"方镇别赐公使钱，例私以自奉"，①"刺史以上所赐公使钱得私入"。②《宋会要》中记载了防御使与团练使初赐公用钱额："防御使，初赐千贯。加赐有至二千贯。团练使，初赐千贯，加赐有至千五百贯……并准宣定支本官自用。若皇亲及管军任者或移镇加恩，皆添赐，并系特旨。"③另外，《宋史·职官志》具体记载了北宋前期，防、团两使公使钱的等第："防御使，三千贯至千五百贯，凡四等。团练使，二千贯至千贯，凡三等。"④

公使钱的发放分月给、季给以及岁给三种形式："京守在边要或加钱给者，罢者如故，皆随月给受，如禄奉焉"；咸平五年，"令河北、河东、陕西诸州，皆逐季给"；淳化元年，"诏诸州、军、监、县无公使处，遇诞降节给茶宴钱，节度州百千，防、团、刺史州五十千"。⑤熙宁五年，朝廷下诏："增定诸路州军公使钱，及宗室正任刺史以上公使钱。"⑥朝廷增定公使钱后，形成了较完善的等级制度。但公使钱也有减少发放的情况，哲宗元祐年间，因财政紧张，"刺史至节度使公使钱，依俸钱分数裁减"。⑦实际下发公使钱时还有虚、实数之别，即规定的额度为虚

---

① 《宋史》卷四六四《向经传》，第13580页。
② 《宋史》卷四六四《李用和传》，第13565页。
③ 《宋会要辑稿·礼六二之三〇》，第2127页。
④ 《宋史》卷一七二《职官志十二》，第4144页。
⑤ 《宋史》卷一七二《职官志十二》，第4144页。
⑥ 《续资治通鉴长编》卷二三四，熙宁五年六月壬子，第5672页。
⑦ 《宋会要辑稿·职官五七之四七》，第4584页。

数，实际拨款数为实数。英宗治平四年，"在京公使钱，惟宗室减一半，管军三分给一，余悉罢"。① 而且宗室正任刺史以上的高级阶官和诸路州军的公使钱也有虚数，"边任全给，内藩三之一，而宣名犹著全数"。② 后因朝臣反对，"公钱无虚受之理，伏望寝罢"，③ 因此"诏增定诸路州军公使钱及宗室正任刺史以上公使钱，除去虚数，令三司止具实数附禄令"。④

宋朝宗室以皇亲身份授官，一般来讲较同级别的文武官员，其公使钱的数额较大。宋朝对待宗室成员的政策是"优之以爵禄，而不责以事权"，⑤ 宗室成员担任节度—刺史一系高级武阶官，升迁速度比一般武职人员快，且享受的公使钱也很多。哲宗元祐七年，三省请求给宗室成员增加公使钱："太皇太后曰：'尝有例耶？'吕大防等对曰：'仁宗时荆王元俨增至五万贯，徐王昨亦增赐，今为三万缗。'于是诏许增三千缗。"⑥ 据《宋史·职官志》记载，节度使公使钱最高为一万贯，而使相最高也不过两万贯，仁宗时期荆王元俨的公使钱已经达到五万贯。哲宗时以此为效，增加宗室公使钱。可见，北宋对宗室的待遇优厚。但宗室成员作为皇帝的同族之亲，在享有经济等特权的同时，也有替国家分忧之责。仁宗宝元年间，因陕西用兵，朝廷议省冗费，于是"皇后、嫔御各上奉钱五月以助军

---

① 《续资治通鉴长编》卷二〇九，治平四年闰三月己丑，第5085页。
② 《续资治通鉴长编》卷二三四，熙宁五年六月壬子，第5673页。
③ 《续资治通鉴长编》卷二〇九，治平四年闰三月己丑，第5085页。
④ 《续资治通鉴长编》卷二三四，熙宁五年六月壬子，第5672页。
⑤ 《皇宋中兴两朝圣政》卷五九，淳熙八年二月己亥，第387页。
⑥ 《续资治通鉴长编》卷四七八，元祐七年十一月辛丑，第11395页。

费，宗室刺史已上，亦纳公使钱之半。荆王元俨尽纳公使钱，诏给其半，后以元俨叔父，全给如故"。① 庆历三年，"元俨领荆杨二镇，岁凡给缗钱二万五千。是时西鄙用兵，宗室自刺史以上，各进纳本州公使钱之半，以助边费。帝以元俨叔父之尊，不欲裁损，至是复全给之"。② 因对夏战争的需要，朝廷要求自刺史以上宗室成员，缴纳公使钱一半之额，以充军费。但是，因荆王元俨为太宗子，仁宗的叔父，地位尊贵，缴纳的公使钱全部退回。

三 职田

除了添支钱外，武官外任差遣还有职田收入。北宋前期，国家边疆尚未稳定，需要派遣武将出任重要差遣。庆历三年，枢密使杜衍上奏："择外戚子弟试外官。癸亥，以舒州团练使李端懿知冀州。"③ 仁宗朝，以外戚出任地方差遣较多，因此有了职田收入，朝廷下诏："大藩府长吏二十顷……凡防、团以下州军长吏十顷……其余军、监长吏七顷。"④

防御、团练两使还有一项重要的经济收入，即职田租。漆侠先生认为："宋承隋唐旧制，也有'职田'或'职分田'。这种国有土地的产品，充作各级地方官的一部分俸禄，用以养廉；因取其'圭洁之意'，也称作'圭

---

① 《宋史》卷一七九《食货志下一》，第 4351 页。
② 《宋会要辑稿·帝系二之一四》，第 46 页。
③ 《续资治通鉴长编》卷一四四，庆历三年十月壬戌，第 3486 页。
④ 《宋大诏令集》卷一七八《定职田诏（庆历三年十一月壬辰）》，第 642 页。

田'。"对于宋代职田制度的起始时间，漆先生也做了说明："宋代职田是在宋真宗咸平二年（999年）宰相张齐贤的请求下建立的。"① 北宋依唐、五代以来地方行政制度的发展状况，设置了节度、防御、团练及军事州等州。李昌宪先生据《元丰九域志》统计："北宋元丰时期，共有节度州八十二、防御州二十五、团练州十七、军事州一百三十。"② 北宋朝廷在职田的授予上，多以此为依据。如咸平二年，宰相张齐贤请给外任官职田："以官庄及远年逃田充，悉免其税……其两京、大藩府四十顷，次藩镇三十五顷，防御、团练州三十顷，中上刺史州二十顷，下州及军、监十五顷……而均给之。"③ 国家根据地方治理和国防需要，派遣防、团两使出任差遣，因而防、团两使又多了职田收入。如庆历三年，枢密使杜衍上书："择外戚子弟试外官。癸亥，以舒州团练使李端懿知冀州。"④ 同年，朝廷下诏限职田："凡大藩长吏二十顷……凡节镇长吏十五顷……凡防、团以下州军长吏十顷……判官、幕职官并同防、团以下州军……发运制置，转运使副，武臣总管，比节镇长吏。发运制置判官，武臣钤辖，比防、团州长吏。"⑤

这些职田为招募客户进行耕种，每亩收取五斗左右的地租。北宋幅员辽阔，纬度不同，农作物收获差异较大。根据漆侠先生的研究，"南方以麦稻两作制或稻稻两作制

---

① 漆侠：《宋代经济史》（下），上海人民出版社，1987，第299页。
② 李昌宪：《中国行政区划通史·宋西夏卷》，第91～93页。
③ 《续资治通鉴长编》卷四五，咸平二年秋七月壬午，第955页。
④ 《续资治通鉴长编》卷一四四，庆历三年十月壬戌，第3486页。
⑤ 《续资治通鉴长编》卷一四五，庆历三年十一月壬辰，第3510页。

占优势，即是说，一年两收。淮水以北的北方诸路，由于气候条件，很难实行两作制……而河东路雁门关以北、秦凤等路偏北地区则只能一年一作了……其比数为：2（南）：1.5（淮北）：1（雁北）"。① 防、团两使因所任差遣的地域差别，职田收入有南北之别。

四　赏赐

郊祀时对于防御使、团练使的赏赐也是他们经济收入的重要组成部分。自古以来，"国之大事，在祀与戎"，② 祭祀是国家正统权威的体现，因此为宋朝统治集团所重视。郊祀有广义、狭义之别，"广义的郊祀是指祭天大礼，包括南郊、明堂、祈谷大礼等，狭义的郊祀仅指南郊大礼"。③ 伴随祭祀而来的是对百官的赏赐，程颐曾谈到郊赏的缘起："太祖初有天下，士卒人许赏二百缗。及即位，以无钱久不赐，士卒至有题诗于后苑。太祖一日游后苑见诗，乃曰好诗，遂索笔和之。以故，每于郊时，各赐赏给，至今因以为例，不能去。"④ 郊祀大礼的赏赐对象很广泛，从士庶百姓到皇亲国戚，家国内外，无所不包，"国家旧制，每遇郊礼，大赉四海，下逮行伍，无不霑洽"。⑤

---

① 漆侠：《宋代经济史》（上），第 134 页。
② （元）马端临：《文献通考》卷八二《郊社考十五》，第 2508 页。
③ 杨高凡：《宋代祭天礼中三岁一亲郊制探析》，《求是学刊》2011 年第 6 期，第 142 页。
④ （宋）程颐、程颢：《二程集·河南程氏遗书》卷二二下《附杂录后》，王孝鱼校点，中华书局，1981，第 301 页。
⑤ 司马光：《上神宗乞听宰臣辞免郊赐》，（宋）赵汝愚：《宋朝诸臣奏议》卷一〇〇，第 1080 页。

对百官的赏赐种类繁多。"（宋代）国朝凡郊祀，每至礼成，颁赉群臣衣带、鞍马、器币、下洎军校缗帛有差。熙宁中，始诏编定，遂著为式。"① 郊祀赏赐是宋朝官员的重要福利，对于以防御使、团练使为代表的武官来说更是一笔不菲的收入。《宋会要辑稿·礼》中记载了熙宁年间郊祀时对于节度—刺史一系的赏赐（见表 4-3）。

表 4-3　熙宁年间郊祀时对于节度—刺史一系的赏赐

品阶	钱	衣	备注
节度使	750 两	750 匹	内上将军银、绢各加 200
节度观察留后	600 两	600 匹	
观察使	350 两	350 匹	自节度使至观察使，并袭衣、金带、银鞍勒马
防御使	250 两	250 匹	
团练使	150 两	150 匹	
遥郡团练使	50 两	50 匹	
刺史	100 两	100 匹	防御使至刺史，并袭衣、金带
皇亲上将军节度使	1000 两	1000 匹	
皇亲节度观察留后	700 两	500 匹	
皇亲观察使、防御使、团练使	500 两	500 匹	
皇亲刺史	300 两	300 匹	皇亲自刺史以上并加银鞍勒马
皇亲大将军（遥郡防御使、团练使、刺史）	200 两	200 匹	遥领刺史者银、绢各加 50
驸马都尉观察防团刺史将军	350 两	350 匹	并袭衣、金带、银鞍勒马

① 《宋会要辑稿·礼二五之一》，第 1203 页。

续表

品阶	钱	衣	备注
捧日天武龙神卫四厢都指挥使领团练使	300 两	200 匹	
马步军都军头团练使	150 千		

资料来源：《宋会要辑稿·礼二五之一》至《礼二五之十》，第1203—1209页。

由表4-3可见，领节度—刺史一系高级武阶的宗室与外戚，在郊祀时所受赏赐最多。"三司裁定宗室月料、嫁娶、生日、郊礼给赐。时京师百官月俸四万余缗，诸军十一万余缗，宗室七万余缗，其生日婚嫁、丧葬及岁时补洗杂赐与四季衣不在焉。"[1] 其中，婚丧、生日时的赏赐是普通官员没有的。熙宁年间，出任防御使、团练使的宗室与外戚，所受的郊祀赏赐为白银500两，衣帛500匹，另外还有银鞍勒马，文官中，只有两府长贰、三师、三公、仆射和观文殿大学士等高级别官员的赏赐可与之媲美。[2]

即便是领防御、团练两使的普通武官，其所享受的恩赐也大大多于其年俸。级别越高，享受的郊祀赏赐也就越多。郊赉给地方乃至中央的财政都带来了巨大压力，马端临在考察宋朝国用之时，对郊赉有一段精辟的论述：

> 然大概其所以疲弊者，曰养兵也，宗俸也，冗官也，郊赉也。而四者之中，则冗官、郊赉尤为无名，

---

[1] 《宋会要辑稿·帝系四之三一》，第116页。
[2] 《宋会要辑稿·礼二五之一》，第1203页。

故二论特详焉。所谓"去之甚易而无损，存之甚难而无益"，所谓"其浮者必求其所以浮之自而杜之，其约者必本其所以约之由而从之"，诚名言也。①

郊祀的初衷本是为国为民祈福，但是如此巨大的花费已经成为国家财政的巨大负担。王安石言之："至遇军国郊祀之大费，则遣使划刷，殆无余藏。"② 中央财政因郊祀承受着巨大的经济压力，为此中央将财政空缺转嫁于地方政府，各级地方政府在郊祀前不得不筹措大量的物资。如此重压之下，横征暴敛之象时有发生，郊祀之年没有成为百姓福运当头的年份，反倒"斯民破家荡产，往往多见于郊祀之岁"。③

军赏是宋朝武将经济收入的重要组成部分，"战士有功，将吏有劳，随事犒劳"④ 的军赏之制是为了安抚将士、维护军队内部统治秩序以及提高军队战斗力等而设。"自古帝王，以恩威驭将帅，赏罚驭士卒"，⑤ 赏赐的功用便是激励与引导。北宋长期处于战争状态，以奖掖赏赉来激励先进，在一定程度上激发了官兵保家卫国的意志，对王朝的稳定统治起到了积极作用。以下就北宋时期防御使、团练使受赏赐的具体情况进行详细考察（见表4-4）。

---

① （元）马端临：《文献通考》卷二四《国用考二》，第704页。
② 《宋会要辑稿·职官五之三》，第3123页。
③ 《续资治通鉴长编》卷八七，大中祥符九年五月甲辰，第1988页。
④ （元）马端临：《文献通考》卷一五三《兵考五》，第4594页。
⑤ 《宋史》卷二八五《贾昌朝传》，第9615页。

表 4-4 北宋防御使、团练使受赏赐情况

姓名	时间	官职	赏赐种类、额度	赏赐原因	史料来源
李汉超	太祖时期	齐州防御使	齐州属州城钱七八万贯，悉以给与	李汉超守关南	《宋史》卷二五七《李处耘传》；《续资治通鉴长编》卷五
杨信	乾德四年	殿前都虞候，领汉州防御使	上幸其第，赐钱二百万	信病喑	《宋史》卷二六〇《杨信传》
王奇	宜州蛮寇边时	皇城使、忠州防御使	赐金帛	战而死	《宋史》卷四五二《王奇传》
郭进	太祖开宝三年	洺州防御使	上尝命有司为洺州防御使郭进治第	郭进控扼西山逾十年，使无北顾忧	《续资治通鉴长编》卷十一
杨业	太宗太平兴国四年	郑州防御使	上密封囊装，赐予甚厚	老于边事，洞晓敌情	《续资治通鉴长编》卷二
魏咸信	太平兴国四年	吉州防御使	赐钱十万		《宋史》卷二四九《魏咸信传》
侯延广	至道间	拜宁州团练使、知灵州兼兵马都部署	赐白金二千两，岁增给钱二百万	继迁寇灵州，朝廷谋帅	《宋史》卷二五四《侯延广传》
石普	咸平三年	冀州团练使	赐黄金三百两、白金三千两	平王均叛	《宋史》卷三二四《石普传》
高文岯	真宗大中祥符三年六月庚戌	都巡检使、汝州防御使	彩二百匹、茶百斤	文岯母在晋州，因其请告宁省，特有是赐	《续资治通鉴长编》卷七三

续表

姓名	时间	官职	赏赐种类、额度	赏赐原因	史料来源
向通汉	真宗天禧三年	富州防御使、五溪都防御使	诏赐缗帛羊酒	向通汉卒	《续资治通鉴长编》卷九三
刘平	仁宗景祐元年	知定州、龙神卫四厢都指挥使、永州防御使	赐钱百万	有将略，故委以边寄而赐予	《续资治通鉴长编》卷一一五
任福	仁宗庆历元年	马军都虞候、贺州防御使	赐福金顺坊第一区，赙物甚厚，又月给其家钱三万、粟麦各四十斛	因对夏战争阵亡而赐	《续资治通鉴长编》卷一三一
赵滋	英宗即位	端州防御使、步军都虞候	赐白金五百两	留再任	《宋史》卷三二四《赵滋传》
宗晟	神宗熙宁四年	恩州防御使	芳林园宅一区，计口给屋		《续资治通鉴长编》卷二二〇
宗隐	熙宁四年	通州防御使	芳林园宅一区，计口计屋		《续资治通鉴长编》卷二二六
折继世	熙宁四年十月十三日	绥州功除骐骥使、果州团练使	赐以御药，使医守视		《司马光日记校注》佚文
王中正	神宗熙宁七年十二月甲戌	崇仪使、嘉州团练使、带御器械	赐银、绢二百	录秦凤等路招弓箭手之劳也	《续资治通鉴长编》卷二五八
程昉	神宗熙宁九年九月丙寅	皇城使、达州团练使、带御器械	赐宅一区	以防任水事有功，特恩也	《续资治通鉴长编》卷二七七

姓名	时间	官职	赏赐种类、额度	赏赐原因	史料来源
张诚一	神宗元丰二年六月戊午	枢密副都承旨、四方馆使、舒州团练使	银绢各五十	以编修高丽入贡仪式成故地	《续资治通鉴长编》卷二九八
种谔	神宗元丰四年十二月戊辰	凤州团练使、龙神卫四厢都指挥使	赐貂鼠裘一、银绢各二千	因对夏战争	《续资治通鉴长编》卷三二一；《宋史》卷三三五《种谔传》
宋用臣	神宗元丰六年	皇城使、登州防御使	赐银、绢二百	以开天源河有劳，而用臣为提举故也	《续资治通鉴长编》卷三三六
王文郁	哲宗元祐二年六月丙午	客省使、荣州团练使、知兰州	赐银、绢各一百匹、两	修筑兰州西关堡毕	《续资治通鉴长编》卷四〇二
李详	哲宗元祐二年	皇城使、阶州防御使、带御器械、权本路钤辖	赐银、绢各五百	以收复洮州，俘获鬼章之功	《续资治通鉴长编》卷四〇六
包顺	哲宗元祐二年	蕃官西上阁门使、阶州防御使	赐银、绢各五百	以收复洮州，俘获鬼章之功	《续资治通鉴长编》卷四〇六
包诚	哲宗元祐二年	皇城使、登州防御使	赐银、绢各五百	以收复洮州，俘获鬼章之功	《续资治通鉴长编》卷四〇六
苗履	哲宗元祐六年	知镇戎军、东上阁门使、吉州防御使	赐银绢百匹两	对夏战争	《续资治通鉴长编》卷四六四

续表

姓名	时间	官职	赏赐种类、额度	赏赐原因	史料来源
王赡	哲宗绍圣四年	遥郡防御使	赐银、绢各一百匹、两	熙河进筑金城关毕功	《续资治通鉴长编》卷四八五
栋怀义	哲宗绍圣四年	东上阁门使、忠州防御使	赐银绢缗钱各一百	以泾原战没也	《续资治通鉴长编》卷四八九
苗履	哲宗元符元年	同统制、四方馆使、祁州团练使,复遥郡防御使	赐银绢各五十匹两	修复米脂寨毕工	《续资治通鉴长编》卷四九八
张诚	哲宗元符二年	皇城使、遥郡团练使	各赐银绢有差	筑环庆路定边、白豹城毕工	《续资治通鉴长编》卷五一一
种朴	哲宗元符二年	防御使	赐钱银绢布各五百,羊酒米面各五十	平河南蕃部叛而亡,因此赐予	《续资治通鉴长编》卷五一八;《宋史》卷三三五《种朴传》

　　以现存史料为依据,北宋防御使、团练使受赏赐31人。其中12人因军功而获得赏赐,包含阵亡的4人;因老于边事,长期肩负边境地区的军政稳定职责而受赏赐的为4人;因具体业绩,如工程营建及图书编定等而受赏赐的为8人;因宗室及外戚等与皇室的亲属关系而受赏赐的为3人;因疾病赏赐2人;因省亲而赏赐1人;因亡故而赏赐1人。由此可见,因军事战争、统治稳定的需要而受赏赐的占总数的38%,是赏赐的大宗。北宋长期与周边少数民族政权并立,在应对战争的同时,还要面临农民起义、兵变、少数民族藩部叛乱等内部不稳定因素,因此以赏赐

来激发军将维护国防的热情，不失为一方良策。从赏赐的内容看，以银、绢等宋代通行的货币为主。① 赏赐宅第等也占有一定地位，但在此引例中，未见赏赐土地的情况。其他实物类赏赐所占的比重较小。可以看出，宋代社会进步，商品经济较为发达，北宋实行"不立田制"，国有土地大大减少，可供赏赐的土地有限。而且，宋朝统治集团对于土地赏赐问题非常谨慎，"国家故事，执政大臣非有勋劳于社稷，不轻赐田宅"。② 一般来说，高官居住在都城开封的占多数。开封城市经济发达，人口众多，房价非常高，而且城中也少有空地，朝廷想要赏赐宅第给官员并不容易。宋人王禹偁曾谈及："重城之中，双阙之下，尺地寸土，与金同价，其来旧矣。虽圣人示俭，宫室孔卑，而郊庙市朝，不可阙已。有百司之局署，六师之营壁，侯门主第，释宇玄宫，总而计之，盖其半矣。非勋戚世家，居无隙地。"③

防御、团练两使除了因事功受赏赐外，在承平之时也可有各种获特恩享受经济待遇的机会。宋初太祖、太宗两朝，藩镇牧伯沿袭五代旧制，"入觐及被召、使回，客省赍签赐酒食。……防御使、团练使、刺史并赐生料"。④ 在节庆之

---

① 对于宋代货币流通中银、帛地位的认识，日本学者加藤繁认为，在宋代银作为货币的流通范围已经超过了绢（〔日〕加藤繁：《唐宋时代金银之研究——以金银之货币机能为中心》，中华书局，2006，第562页）。汪圣铎先生却认为至少在北宋时期，绢帛使用的广泛程度超过白银，甚至铜钱（汪圣铎：《试论宋代绢帛的货币功能》，《中国经济史研究》2004年第3期，第144页）。
② 《宋会要辑稿·选举三二之一九》，第5873页。
③ （宋）王禹偁：《小畜集》卷一六《李氏园亭记》，四部丛刊本。
④ 《宋史》卷一一九《礼志二十二》，第2800页。

日，还有时节馈廪："统军，防御、团练使，刺史……海外诸蕃进奉领刺史以上，至寒食，并赐节料。"① 每年的十月一日，朝廷要赏赐给官员们衣物，皇亲团练使以上可以获得以下赏赐："宽对衣五事：紫润罗夹公服、天下乐晕锦宽锦袍、小绫汗衫、勤帛、熟绵绫夹裤。"② 朝廷还要在腊日、伏日赐给高级官员夏药、腊药："腊药，系和剂局造进及御药院特旨制造银合，各一百两以至五十两、三十两各有差。伏日赐暑药亦同。"③

真宗天禧四年，因皇太子亲政行庆，赐"宗室防御使各千两，团练使八百两，余各有差"。④ 宋朝统治者有时为了显示皇恩浩荡，赏赐官员比本官高一级别的俸禄，比如"左龙武军将军、宏州团练使、驸马都尉李遵勖为康州团练使，给观察使俸料、公使钱"。⑤ 李遵勖的本官为团练使，赏赐观察使的俸禄和公使钱，以示敦睦亲族。

北宋"朝廷之制，七十致仕"，⑥ 实行致仕官半俸之制。太宗淳化元年下诏："应曾任文武职事官、恩许致仕者，并给半俸，以他物充，于所在州县支给。"⑦ 但有时为了凸显对于官员的优待，致仕官也给全俸，景德四年十月十八日，"以左龙武军大将军、平州防御使、分司西京上

---

① 《宋史》卷一一九《礼志二十二》，第 2802 页。
② 《宋会要辑稿·礼六二之八》，第 2117 页。
③ （宋）周密：《武林旧事》卷三《岁晚节物》，《全宋笔记》第 8 编第 2 册，大象出版社，2017，第 49 页。
④ 《续资治通鉴长编》卷九六，天禧四年十二月乙酉，第 2228 页。
⑤ 《续资治通鉴长编》卷九〇，天禧元年十二月戊子，第 2090 页。
⑥ 《宋会要辑稿·职官七七之二九》，第 5157 页。
⑦ 《宋大诏令集》卷一七八《致仕官给半俸诏》，第 640 页。

官正守本官致仕，给全俸"，^① 又"大中祥符五年，二月二十二日，以深州团练使、天雄军副都总管杨嗣为左龙武军大将军致仕，给全俸"。^② 上官正以遥郡防御使致仕，杨嗣以遥郡团练使致仕，都因特诏而得全俸。宦官也有因特恩寄资时给全俸者，"勾当御药院李宪为遥郡团练使寄资，给全俸"。^③ 又，"同判都水监、入内东头供奉官、寄礼宾使、遥郡刺史宋用臣为寄六宅使、遥郡团练使，给寄资全俸"。^④ 寄资是指宦官脱离前后两省升迁转归吏部而继续留用的制度。防御、团练两使也有因特恩而超越官阶领俸的情况，"左龙武军将军、宏州团练使、驸马都尉李遵勖为康州团练使，给观察使俸料、公使钱"。^⑤ 蔚州刺史慕容德丰轻财好施，善待将士，并能缮兵固守，饷道无阻，皇帝诏书嘉奖，听闻"母留京师，妻孥寓长安，甚匮乏，上闻而悯之，特诏给团练使俸"。^⑥ 藩官一般无俸禄，但朝廷有时为凸显优待，也赐予个别藩官俸禄。如"以西蕃邈川首领宁远大将军、爱州团练使唃厮啰为保顺军留后，岁给俸钱，令秦州就赐之"。^⑦ 大中祥符二年诏："丰州防御使王承美月给钱五万，自承美奉土内属以蕃官例，赐禄至是特增焉。"^⑧ 宋代官员因疾病等事由请假超过一定时间后，一

---

① 《宋会要辑稿·职官五七之二六》《宋会要辑稿·职官五七之二七》，第 4571—4572 页。

② 《宋会要辑稿·职官五七之二八》，第 4572 页。

③ 《续资治通鉴长编》卷二四七，熙宁六年冬十月辛巳，第 6024 页。

④ 《续资治通鉴长编》卷三〇〇，元丰二年九月丁卯，第 7297 页。

⑤ 《续资治通鉴长编》卷九〇，天禧元年十二月戊子，第 2090 页。

⑥ 《续资治通鉴长编》卷四七，咸平三年夏四月庚戌，第 1009 页。

⑦ 《续资治通鉴长编》卷一一七，景祐二年十二月壬子，第 2765 页。

⑧ 《宋会要辑稿·职官五七之二七》，第 4572 页。

般停发俸禄，① 但对于个别高级武官，也有破例优待的情况。天禧元年十二月，团练使陈文颙久疾，"在告诏仍旧俸"。②

北宋俸禄制度虽经过几次大的变动，但总体较为稳定。分析北宋防御使、团练使的收入，还需要参考当时的物价水平，以便更直观地了解其收入的购买力。北宋都城开封既是全国的政治、经济和文化中心，又是当时世界人口最多的城市，因此，房屋拥挤，价格昂贵，"甲第星罗，比屋鳞次，坊无广巷，市不通骑"。③ 据程民生研究，开封房屋，"在北宋前期时高档豪宅价格约 1 万贯，较高档宅院约 5000 贯，普通民宅约 1300 贯，小型高档宅院 500 贯左右"。④

五　经商

宋代武官尤其是以防御使、团练使为代表的中高级武官，经济待遇丰厚。宋代经济发展水平较高，士人经商成为社会风尚，有着特权和资本的宗室、外戚，也参与到经商大潮之中。比如爱州防御使石保吉，"累世将相，家多财；所在有邸舍、别墅，虽馔品亦饰以彩缋。好治生射利，性尤骄倨……又染家贷钱，息不尽入"，⑤ 涉足多种商

---

① 朱瑞熙：《中国政治制度通史·宋代卷》，人民出版社，1996，第700 页。
② 《宋会要辑稿·职官五七之三一》，第 4574 页。
③ （宋）吕祖谦：《宋文鉴》卷二《皇畿赋》，齐治平校点，中华书局，1992，第 20 页。
④ 程民生：《宋代物价研究》，人民出版社，2008，第 40—42 页。
⑤ 《宋史》卷二五〇《石保吉传》，第 8813 页。

业，盈利巨大。在中国古代社会，马为重要的交通工具和战略物资，价值不菲。根据程民生研究，北宋真宗时，根据质量的不同，马匹价格为 8—110 贯。^① 贩卖马匹的利益可观，吸引了众多武将参与其中。如柴宗庆"私使人市马不输税"；^② 王德用"尝令府州折继宣市马"，后又"以马与券来上，乃市于商人"。^③

宗室、外戚经商有着得天独厚的优势：与其他商人相比，可以凭借皇亲国戚的身份，参与经营国家禁榷行业从而牟取暴利，倘若触犯朝廷律法，还享有从轻处罚的特权。宋代将国家专卖制度称为"禁榷"。宋朝禁榷范围较之汉唐则进一步扩大，"宋之经费，茶、盐、矾之外，惟香之利博，故以官为市焉"。^④ 朝廷禁榷利润巨大，吸引仕宦之家蜂拥而至，"纡朱怀金，专为商旅之业者有之。兴贩禁物茶盐香草之类，动以舟车椿迁往来，日取富足"。^⑤ 朝廷为了保障酒的禁榷收入，严格打击官民私自酿造售卖，"熙宁法，每卖一斗，杖八十，一斗加一等，罪止杖一百"。^⑥ 但对于宗室、外戚却网开一面，允许其酿造售卖：

皇朝始置上酝局，其外诸后殿、亲王府与主弟勋

① 程民生：《宋代物价研究》，第 304 页。
② 《续资治通鉴长编》卷七八，大中祥符五年六月戊申，第 1770 页。
③ 《续资治通鉴长编》卷一二四，宝元二年八月己巳，第 2921 页。
④ 《宋史》卷一八五《食货志下七》，第 4537 页。
⑤ 蔡襄：《国论要目·废贪赃》，(宋) 赵汝愚：《宋朝诸臣奏议》卷一四八，第 1694 页。
⑥ 《苏辙集》卷四六《论禁宫酒札子》，陈宏天、高秀芳校点，中华书局，1990，第 808 页。

戚之家，例许酝造，间赐以美名。惠恭后殿曰仪德，宁德后殿曰坤仪，德隆殿曰日月波澜，圣后殿曰坤珍，宣仁高后宅曰香泉，钦圣向后宅曰天醇，钦成朱后宅曰璃绿，绍怀刘后宅曰玉腴，明达刘后宅曰瑶池……李遵勖曰金波，王师约曰源瑶，李玮曰衮醒，王诜曰碧春，张敦礼曰灵液，曰醽醁，曹诗曰成春，曹晟曰保平，潘正夫曰庆源，曹湜曰介寿。[1]

皇帝往往还会赐宗室、外戚酿造的良酒以美名，随着宗室、外戚家族酿酒技术的进步以及产量的增多，其酿造的美酒源源不断地向市场销售，以至于开封酒户亏损巨大，朝廷这才意识到皇亲国戚售酒与政府夺利问题的严重性，筹划订立约束其售酒的法规。元祐五年，"近以在京酒户亏失元额，改定宗室外戚之家卖酒禁约，大率从重。……其余以次定罪，皇亲临时取旨"。[2] 可以看出，朝廷想要加大对于皇亲国戚贩酒的惩处，但因他们身份特殊，具体事宜还需皇帝亲自审定。元祐七年，朝廷关于皇亲国戚售酒的法规终于出台，"宗室、外戚、臣僚之家，违犯酒禁如累及三次，并勾收槽杖"。[3] 皇亲国戚贩卖酒水的事情被发现，并违反规定，累计三次以上，朝廷才做出处罚。这样的规定等同于默许和放纵皇亲国戚之家继续酿造、贩酒营利。

中国古代社会由于科技发展水平的限制，房屋尤其是

---

① （明）陶宗仪等编《说郛三种》贰卷六十《藏一话腴》，上海古籍出版社，2012，第910页。

② 《续资治通鉴长编》卷四五三，元祐五年十二月丁巳，第10875页。

③ 《续资治通鉴长编》卷四七二，元祐七年夏四月丁卯，第11269页。

建筑和船舶的制造都需要大量优质木材。朝廷的大量需求就为高官贵戚提供了生财之道。北宋初年的"秦陇市木案",就牵扯了众多的文武官员,太宗不得不对其进行处置。秦陇地区历来盛产优质木材,宋太祖在汴京设立竹木务,"市竹木于秦晋"。① "时权要多冒禁市巨木秦、陇间,以营私宅,及事败露,皆自启于上前。"② 太平兴国五年,宣徽北院使、判三司王仁赡密奏:"近臣、戚里多遣亲信市竹木秦、陇间,聊巨筏至京师,所过关渡称制免算。既至,厚结执事者,悉官市之,多取其直。""上怒,以三司副使范旻、户部判官杜载、开封府判官吕端属吏。旻、载具伏罔上贵市竹木入官。端为秦王府亲吏乔琏请托执事者。"其中包含外戚王承衍、石保吉、魏咸信三人,"各罚俸一年"。③ 由以上史料可知,其一,太宗大怒的真正原因为内外勾结营私。其二,与贩卖木材的盈利相比,罚一年俸禄简直不值一提。皇亲贵戚凭借显赫身份,得以从轻处罚,在经商中谋取巨额利润。

宋朝实行"不抑兼并"之策,太祖鼓励武将多购置田产,这样既保障了武将的经济地位,又达到了为国守财的目的,从而实现了在经济、政治两方面巩固统治。康州防御使柴宗庆计划扩充宅邸,欲购买邻居张氏的房产,"请市所居北邻张氏舍以广其居。张氏即宗室婿。朕语之:'如立券出卖,则可也。'及询张氏,且云仰傲钱。朕戒令

---

① (宋)陈师道:《后山谈丛》卷六,中华书局,2007,第77页。
② 《宋史》卷二六四《沈伦传》,第9113页。
③ 《续资治通鉴长编》卷二一,太平兴国五年八月甲戌,第478页。

不得强市，止赐钱二百万，听他处营置"。① 宣和五年，朝中臣僚向宋徽宗建议："比年臣下缘赐第宅，展占民居，甚者至数百家迁徙，逼迫老幼怨咨。乞自今除大臣、戚里于旧制应赐外，余悉赐金钱，使自营创，如敢干乞，重置典宪。"②

　　北宋宗室、外戚、武臣不但是皇亲贵戚的重要组成部分，还在统治阶级中扮演重要角色，是拥有皇亲和政治双重地位的权贵阶层。北宋建国后，对外面临与周边少数民族政权的战争，对内要追求稳定并扩大统治根基。宋朝统治者在国家和宗族两个层面，以联姻作为扩大统治基础的有效途径。以防、团两使为代表的宗室、外戚、武臣享受着丰厚的经济待遇，这包括较高的本俸、名目众多的物质赏赐以及纵容性的经济态度。其一，北宋一直奉行"崇文抑武"③之策，在抑制武将的同时，给予其丰厚的经济待遇，使其安于现状，避免五代时武人乱世的祸患。其二，皇亲、外戚担任防御使、团练使又较非皇亲经济待遇优厚，这主要由于宋代防范宗室、外戚，他们担任外任官受限，以经济作为补偿。经济利益的背后实则是朝廷为稳定重臣贵戚的政治目的，宋朝统治集团用优厚的经济优待博取了武将贵戚的信任和支持，维护了统治基础。

---

① 《宋会要辑稿·帝系八之四八》，第 203 页。
② 《宋会要辑稿·方域四之二三》《宋会要辑稿·方域四之二四》，第 9342 页。
③ 陈峰：《北宋武将群体与相关问题研究》（增订本），第 216—267 页。

第二节　荫补优待

对于防御使与团练使除了物质上的优待外，还有荫补子孙为官及叙封亲属等相关政治性待遇。"封妻荫子"一直都是中国古代社会官员所逐目标，因为此是对于他们政治生涯最实在的评价与肯定。"荫补又称'恩荫'、'任子'、'门荫'、'世赏'等，是朝廷根据官员职、阶高低而授给其子弟或亲属、门客以官衔或差遣的制度。"① 荫补制度是奴隶制时代"世卿世禄"制的残余。自秦汉至清末，荫补制度贯穿了整个中国古代历史，成为官僚贵族集团享有的政治特权。而荫补制度的泛滥程度尤以宋代为最。②

一　北宋对于防御、团练两使荫补发展过程

唐代官员荫补亲属的范围比较狭小，安史之乱至五代时期，荫补之制基本没有实施。自宋太祖开国后，才恢复唐初之制，五品以上文武官员可荫补子弟。③ 唐以前，任子制度无类别可分，宋真宗以后，荫补制度的名目众多，并逐渐成为定制，如郊祀荫补、圣节荫补、登极荫补、册后荫补、致仕荫补、遗表荫补、殁于王事荫补等。除此之外，北宋还有因改元荫补的特例，"太宗淳化，始因改元恩需，文班中书舍人、武班大将军以上，并许荫补，如遇

---

① 朱瑞熙：《中国政治制度通史·宋代卷》，第640页。
② 苗书梅：《宋代官员选任和管理制度》，第54页。
③ 《宋史》卷一五九《选举志五》，第3727页。

转品，即许更荫一子，而奏荐之广自此始"。^① 因太宗改
元，武臣大将军以上许荫补，若再转品阶，还可以多荫补
一子。真宗大中祥符八年定承天节、南郊奏荫子弟恩例：
"防御、团练、客省引进、四方馆、阁门使，枢密都承旨，
子授右班殿直，弟、侄、孙三班奉职……南郊，刺史以上
如承天节例。"^② 承天节即真宗诞辰之节，此项荫补新规
定，是对唐、五代旧制度的整合，标志着新的政治架构的
形成。根据这一规定，刺史以上武官在圣节及南郊大礼均
可荫补亲属为官，子授右班殿直（属三班小使臣阶列，正
九品），弟、侄、孙授予三班奉职（属三班小使臣阶列，
从九品）。

仁宗天圣元年，"诏文武官奏荫子弟者各从本资"。^③
即正式规定，荫补要严格区分文武。北宋奉行"崇文抑
武"的国策，此诏令无疑强化了文武之别，武官仅能荫补
武职。为严格制度，朝廷对于荫补的亲属关系也做了规
定："文武官奏荐别房子弟及异姓亲，年幼未得俸而本房
无人食禄者，具以名闻。"^④ 明道二年（1033），朝廷对于
武臣团练使以上荫补异姓宗亲做了明确规定："诏文臣待
制、武臣团练使以上，遇大礼已尝奏荐异姓者，毋得再有
陈乞。"^⑤ 武臣团练使以上官员若已荫补过异姓亲属，则不
可再次荫补。由此规定可见，明道二年之前，朝廷对于武

---

① （元）马端临：《文献通考》卷三四《选举考七》，第1004页。
② 《续资治通鉴长编》卷八四，大中祥符八年正月己丑，第1912页。
③ 《续资治通鉴长编》卷一〇〇，天圣元年夏四月癸丑，第2321页。
④ 《续资治通鉴长编》卷一〇八，天圣七年秋七月乙亥，第2520页。
⑤ 《续资治通鉴长编》卷一一二，明道二年六月甲辰，第2619页。

臣团练使以上官员的荫补给予了较大的优待，不但可荫补同姓宗亲，连异姓亲属也可多次荫补。仁宗之前，高级武官不仅可以荫补异姓亲属，还可以荫补毫无血缘关系的富民："诏武臣毋得补富民为教练使，衙内、知客、子城使，其随行人听补。"① 天圣六年诏令颁布后，禁止将有钱人荫补为衙前。

至仁宗时期，冗官危机愈发严重，荫补人数过多，无疑加重了这一危机。同时，冗官也使得官僚素质下降，有识之士纷纷上书，要求改弦更张。仁宗亲政后，孙沔言："国朝自景德、祥符间，屡行大礼，旁流庆泽。凡文资自带职员外郎，武职自诸司副使以上，每遇南郊；及知杂御史、刺史以上，逐年圣节，并许奏荫子孙弟侄，虽推恩至深，而永式未立。……或自田亩而来，或从市井而起，官常之位已著，而仆隶之态犹存。是则将国家有数之品名，给人臣无厌之私惠，故使父兄不敦教训，子弟不修艺业，俾之从政，徒只害民，若不急为更张，已见积成弊幸。"② 孙沔言，自真宗景德、大中祥符年间后，武臣自诸司副使以上，遇南郊大礼即行恩荫，刺史以上每年遇圣节即推恩子弟，长此以往，荫补人数过多，且官员素质参差不齐，众多官员子弟不学无术，已成积弊。因此朝廷下达了限制荫补的政令："诏管军臣僚非乾元节及大礼不得非次陈乞亲属恩泽。"③ 庆历三年，朝廷颁布了《任子诏》，对于百官荫补做出进一步调整，其中对于防御、团练两使的荫补

---

① 《续资治通鉴长编》卷一〇六，天圣六年冬十月丁丑，第 2483 页。
② 《续资治通鉴长编》卷一三二，庆历元年五月壬戌，第 3125 页。
③ 《续资治通鉴长编》卷一三二，庆历二年五月丁卯，第 3270 页。

规定："客省使、引进使、防御使、团练使、四方馆使、枢密都承旨、阁门使，除子右班殿直，期亲三班奉职。自今子孙并期亲尊属并如故，其余亲属自三班借职以下安排。"①

范仲淹等人被排斥出朝廷后，庆历新制被屡次更改，庆历六年，朝廷下诏："诏使相、节度使以下，正刺史、殿前都指挥使至龙神卫四厢都指挥使、带遥郡团练使以上，奏荐班行恩例，自今并依旧制，余依前后条贯施行。"② 由此，庆历新制中的荫补武官制度被废除，武官荫补依前制而行。但是冗官之弊仍旧存在，朝廷又对荫补法做了调整，"今后文武臣僚每遇乾元节合奏得亲属者，除期亲依旧外，大功亲候遇郊禋许奏一名，小小功已下再遇郊禋许奏一名。其每遇郊禋合奏得亲属者，除子孙依旧外，其余期亲候再遇郊禋许奏一名，其大功已下三遇郊禋许奏一名"。③ 这一诏令规定在圣节及南郊大礼中，要依据亲缘关系的远近来荫补官员亲属，以达到限制官员荫补人数的目的。同时，朝廷对于特殊情况下的荫补也做出补充规定："诏文武官遇南郊，得奏荐子孙，而年老无子孙者，听奏期亲一人。"④

仁宗后期，要求改革荫补之制的呼声充斥朝野上下。龙图阁直学士、右谏议大夫李柬之言："今文武官三司副使、知杂御史、少监、刺史、阁门使以上，岁任一子；带

---

① 《宋大诏令集》卷一六一《任子诏》，第 612 页。
② 《续资治通鉴长编》卷一五八，庆历六年夏四月戊午，第 3825 页。
③ 《续资治通鉴长编》卷一七三，皇祐四年九月甲辰，第 4170 页。
④ 《续资治通鉴长编》卷一七四，皇祐五年二月戊子，第 4200 页。

职员外郎、诸司副使以上，三岁得任一子。文武两班可任子者，比之祖宗朝，多逾数倍。遂使绮纨子弟，充塞仕途，遭逢子孙，皆在仕宦，稚儿外姻，并沾簪笏之荣。"李柬之描述了当时朝野的恩荫情况，认为纨绔子弟充斥仕途皆因"任子之恩太广也"。因此，中书下诏："罢每岁乾元节任子。"① 范镇给仁宗上了《论荫补旁亲之滥》，表达了对荫补的看法："武官自横行以上，岁奏一人……见任学士、正任团练使以上比唐三品，得荫曾孙，知杂御史、正刺史以上比唐五品，得荫孙……兄弟叔侄，于公则刑不相及，于私则财不相及。至于朝廷爵赏则轻加之，为不可也。臣欲乞除品合得荫补，朝廷必欲徇其私爱，加惠旁宗，且令依旧奏补，无使入流，如有才艺，自随科目贡举，课试中科目者，比类白身人优与推恩，其无子孙者，特听奏旁亲一人入流，如此则下不失私亲之爱，上无冗官滥赏之弊。武官亦如此。"② 根据诸位大臣的建议，仁宗于嘉祐元年制定了荫补新制，具体到高级武官的荫补之法为："武臣阁门使已上，至节度观察留后、统军上将军、枢密都承旨及管军节度观察留后、龙神卫四厢都指挥使、捧日天武龙神卫左右厢主带遥郡团练使已上，遇郊荫大功亲，再遇郊荫小功亲。……陕西、河东、河北缘边部署，听奏亲属有官入优便地一人，若子孙与减磨勘年。诸路钤辖，除广东、西及知邕、宜州听荫子孙及期亲外，益、

---

① 《续资治通鉴长编》卷一八一，至和二年九月辛巳，第4376页。
② 范镇：《上仁宗论荫补旁亲之滥》，（宋）赵汝愚：《宋朝诸臣奏议》卷七四，第810页。

梓、利、夔四路但听奏有官亲属入优便地，子孙与减磨勘年。"① 由此可知，防御、团练两使遇郊可荫大功亲，再遇郊可荫小功亲。若在边区任职，可以减子孙的磨勘时间代替荫补其他亲属为官，这样既给予了防御使、团练使等中高级武官特权照顾，又减少了入官人数，使得荫补制度更为成熟，成为以后荫补之法的发展趋势。

神宗元丰时期，针对宋开国以来官名与差遣相分离、新旧机构混乱、官称混杂等官制复杂状况，朝廷进行了官制改革。在官制改革的大潮中，对官员荫补之制也做了相应调整，最大的变化即阶官名称的改变。具体到正任及遥郡防御、团练两使的荫补制度为："枢密都承旨、正侍大夫至右武大夫、防御使、团练使、延福宫使至昭宣使任入内内侍省都知以上：子，保义郎；孙及期亲，承节郎；大功以下亲，承信郎"，"忠佐带遥郡者，每两遇大礼荫补，子，刺史，进武校尉；团练使、防御使，承信郎"。② 此次元丰荫补新制大致为以后荫补的定制。

宋徽宗时期，虽然荫补之制沿袭了神宗时期的元丰荫补法，但由于政治黑暗，各种制度外的恩荫比比皆是，"崇宁以来，类多泛赏"，以致"蔡京拔用从官，不论途辙，一言合意，即日持橐。又优堂吏，往往至中奉大夫，或换防御、观察使。由此任子百倍"。③ 蔡京执政下的恩荫官员升迁过快，以至于为数众多的武官可达防御使、观察使之位。因此，徽宗宣和元年，侍御史张汝舟言："欲乞

① 《续资治通鉴长编》卷一八二，嘉祐元年夏四月丙辰，第4403页。
② 《宋史》卷一七〇《职官志十》，第4098页。
③ 《宋史》卷一五九《选举志五》，第3732页。

文武官虽遇郊当荫，文入官不及十五年、武入官不及二十
年，皆未许荫补，以抑其太滥。"朝廷要根据官员的入仕
时间来限制荫补，"不合限年，余悉从之"。① 因此，武官
入仕二十年后才能荫补子弟，这一原则自宋徽宗时代确立
后至南宋一直实行，并成为荫补制度的重要环节之一。②

二　荫补名目

宋真宗朝之后，官员荫补逐步规范。"自祥符以后，
始有郊祀大礼、致仕、遗表之例。"③ 除郊祀大礼荫补外，
致仕与遗表荫补是荫补制度中较重要的名目。致仕与遗表
荫补是为了避免一些年老者贪恋官位，鼓励其按期致仕，
并给予特殊优待。致仕荫补的制度形成于仁宗朝，其规定
如下：

> 文武官年及七十者，乞并令自陈致仕，依旧敕与
> 一子官，如分司官给全俸。若不自陈，许御史台纠察
> 以闻。特令致仕，更不与子官及全俸。其已曾自陈，
> 有诏特留者，不在此限。所贵减冗员，励旷职。仍乞
> 文臣下审官院，依旧逐旋供报年几家状赴台，武臣下
> 枢密、宣徽院准此。其外处以敕到日为始。限满不陈
> 乞者，亦许御史台纠举，诏榜朝堂。④

① （元）马端临：《文献通考》卷三四《选举考七》，第1008页。
② 游彪：《宋代荫补制度研究》，中国社会科学出版社，2001，第77页。
③ （宋）章汝愚：《群书考索·后集》卷一七《官制门·任子》，第536页。
④ 《续资治通鉴长编》卷一一八，景祐三年六月甲戌，第2791页。

由此可见，文武官员年满七十，还有贪恋权位，不愿离职者。如宋初宰相王溥之父王祚为宿州防御使，已经年老但仍不愿陈乞致仕，王溥劝父请老，"祚不得已乃上章，且意朝廷未之许也"。王祚本以为朝廷不会批示，可却得来"以左领军卫上将军致仕"的回复，因此对儿子王溥"大梃击之"，直至"亲戚劝解，乃止"。① 宰相之父尚且如此，可想而知那些年老仍不愿致仕的官员大有人在。为鼓励年老者主动陈乞致仕，自愿让贤，朝廷给予荫一子为官的优待。除此之外，还有致仕迁转官阶的特殊恩泽，"防御、团练、刺史并除大将军，缘诸卫名额不一，至有刺史除官高于防御使者"。② 防御使、团练使致仕除诸位大将军，甚至为鼓励按期致仕，还有刺史除授防御使以上官阶的例子。若发现违规者，还要特令予以致仕。如英宗治平四年，"以果州团练使何诚用、惠州防御使冯承用、嘉州团练使刘保吉、昭州刺史邓保寿皆年七十以上至八十余，并特令致仕"。③ 神宗元丰七年，"恩州总管、信州团练使孙古，沧州总管、辰州团练使刘闻等，并以年高令致仕"。④ 由此看来，防御使、团练使虽为高级武官，但为了严明致仕制度，对两使也要一视同仁。

哲宗元祐四年，还对官员致仕陈乞恩荫的时限做了规定："应乞致仕而不愿转官者，受敕后，本州二百日内取索陈乞文状，保明受敕之实，缴进奏闻。如递铺违滞，致

---

① 《续资治通鉴长编》卷五，乾德二年六月乙卯，第 128 页。
② 《宋史》卷一七〇《职官志十》，第 4091 页。
③ 《宋史》卷一七〇《职官志十》，第 4090 页。
④ 《续资治通鉴长编》卷三四八，元丰七年八月壬辰，第 8351 页。

出条限者，更展五分日限。限满不到而亡殁，委所属保明
诣实，当与推恩。中大夫至朝奉郎及诸司使，许本宗有服
亲一人荫补恩泽；横行、诸司副使见有身自荫补人，及内
殿承制、崇班、阁门祗候见理亲民，并承议郎、奉议郎，
许陈乞有服亲一人恩例；中大夫、中散大夫、诸司使带遥
郡者，荫补外准此。即朝奉郎以上及诸司使，虽未受敕而
身亡者，在外以乞致仕状到门下省日，在京以得旨日，亦
许乞有服亲一人恩例。"① 此诏即说明哲宗时规定致仕陈乞
荫补时限为 200 日，如果有递铺等客观原因，还可宽限到
300 日。并且，武臣自诸司使以上陈乞致仕均可荫有服亲
属一人为官。一般来讲，武臣的致仕荫补以一名为限，但
是对于高级武官，也有特恩两人的情况，仅将恩荫职位降
低而已。但是，为了限制官员人数，神宗熙宁五年，辰州
团练使郭化致仕时也提出相应请求，皇帝却没有恩准：

> 辰州团练使致仕郭化言："臣致仕，例得一子恩，
> 乞依例降资分授子二人。"诏止与一人右班殿直。旧
> 例奏荐恩，许降资分授，上以为此朝廷特恩，外授非
> 古，且长侥幸，故罢之。②

由此可见，北宋对于官员的致仕荫补要求较严，这样
有利于官僚队伍的新陈代谢，保证官僚集团良性发展。同
时，朝廷以法律保障官员的切身利益，尤其是高级武官，

---

① 《续资治通鉴长编》卷四三二，元祐四年八月甲寅，第 10424 页。
② 《续资治通鉴长编》卷二三二，熙宁五年夏四月辛未，第 5637 页。

他们为宋朝江山稳定出生入死，朝廷要给予相应的补偿，致仕后荫补子孙为官无疑是较好的选择。这样对于高级武职人员既是激励又是鞭策。

北宋，除了中高级武将可以致仕荫补，宦官也有同样的权利。仁宗至和元年（1054）诏："大将军致仕，遇南郊陈乞亲子孙班行者，如元系正团练使及遥郡防御使已上，曾任两省都知除致仕者，每遇郊恩许奏一名；曾任正刺史及两省押班致仕，后遇郊恩，许奏一名，依例与班行。后更两遇南郊，方许更奏一名，仍勘会历任无赃罪者施行。其余分司致仕官，更不得陈乞。"① 以两省都知致仕的宦官，原官职为正任团练使及遥郡防御使以上的，遇南郊大礼可荫补子孙为三班官，即三班奉职、三班借职等。

除以上所述外，还有遗表荫补与"殁于王事"荫补。遗表荫补，又被称为遗表恩泽，是宋代官员及特权阶层去世后，由朝廷根据其所写遗表，荫补其亲属乃至门客、仆从等为官的一种特恩制度。苗书梅先生认为：宋代一般四品以上高级官员皆有遗表恩泽，而文臣带职、武臣有战功或系随龙人，从七品以上，也可遗表荫补亲属。② "殁于王事"荫补又称为死事荫补，是朝廷为了表彰因忠于朝廷而英勇献身的义士而荫补其亲属的制度。此制度实行的对象一般为"凡殁于王事，无遗表致仕格法者，听奏补本宗异姓亲子孙弟侄，文臣将仕郎，武臣承信郎；余亲，上州文学或进武校尉，所以褒恤忠义也"。③ 由此而见，元丰后属

---

① 《续资治通鉴长编》卷一七七，至和元年冬十月戊午，第4288页。
② 苗书梅：《宋代官员选任和管理制度》，第61页。
③ 《宋史》卷一五八《选举志四》，第3718页。

从五品的防御使、团练使，其死后既可因制而行遗表荫补，又因战争频繁可行皇帝特恩的"殁于王事"荫补。以现存史料为依据，我们具体考察一下北宋时期防御使、团练使卒后，荫补亲属的情况（见表4-5）。

表4-5　北宋防御使、团练使卒后荫补情况

时间	姓名	卒时官职	死亡原因	荫补情况	资料来源
建隆三年十二月	马全义	左厢都指挥使、江州防御使	因疾病而亡	一子补西头供奉官	《长编》卷三
乾德元年	马令琮	怀州团练使	因疾病而亡	录一子为殿直	《宋史》卷二七一
乾德元年	张琼	殿前都虞候、嘉州防御使	因受史圭、石汉卿所诬，太祖赐死	因子尚幼，乃择其兄进为龙捷副指挥使	《长编》卷四；《宋史》卷二五九
咸平四年	符昭愿	蔡州防御使	不载	子承煦，为左千牛卫将军	《宋史》卷二五一
咸平五年	裴济	顺州团练使、知灵州兼都部署	因李继迁攻陷灵州而死	三子并优进秩	《长编》卷五一；《宋史》卷三〇八
景德四年	许均	磁州团练使、知代州	因疾病而亡	录其子怀忠为奉礼郎，怀信为侍禁	《宋史》卷二七九
景德五年	杨琼	左领军卫大将军、领贺州团练使、知兖州	不载	录其子舜臣为奉职	《宋史》卷二八〇
真宗后期（景德三年后）	何承矩	齐州团练使	在任而卒	以其子龟龄为侍禁；昌龄、九龄为殿直；遐龄为斋郎	《宋史》卷二七三
大中祥符五年	白守素	合州团练使、南作坊使	不载	录其一子官	《宋史》卷二八〇

续表

时间	姓名	卒时官职	死亡原因	荫补情况	资料来源
大中祥符六年	王承美	丰州防御使	不载	录其子文宝、孙怀筠以官	《宋史》卷二五三；《长编》卷七九
大中祥符七年正月	杨延昭	英州防御使、高阳关副都部署	不载	录其三子官，其常从、门客亦试艺甄叙之	《长编》卷八二；《宋史》卷二七二
大中祥符七年九月	高文岯	石隰州缘边都巡检、峡州防御使	不载	录其子孙；以文岯长子继升为崇仪副使，领父任	《长编》卷八三
大中祥符七年九月	荆嗣	虢州防御使、邠宁环庆副部署	不载	录其子	《长编》卷八三
大中祥符八年	魏能	康州团练使、右骁卫大将军、虢州都监	不载	录其子正为阁门祇候，靖为三班奉职	《宋史》卷二七九
大中祥符九年	王荣	左卫大将军、领昌州防御使、河南府驻泊都监	不载	官其一子	《宋史》卷二八〇
天禧元年	司超	蕲州防御使、行营前军步军都指挥使	开宝七年，随朝廷将讨江左卒	录其孙为三班奉职	《宋史》卷二七二
天禧二年	魏昭亮	端州防御使	因疾病而亡	以弟昭侃为供备库使，子余庆为内殿崇班	《宋史》卷二四九
天禧三年	向通汉	富州防御使、五溪都防御使	不载	其子光舜知富州事。光舜寻卒，改命其次子光宪袭焉	《长编》卷九三

续表

时间	姓名	卒时官职	死亡原因	荫补情况	资料来源
天禧末	张进	昭州防御使,并、代副都部署	不载	录其次子元素为三班借职	《宋史》卷二七九
天禧五年	张晖	凤州团练使兼缘边巡检壕砦桥道使	从太祖伐蜀而亡	晖妻年百五岁,家贫,录其孙永德为三班借职	《宋史》卷二七二
天圣九年	刘从德	恩州兵马都总管、知相州、蔡州团练使	因疾病而亡	录内外姻戚门人及僮隶数十人	《宋史》卷四六三
庆历二年	葛怀敏	泾原路副都部署、殿前都虞候、眉州防御使	因与夏定川寨之战阵亡	子宗晟、宗寿、宗礼、宗师,皆迁官	《长编》卷一三八;《宋史》卷二八九
皇祐四年	张忠	英州团练使	平侬智高反而卒	录其父率府副率致仕余庆为左监门卫大将军,弟愿迁右班殿直、阁门祗候;官其子永寿、永吉、永德及其婿刘镩凡四人	《宋史》卷三二六
熙宁四年	折继祖	皇城使、解州防御使	不载	继祖有子当袭州事,请以授兄之子克柔,诏从之,而进其三子官,录二孙为借职	《长编》卷二二六;《宋史》卷二五三
元丰五年	高永能	进四方馆使、荣州团练使	因永乐之役而亡	录子世亮为忠州刺史,诸孙皆侍禁殿直	《宋史》卷三三四;《长编》卷三三〇
徽宗时期	郭成	雄州防御使、泾原钤辖	因筑城感疾卒	官其子婿	《宋史》卷三五〇

注:此表不含宗室及宦官。

　　由表 4 - 5 可知，北宋防御使、团练使卒后恩荫亲属的共计 26 人，且大多集中于北宋中前期。其中，还包含外戚 2 人，魏昭亮与刘从德。魏昭亮乃太宗女永庆公主之子，刘从德乃真宗刘皇后兄，刘美之子。恩荫亲属绝大多数为子，也有少量荫补孙、弟、兄、婿的情况，仅有一例张忠因平侬智高之反，封父晋官的情况。受荫补人的官职一般以从九品的三班奉职、三班借职及正九品的殿直等小使臣为主。北宋名将王全斌的曾孙王凯，在真宗朝"以全斌平蜀之功，而审钧复死于忠义，当录其后。遂除凯三班奉职"。① 三班奉职为九品武官，王凯由此而起，后升至"殿前都虞候，陇州防御使、权管勾步军司事"。② 宋代，有军功、阵亡将士的子孙，可荫补为武阶，"没于行阵将校之子孙，或录二人至三人，自今非战胜而没者请止录一人"。③ 神宗、哲宗两朝名将刘昌祚，"父贺，战没于定川。录为右班殿直"，哲宗时，"进步军都虞候、雄州团练使、知渭州，历马军殿前都虞候"。④ 刘舜卿因父亲刘钧和哥哥刘尧卿战死于好水川，10 岁时"录为供奉官"，⑤ 后因军功由"马军都虞候、宁州团练使、权发遣熙河兰会路经略安抚司公事"升迁为"殿前都虞候、忠州防御使"。⑥ 姚兕、姚麟兄弟因父亲姚宝战死定川，荫补为右班殿直。姚

---

① （宋）曾巩撰，王瑞来校证《隆平集校证》卷一六《武臣·王凯》，第 474 页。
② 《续资治通鉴长编》卷一七五，皇祐五年九月壬辰，第 4235 页。
③ 《续资治通鉴长编》卷一七三，庆历二年六月乙未，第 3279 页。
④ 《宋史》卷三四九《刘昌祚传》，第 11053 页。
⑤ 《宋史》卷三四九《刘舜卿传》，第 11062 页。
⑥ 《续资治通鉴长编》卷四一二，元祐三年七月丙辰，第 10027 页。

麟因对夏战事，升"成州团练使、龙神卫四厢都指挥使"。①

　　荫补人数及官位高低，还会因统治者的好恶而平添了些许随意性。天圣九年，蔡州团练使、知相州刘从德因病而卒。刘从德因为是刘太后的外甥，不仅获赠保宁节度使，还被封荣国公，给予康怀谥号。可即便如此，"太后悲怜之尤甚"，因此"录内外姻戚门人及僮隶几八十人。从德姊婿龙图阁直学士马季良、母越国夫人钱氏兄惟演子集贤校理暖及妻父王蒙正皆缘遗奏，各迁两官。屯田员外郎戴融尝佐从德卫州，为度支判官"。②刘从德"无才能，特以外家故，恩宠无比"，③仅仅因为外戚的身份而获得恩荫数十人的优待，拥有赫赫战功的武将无法与之相比，自然会引起朝中大臣的非议，因此"台谏曹修古等四人，连名上章极谏，庄献大怒，陛下不得已，遂贬此四人"。④

　　荫补入仕的官员并不是就此高枕无忧了，他们也要经过考试才可成为正式官员。宋真宗咸平三年，"文武臣僚荫补子孙，殁于王事亲属授官者，苟事不学，动成过咎，持禄自满，岂知民情？……欲望自今文武臣僚奏补及殁于王事子孙骨肉，内京官候至求差遣时，审官院官员亲写家状，仍令读一经，家状取书札稍堪，读书取精熟无设者，方为合格，依例与监当。……其直授州县官等委铨司依此

①　《宋史》卷三四九《姚麟传》，第 9308 页。
②　《续资治通鉴长编》卷一一〇，天圣九年十一月乙未，第 2571 页。
③　《宋史》卷四六三《刘从德传》，第 13550 页。
④　《续资治通鉴长编》卷一一三，明道二年十一月乙卯，第 2652 页。

考试，候合格方得给签符、历子，发遣赴任。"① 对于殁于王事的官员子弟，荫补入仕后的考试内容有写家状和读一经，并设置合格要求，这对于提升荫补官员素质起了一定作用。

除此之外，北宋还会因防御使、团练使的具体事功而给予其荫补权利，如"皇城使、登州防御使宋用臣与将来一子入仕者迁一官"，因其"开天源河有劳，而用臣为提举故也"。② 也会对有功劳的藩官实行荫补，以作安抚。如熙宁年间，西藩将领木征来降，神宗赐其"姓赵名思忠，为荣州团练使"，并荫补两子为"右侍禁"。③ 元丰八年，熙河兰会路制置使李宪言，众藩官大败贼众，临阵斩其将色辰岱楚，为赏功，"河州蕃兵将皇城使、光州团练使李忠杰领雄州防御使，又以一官回授其子；岷州蕃兵将皇城使、沂州团练使、带御器械、权本路都监李祥升，钤辖蕃官皇城使阶州防御使包顺，授其子一官"。④ 对于有战功的任职团练使与防御使的藩官，都给予官其一子的赏赐，以示嘉奖。元祐二年，"修筑兰州西关堡毕，客省使、荣州团练使、知兰州王文郁等望优赐推恩"。⑤ 因修筑兰州西关堡的功劳，荣州团练使王文郁获得朝廷赐予的推恩待遇。

北宋，荫补出身，官至团练使、防御使的例子比比皆是，代表人物有：真宗时期的曹璨，其父为宋初大将曹

---

① （宋）章汝愚：《群书考索·后集》卷一七《官制门·任子》，第535页。
② 《续资治通鉴长编》卷三三六，元丰六年闰六月戊寅，第8092页。
③ 《续资治通鉴长编》卷二五四，熙宁七年六月丁亥，第6212页。
④ 《续资治通鉴长编》卷三五一，元丰八年二月辛巳，第8408页。
⑤ 《续资治通鉴长编》卷四〇二，元祐二年六月丙午，第9342页。

彬，因此"以荫补供奉官"。^① 供奉官为东头供奉官、西
头供奉官，八品武阶。曹璨因军功历任"鄜延路副都部
署，拜赵州刺史，领武州团练使，充麟、府、浊轮副部
署。出蕃兵邀继迁，俘馘甚众。入为枢密都承旨，改领
亳州团练使。契丹入寇，命为镇、定、高阳关三路行营
都钤辖，领康州防御使，再知定州"。^② 神宗时期将领种
谔，其父为西北名将种世衡，种谔"以父任累官左藏库副
使"，后因宋夏战争中的军功升迁，"迁凤州团练使、龙神
卫四厢都指挥使"。^③ 种谔之子种师道，"以荫补三班奉
职"，以西北边防军功"迁龙神卫四厢都指挥使、洺州防
御使、知渭州"。^④ 西北种氏家族在宋夏、宋辽战争中屡建
奇功，因功荫补的子弟又为国家效力，由此可见，此种措
施既可以有效地对国家进行治理，又可以笼络高级武将，
稳定军心。

在中国古代社会，皇帝依靠文武百官来对国家进行治
理，为了稳定统治，不得不对高级官员予以各种优待。荫
补子孙维持官僚家族长久的政治势力，无疑是最可笼络人
心的方法。宋代继承了这一统治手段，但在维护官员既得
利益的同时，也要限制荫补官员的入仕官阶和人数，以实
现官僚群体的新陈代谢。如此这般，才可化解士庶矛盾，
从而实现赵宋王朝的稳固发展。

---

① 《宋史》卷二五八《曹璨传》，第 8984 页。
② 《宋史》卷二五八《曹璨传》，第 8984 页。
③ 《宋史》卷三三五《种谔传》，第 10745 页。
④ 《宋史》卷三三五《种师道传》，第 10750 页。

第三节　封赠优待

封赠制度是为表彰官员，对其在世的直系亲属叙封官爵，以及对已亡故的直系亲属赠予官爵的制度。《朝野类要》载："生曰封，死曰赠，自有格法典例。"① 由此可知，生、死是"封"与"赠"的区分标准。封赠制度与恩荫制度一样，是统治阶级"世卿世禄"制度的残余。一般来讲，升任朝官以上的高级官员才享有封赠权。宋太祖登基后发布《登极赦》，即对文武升朝官进行封赠："太祖建隆元年正月初五日登极赦……中外见任前任职官，并与加恩。文武升朝官、内诸司使、副使、禁军都指挥使以上及诸道行军司马、节度副使、藩方马步军都指挥使，应父母妻未有官及未曾叙封者，并与恩泽；亡父母未曾封赠者，并与封赠。"② 对各文武升朝官、军将等的父母、妻子进行叙封，父母亡故者还予以封赠。真宗时期的封赠诏令中也强调了京朝官享有封赠，并且明确了致仕后才升为朝官者，没有封赠权。"致仕官曾任升朝官，则依例封赠，其致仕后迁至升朝官者，不在此限。"③ 武官的封赠依据武官阶。徽宗政和二年（1112）颁定《改武选官名诏》，以此为界分为新旧名号两个阶段。龚延明在《宋代官制辞典》中认为：武臣寄禄官阶改定之后，定以修武郎（旧为内殿

---

① （宋）赵升编《朝野类要》卷三《封赠》，第 67 页。
② （宋）李攸：《宋朝事实》卷二《登极赦》，第 19—20 页。
③ 《续资治通鉴长编》卷九〇，天禧元年八月辛未，第 2075 页。

崇班，正八品）至太尉（正一品）为升朝官。① 据此，取得封赠资格的文武大臣，升朝官官阶都在正八品及以上。②

那么具体到高级武官所享有的封赠，其授封对象都包括哪些呢？一般包括父母、妻子，如上述太祖《登极赦》中所记内容。在唐朝时形成了一套比较完整的封赠制度，并在五代时期得到继承发展。宋初的封赠之制在很大程度上沿袭自五代。③ "封赠之典，旧制有三代、二代、一代之等，因其官之高下而次第焉。"宋初承袭五代旧制，依据官员官阶的高低，分为叙封三代、二代、一代。"凡遇大礼封赠三代者，节度使。三代初封，曾祖，朝奉郎；祖，朝散郎；父，朝请郎……初赠，曾祖，太子少保；祖，太子少傅；父，太子少师。封赠曾祖母、祖母、母、妻国夫人。"④ 在初除和遇大礼时，某些高级官员才可封赠三代。具体到防御使、团练使的封赠，北宋仅允许向上封赠一代，即父、母。"凡遇大礼封赠一代者，文臣通直郎以上，武臣修武郎以上。一代初封赠父，文臣承事郎，武臣、内侍、伎术官、将校并忠训郎。"防御、团练两使在初封时，封赠父为忠训郎，叙封母为郡太君，妻为郡君，"观察使、防御使、团练使，并母郡太君；妻，郡君"。⑤

封赠父祖所授官阶皆为文官。即使原来所任为武职也

---

① 龚延明编著《宋代官制辞典》，第32页。

② 陈向利：《北宋叙封制度研究》，硕士学位论文，陕西师范大学，2008，第7页。

③ 杜文玉：《五代叙封制度初探》，《史学月刊》2003年第10期，第37页。

④ 《宋史》卷一七〇《职官志十》，第4086页。

⑤ 《宋史》卷一七〇《职官志十》，第4085页。

要换为文资，"凡封父、祖系武臣者，视文武臣封赠对换格"。此对换格的标准为："朝散大夫换遥郡团练使，朝请大夫换遥郡防御使。奉直、朝议大夫换刺史，中散、中奉大夫换团练使，中大夫换防御使。"① 前代封赠都是文武殊途，而北宋奉行"崇文抑武"之理念，官员以任文职为荣，因此，为起到激励教化的作用，北宋一律封赠父祖文阶。

五代后汉时期，对官员母的封赠仅限于嫡母，宋初继承了这一制度，直至宋真宗时期才有所改变，"请自京文武升朝官无嫡母继母者，许叙封所生母"。② 哲宗时期进一步明确了对官员生母封赠的规定，元祐二年诏："凡父及嫡继母在，不得封赠所生母；虽亡而未有官封者，不得独乞封赠所生母。若父及嫡继母、所生母未有邑封者，亦不得独乞封赠妻。"③ 诏令规定，官员若要封赠生母，必须在父亲及嫡母去世且得到封赠之后。若不符合以上条件，则不可单独申请封赠生母。若父、嫡母、继母、生母还未得到封赠，不可单独申请对妻子的叙封。

北宋仁宗朝之前，朝廷没有对封赠父祖的最高官位予以限制。只要官员有封赠资格，便可在制度内的恩例中一直封赠父祖。由此，个别受封者原本官位较低，但数次受封即可累积至极品，造成混乱："文武臣僚援敕封赠父母，

① 《宋史》卷一七〇《职官志十》，第 4087 页。
② 《续资治通鉴长编》卷九〇，天禧元年八月辛未，第 2075 页。
③ 《续资治通鉴长编》卷四〇五，元祐二年九月乙丑，第 9871 页。

有子孙官卑，累经封赠，其父官或至崇品，全不相称。"①
因此天圣十年，臣僚上奏："今详封赠事体，朝廷久已施
行，欲自今后，如子官卑，父虽居官，不是高位，或不曾
居官者，赠官不得过子三资，其后子转官高及亲弟兄有官
高者，即随子官封赠至一品。每遇覃恩……见任大两省、
大卿监、上将军、防御使、遥郡观察使、景福殿使、客省
使以上者，父不以曾与不曾任官，并许封赠至一品止，即
不得过三公；如子官虽低，父曾任上项文武官，亦许封赠
至三公止。"② 仁宗同意了臣僚的建议，将此诏令颁布执
行。此诏令规定，若父亲之前没有任官或任官仅在低位，
封赠的官职不得超其子三资。另若子孙任防御使以上官
职，其父没有任官，可以封赠至一品官，但不可超过三
公。此诏令明确了官位高低，体现了封建等级的特权性
质。哲宗元祐年间，进一步细化了有关封赠父祖官位的规
定，还对武职人员封赠父祖换授文官的资格做了限制，强
化了"崇文抑武"的治国理念以及等级观念。元祐令：
"诸赠官父者不得过金紫光禄大夫、节度使、诸卫上将军；
若身任或父曾任待制、中散大夫、上将军、景福殿使、客
省使以上及正任防御使、遥郡、观察使者不得过三公；其
父曾任一品及执政官、节度或身应封赠父为武职者，须身
由武职换授及父祖曾任武职或军职；其武臣欲封赠父为文
资者，须身由文资换授及父祖曾任文资或父曾得郊方许

---

① 《宋会要辑稿·仪制十之八》《宋会要辑稿·仪制十之九》，第
2501—2502 页。
② 《宋会要辑稿·仪制十之九》，第 2502 页。

陈乞。"①

　　封赠制度在徽宗时期出现了较大的变化，但也主要是封号的变化。原来外命妇的封号只有国夫人、郡夫人、郡君及县君四等，"等级既少、重轻不伦、全无差次别"。因此对外命妇的封号进行了修改，"朝奉郎以上封安人，朝奉大夫以上封宜人，中散大夫以上封恭人，太中大夫以上封令人，侍郎以上封硕人，尚书以上封淑人，执政官以上封夫人"。② 武臣以对应的文臣官品进行封赠，朝奉大夫为从六品，对应武职为遥郡刺史；中散大夫为从五品，对应武职为团练使；太中大夫为从四品，对应武职为观察使。因此，徽宗时期，遥郡团练使、遥郡防御使的外命妇封号为宜人；正任团练使、正任防御使的外命妇封号为恭人。对于已经授封之人，其封号要实行新旧对换，方法为"欲国郡夫人并换夫人外，其郡君、县君自今随其夫官爵高下对封"。③那么，父亲的封官则为公、侯、伯、子、男五等爵位。④

　　防御使、团练使封赠的程序是怎样的呢？一般由官员提出申请，"防御、团练使母封郡太君，妻封郡君"，"并司封施行"。⑤ 然后司封司还要"听中书制授而奉行其政令"。⑥ 审核合格后，要由吏部写制词，并发告身。对于制词，"熙宁四年中，建言者患制诰过为溢美"，因此"文臣待制、武臣阁门使以上，方特命草制，其余悉用四句定

---

① （宋）孙逢吉：《职官分纪》卷四九《赠官》，第869页。
② 《宋会要辑稿·职官九之七》，第3274页。
③ 《宋会要辑稿·职官九之七》，第3274页。
④ 《宋会要辑稿·职官九之七》，第3274页。
⑤ 《宋会要辑稿·仪制十之七》，第2501页。
⑥ （宋）孙逢吉：《职官分纪》卷九《司封郎中》，第251页。

辞"。① 哲宗元祐元年，中书规定："中大夫、防御使已下用海词外，其大中大夫、观察使已上用专词。"② 元祐年间规定，文臣从四品、武臣正五品以上官员，要单独起草制词。而防御使、团练使以下则统一用定词。防御使、团练使的母妻成为郡太君、郡君等外命妇后，要由官告院制作、司封司盖印并发放告身。其告身的制作标准为："郡君、县太君、遥郡刺史、正郎以上妻并销金，常使罗纸七张。"③ 若封赠父祖为降麻官，其告身的制作标准为："用白背五色绫纸，法锦褾、大牙轴，余虽极品，止给大绫纸，法锦褾、大牙轴。"④

表 4-6 具体考察了北宋时期防御使、团练使的封赠情况。

表 4-6 北宋防御使、团练使封赠情况

时间	姓名	所任官职	卒后赠官	封赠情况	资料来源
咸平五年	裴济	顺州团练使、知灵州兼都部署	不载	妻永泰郡君景氏卒，特诏追封平阳郡夫人	《长编》卷五一；《宋史》卷三〇八
天圣九年	刘从德	恩州兵马都总管、知相州、蔡州团练使	赠保宁节度使	母越国夫人；妻父王蒙正迁两官	《长编》卷一一〇；《宋史》卷四六三
庆历元年	任福	马军都虞候、贺州防御使	武胜军节度使兼侍中	追封母为陇西郡太夫人，妻为琅琊郡夫人	《宋史》卷三二五

① 《续资治通鉴长编》卷二八三，熙宁十年六月丙申，第 6926 页。
② 《续资治通鉴长编》卷三七〇，元祐元年闰二月丁巳，第 8956 页。
③ （宋）宋敏求：《春明退朝录》卷中，第 21 页。
④ （宋）宋敏求：《春明退朝录》卷中，第 22 页。

时间	姓名	所任官职	卒后赠官	封赠情况	资料来源
庆历二年	葛怀敏	泾原路副都部署、殿前都虞候、眉州防御使	镇西军节度使、兼太尉	妻寿宁郡王氏为河内郡夫人	《长编》卷一三八；《宋史》卷二八九
皇祐四年	张忠	英州团练使	感德节度使	录其父率府副率致仕余庆为左监门卫大将军，赐第一区，给半俸终身；封其母为河内郡夫人；封长女为清河县君	《宋史》卷三二六
熙宁七年	木征	荣州团练使		母寿安郡君郢成结赐姓李，封遂宁郡太夫人；妻俞龙七为安定郡君，结施卒为仁和县君	《长编》卷二五四
元丰元年	韩存宝	西上阁门使、忠州团练使		封母仁寿郡君，赐冠帔	《长编》卷二八九
元丰二年	包顺	皇城使、荣州团练使、岷洮州蕃部都巡检使		封赠父、母、妻子	《长编》卷三○○

由表4-6可知，北宋时期共有8位防御使、团练使获封赠，其中5人为卒后封赠，包含4人因战功阵亡封赠，1人为外戚病逝，特恩封赠。依制度，正任防御使、团练使叙封母妻时，母封为郡太君，妻封为郡君。[1] 表4-6所统计的北宋封赠情况也大体如此。但是，某些外戚与统治者

---

① 《宋史》卷一七○《职官志十》，第4084页。

的关系非同一般，也有越级封赠的情况，如刘从德之母即被封为越国夫人。另外 2 人为藩官封赠，熙宁年间，西藩木征来降，神宗对其母、妻给予叙封。神宗之前没有对藩官进行封赠的情况，但是"（包）顺自熙河开拓之初，率众来附，又秉心忠义，前后战功为一路属羌之最，虽旧无此例，可特依所乞"。因此，皇城使、荣州团练使、岷洮州蕃部都巡检使包顺，在南郊大礼时乞求封赠父母，神宗予以特批，"并其妻封之"。① 神宗特恩封赠藩官的父、母、妻子，以进行笼络、安抚，使其为朝廷效力。另有 1 人因战功封赠，西上阁门使、忠州团练使韩存宝，申请叙封其母，按制度遥郡团练使仅能封为县君，但因战功，神宗特恩"以减磨勘三年回授其母万年县君田氏，进封仁寿郡君，赐冠帔"。但担心其他官员群起效仿，下诏"非有战功如存宝者，毋得援为例"。②

在中国古代社会，封赠制度有着重要意义。一方面，可以明确等级观念，激励各级官员及百姓努力进取，时刻为保家卫国贡献力量，对于弘扬良好风气有着促进作用。封赠制度强调宗法特性，与国家宣扬的"忠孝节义"理念不谋而合，以此可以更好地宣传统治阶级的伦理道德，强化思想统治。同时，国家还可以此法笼络人心，尤其对于防御使、团练使等武职人员来讲，这是对于他们的优待。另一方面，封赠给个人乃至家族带来无限荣耀，也是官员个人生存价值的体现。

---

① 《续资治通鉴长编》卷三〇〇，元丰二年九月己丑，第 7303 页。
② 《续资治通鉴长编》卷二八九，元丰元年夏四月壬戌，第 7069 页。

第五章 防御使、团练使 与北宋军政的关系

第一节 武职与军职的关系

赵匡胤建立宋王朝后，将军制改革作为一系列制度改革的中心内容，采纳了宰相赵普的方针，建立了枢密院三衙体制。宋朝的枢密院与中书统称为东西二府，枢密院掌兵，主要是制约武将，以文臣监督的原则来矫正唐末及五代的弊端。三衙与枢密院的设置，实现了握兵权与发兵权的分离，"祖宗立法，又有深意所寓者。天下之兵，本于枢密，有发兵之权，而无握兵之重；京师之兵总于三帅，有握兵之重，而无发兵之权。彼此相维，不得专制"。[①] "以文驭武"下的文武殊途，造成了武将与文臣之间的矛盾，如欧阳修即论："大凡武臣尝疑朝廷偏厚文臣，假有二人相争，实是武人理曲，然终亦不服，但谓执政尽是文臣，递相党助，轻沮武人。"[②] 自真宗朝以后，以文、武分掌枢密院与

---

① （宋）章汝愚：《群书考索·后集》卷四〇《兵门·卫兵》，第685页。
② 《续资治通鉴长编》卷一四八，庆历四年夏四月丙辰，第3590页。

三衙，实则是朝廷有意制造并利用文臣与武将之间的矛盾，防止五代时期武将勾结权力失控的局面。

三衙是宋朝中央禁军的最高指挥机构，包括殿前司、侍卫亲军马军司和侍卫亲军步军司。《宋史·兵志》载："禁兵者，天子之卫兵也，殿前、侍卫司二司总之。"[1] 北宋三衙的主要官职有：殿前都点检、殿前副都点检、殿前都指挥使、殿前副都指挥使、殿前都虞候、侍卫亲军马军都指挥使、侍卫亲军马军副都指挥使、侍卫亲军马军都虞候、侍卫亲军步军都指挥使、侍卫亲军步军副都指挥使、侍卫亲军步军都虞候。[2] 但殿前正副都点检、三衙正副都指挥使等最高军职常常空缺。"管军"一般是三衙长官的通称，"惟殿前马军步军都副指挥使、三军都虞候，天武、捧日、龙卫、神卫四厢都指挥使为管军"。[3] 捧日、天武四厢都指挥使及龙卫、神卫四厢都指挥使，这两个军职分别统率殿前司与侍卫司上四军中的两军，被称为"管军八位"。[4] 三衙管军制度是中国历史上最早的成熟职业军队管理体制，发挥了强化皇权及保障政局稳定的重要作用。[5] 三衙管军的资序，依据洪迈《容斋五笔》中的记述为："以祖宗之制论之，军职之大者凡八等，除都指挥使或不常置外，曰殿前副都指挥使、马军副都指挥使、步军副都

---

① 《宋史》卷一八七《兵志一》，第 4570 页。
② 《宋史》卷一六六《职官志六》，第 3927—3931 页。
③ （宋）章汝愚：《群书考索·续集》卷四四《兵制门·宋朝三衙四厢等兵》，第 1133 页。
④ 《续资治通鉴长编》卷一二九，康定元年十二月癸卯，第 3061 页。
⑤ 范学辉：《论北宋三衙管军制度的演变》，《东岳论丛》2006 年第 5 期，第 120 页。

指挥使，曰殿前都虞候、马军都虞候、步军都虞候，曰捧
日天武四厢都指挥使、龙神卫四厢都指挥使，秩秩有序，
若登梯然，不可一级辄废。一或有阙，即以功次递迁。"①
《宋会要辑稿》中记载："管军为武臣极任，今乃不入品
序，止以本官为次。"并且对管军等阶也做了规定："管军
臣僚称呼等阶，今定：殿前都指挥使在节度使之上、殿前
副都指挥使在正任观察留后之上。"② 太祖开国后，三衙选
任通常为，"都指挥以节度为之，副都指挥使、都虞候以刺
史以上充，资序浅则主管本司公事，马、步军亦如之"。③

具体到三衙管军与防御使、团练使的关系，《宋史·
职官志》记载："殿前都指挥使在节度使之上，殿前副都
指挥使在正任承宣使之上，殿前都虞候在正任防御使之
上"，"军都指挥使、马军副都指挥使在正任观察使之上，
马军都虞候在正任防御使之上"，"步军都指挥使、步军副
都指挥使在正任观察使之上，虞候在正任防御使之上"。④
一般来说，在北宋中期之前，三衙管军的官阶较高。北宋
初年的都虞候，大多以节度使充，如"龙捷左厢都指挥使
张廷翰为侍卫马军都虞候领彰国节度，虎捷左厢都指挥使
李进卿为步军都虞候领保顺节度"。⑤ 历太祖、太宗两朝的
李重勋，任职"殿前都虞候、泰宁军节度使"。⑥ 太宗朝李

① （宋）洪迈：《容斋随笔》五笔卷三《三衙军制》，第864页。
② 《宋会要辑稿·职官三二之七》，第3816页。
③ （宋）章汝愚：《群书考索·后集》卷四七《兵门·三衙》，第731页。
④ 《宋史》卷一六六《职官志六》，第3928页。
⑤ 《续资治通鉴长编》卷八，乾德五年正月丁巳，第188页。
⑥ 《续资治通鉴长编》卷一九，太平兴国三年三月癸卯，第424页。

怀忠"迁侍卫步军都虞候、领大同军节度"。① 直到宋神宗时，出任三衙都虞候一般也要在防御使以上。如熙宁四年，"文彦博以为刺史不可为都虞候，安石曰：'都虞候须以防御使为之，止是故事初无义理，臣固尝论奏，以为但缘官阙遂例迁，或无功而以选超授，皆无义理，不足以劝。'"② 与之相应，通常来说，三衙管军从团练使上下选任。而出任上四军左、右厢都指挥使的一般为团练使和防御使。如宋太祖朝刘遇，"累迁控鹤右厢都指挥使、领琼州团练使。从征太原，以功迁虎捷右厢，改领蔚州防御使"。③ 范学辉先生考证了宋太宗时期的情况，《太宗皇帝实录》中记载："雍熙三年（986）、雍熙四年（987）两年的情况，上四军左、右厢都指挥使之官阶，皆为团练使。端拱元年（988），上四军六位左厢、右厢都指挥使，其官阶皆为防御使。"④ 直至宋神宗之后，出任三衙管军的官阶有了较为明显的下降。宋神宗言：

> 祖宗以来制军自有意，凡隶在京殿前、马步司所统诸指挥，置军都指挥使、都虞候分领之，凡军中之事，止责分领节制之人，责之既严、则遇之不得优。至若诸路，则军校不过各领一营尔，不可比也。⑤

---

① 《宋史》卷二六○《杨信传》，第 9016 页。
② 《续资治通鉴长编》卷二二三，熙宁四年五月丙午，第 5433 页。
③ 《宋史》卷二六○《刘遇传》，第 9021 页。
④ 范学辉：《宋代三衙管军制度研究》，中华书局，2015，第 844 页。
⑤ 《续资治通鉴长编》卷二七三，熙宁九年二月庚寅，第 6678 页。

　　如元符元年，"马军都虞候、信州团练使王恩为泾原路副都总管"，① 由此可知出任三衙都虞候的由防御使降为团练使。政和四年六月八日诏："捧日天武四厢都指挥使、龙神卫四厢都指挥使，在正任团练使之上。"② 因此朝廷有意提高三衙管军之下中级军官的地位，如军都指挥使、军都虞候等资历老的军都指挥可授遥领刺史、团练使等。宋代军队实行阶级之法，其上限为遥郡刺史，遥郡刺史以上的武官不再实行阶级之法。"太祖阶级法，诸禁军将校有带遥郡者，许以客礼见，自余一阶一级全归伏事之仪。时横行诸使尚未有遥郡之名，此文指禁军指挥使带防、团、刺史者耳。"③ 朝廷把军都指挥使、厢都指挥使等中级将校官阶升至防御使、团练使的目的，是使他们与三衙管军的身份、地位差别不要太大，可以礼相待，从而达到与三衙长官相互制约的效果。

　　一般来说，三衙管军的任职资格是正任刺史以上，也就是从五品以上，但并不是说只有正任的官阶才是晋升三衙管军的标准，因为宋代实行的是品位、职位双升的带升制度，在管军职务晋升的同时，其官阶也会有所提升。如元祐四年，"皇城使、果州团练使、带御器械吕真为卫州防御使、捧日天武四厢都指挥使，依旧鄜延副总管。皇城使、廉州团练使刘斌为信州团练使、龙神卫四厢都指挥

---

① 《续资治通鉴长编》卷四九四，元符元年二月甲申，第 11746 页。
② 《宋会要辑稿·职官三二之七》，第 3816 页。
③ （宋）李心传：《建炎以来朝野杂记》乙集卷一一《故事·刺史以上无阶级法》，第 681 页。

使"。^①吕真由遥郡团练使升任为正任防御使，刘斌由遥郡团练使落阶官为正任。元丰六年，"西上阁门使、果州团练使、泾原路总管刘昌祚为昌州刺史、龙神卫四厢都指挥使、知延州"。^②刘昌祚出任龙神卫四厢都指挥使后，由遥郡团练使升为正任刺史。由于上层军职非常紧缺，为了拓宽中上层军官的上升渠道，引入了遥郡刺史以上的高级武阶，可以起到安置和笼络高级武将的作用。一般来说，北宋时期"诸班直都虞候、诸军都指挥使普遍遥领刺史，厢都指挥使则遥带团练使，三衙管军则由防御使以上的遥郡和正任官充任"。^③赵冬梅先生认为："加遥郡的主要意义在于增加俸禄，其目的在于为了安置资深而一时不获提拔的官员，增其廪俸，使安旧职。"^④

对于其迁转，朝廷规定"遇转员，各以次迁补。凡迁至军指挥使、遥领团练，员溢，即上落军职为正、副使之本任"。^⑤三衙管军的廪禄，以团练使和刺史作为基准，"凡上军都校，自捧日、天武暨龙卫、神卫左右厢都指挥使遥领团练使者，月俸钱百千，粟五十斛；诸班直都虞候、诸军都指挥使遥领刺史者半之"。^⑥

防御使和团练使出任三衙管军的现象较多，其中不乏官员主动向朝廷举荐将帅者，如翰林学士胡宿说："近来

---

① 《续资治通鉴长编》卷四三〇，元祐四年七月丙子，第 10384 页。
② 《续资治通鉴长编》卷三三四，元丰六年四月戊午，第 8049 页。
③ 李鸿东：《宋代武官与军职关系研究》，硕士学位论文，西北大学，2019，第 65 页。
④ 赵冬梅：《文武之间：北宋武选官研究》，第 14 页。
⑤ （宋）范镇：《东斋记事》卷二，第 19 页。
⑥ 《宋史》卷一九四《兵志八》，第 4841 页。

内外臣僚，多举武臣管军，此非臣下轻可论荐。"① 庆历四年，张方平上奏朝廷："今内则禁兵浸骄，极须弹压，外则边患不测，常资防备。昭亮、王元，恐未任专干心膂，除郭承祐好进多事，累被弹奏，不堪入典禁军外，乞于以次管军将校中，择取一两人赴阙，分部禁卫，佐佑扈翼，于体为便。"② 因此，张方平举荐向传范、刘永年、刘几等三人：

> 臣伏见济州防御使向传范，资性谨重，和而有守，典藩有政，常居课最。济州防御使刘永年，绰有武干，理戎严整，数守边郡，颇著风绩。此皆阀阅旧门，地连戚属，右职之中，可以寄任。阁门使、嘉州团练使刘几，自康定、庆历初，昊贼初叛命，即在西路，久效驱驰，从征岭南，备更任使。其人履历，出郭逵之右远甚。此皆可以属之禁卫者也。伏望陛下，更加察访，以备委用。③

宋神宗时期，刘永年晋升为三衙管军，"刘永年赴阙供职，主管步军都指挥使兼主管马军司"。④ 团练使狄青和防御使王信均出任了三衙管军，系范仲淹举荐。仁宗庆历

① （明）黄淮、杨士奇：《历代名臣奏议》卷一六五《选举》，第2167页。
② （宋）张方平：《乐全先生文集》卷二四《论补军职》，《宋集珍本丛刊》第6册，第35页。
③ （宋）张方平：《乐全先生文集》卷二四《论除兵官事》，《宋集珍本丛刊》第6册，第35页。
④ 《续资治通鉴长编》卷三一五，元丰四年八月丁卯，第7627页。

二年，范仲淹任职陕西各经略司，向朝廷举荐了"边上得力材武将佐"，并点评了他们的优点，其中包含狄青和王信："第一等：泾原路部署狄青，有度量勇果，能识机变。鄜延部署王信，忠勇敢战，身先士卒。"① 除了官员举荐将帅之外，还有宦官引荐的现象，如宋仁宗朝的郭承祐，史书记载："卫州防御使、知澶州郭承祐为龙、神卫四厢都指挥使。尝有中使过澶州，遽延入，问管军阙补何人。使者曰：'闻朝廷方择才武。'承祐起挽强自衒，左右皆笑，已而果有是命。"② 由此可知，卫州防御使郭承祐能够出任三衙管军，宦官发挥了重要作用。

三衙管军系军事要职，其选任体现了朝廷的最高决策权，因此皇帝要千方百计地将其选任之权控制在自己手中。如建隆二年，宋太祖破格提拔张琼为殿前都虞候，"上谓殿前卫士如虎狼者不下万人，非张琼不能统制，乃自内外马步军都头、寿州刺史擢殿前都虞候、领嘉州防御使"。③《宋史·孔守正传》记载："端拱初，迁龙卫都指挥使，领长州团练使，出镇真定。是年秋，出为颍州防御使。未几，太宗以其练习戎旅，特置龙卫、神卫四厢都指挥使以授之。改领振州防御使。"④ 由此记载可知，宋太宗任命孔守正为龙神卫四厢都指挥使，而且龙神卫四厢都指挥使为新设置的职位。设置新职位体现了宋太宗的意志，

---

① 《范仲淹全集·范文正公政府奏议》卷下《奏边上得力材武将佐等第姓名事》，李勇先、王蓉贵点校，四川大学出版社，2007，第616页。
② 《续资治通鉴长编》卷一三八，庆历二年十月辛亥，第3314页。
③ 《续资治通鉴长编》卷二，建隆二年七月壬午，第51页。
④ 《宋史》卷二七五《孔守正传》，第9371页。

除却为了边防战事急于用将的考虑之外，还与当时侍卫亲军的最高长官田重进的复杂君臣关系有关。《宋史·田重进传》记载田重进初为太祖爱将，"应募为卒，隶太祖麾下。从征契丹，至陈桥还，迁御马军使，积功至澶州刺史"。[1] 宋太宗在太祖朝尝试与田重进结交，却遭拒绝："重进朴愿，不知书，上在藩邸时日，怜其忠勇，尝令给以酒炙，重进不肯受。使者云：'晋王以赐汝，汝安敢拒！'重进曰：'我但知有陛下，不知晋王是何人也。'卒不受。"[2] 对于宋太宗的评价，诸多学者表达了看法，陈峰先生言："借助非常手段即位的宋太宗，因其狭小的气度、平常的才智和阴暗的心理，对带兵武将就更为猜忌。"[3] 邓广铭先生对宋太宗与田重进的君臣关系，进行了深刻的分析："田重进因拒受太宗的赠物而被太宗认为'忠朴'，则太宗遣人私相馈送的初心，必欲使重进作一些不忠于太祖的事体，亦即太宗在当时确有某种阴谋可知。"[4] 雍熙三年，宋太宗苦心经营的北上讨伐契丹之战，以宋军的全面溃败告终，宋朝开国以来的精锐部队损失殆尽。在这种情况之下，田重进的表现很突出，"田重进还军定州，重进之师，无一兵一矢之损，故独全其功"。[5] 田重进战功赫赫，为人刚毅果断，这引起了太宗的猜忌和防范心理。因

---

① 《宋史》卷二六〇《田重进传》，第9024页。
② （宋）钱若水撰，范学辉校注《宋太宗皇帝实录校注》卷八〇，至道三年三月乙丑，第796页。
③ 陈峰：《北宋武将群体素质的整体考察》，《文史哲》2001年第1期。
④ 邓广铭：《宋太祖太宗皇位授受问题辨析》，《邓广铭治史丛稿》，北京大学出版社，2010，第394页。
⑤ 《宋会要辑稿·兵八之五》，第8757页。

此，太宗先于端拱初年设置龙神卫四厢都指挥使来架空田重进殿前都虞候的权力，后于淳化二年以心腹傅潜取代田重进。这一系列举措，无不体现了皇帝以至高无上的权力来控制三衙管军的人事任免。宋仁宗属意宋夏战争中败军之将刘平任职龙神卫四厢都指挥使，"上初擢平主四厢，谓左右曰：'平，所谓诗书之将也。'"① 后来，刘平被解除了三衙管军之职，直到景祐二年，"饶州防御使刘平为温州防御使、马军都虞候。平上疏自列，召对问状，仍复管军"。② 宋英宗早在藩邸之时，就与杨遂有过一面之缘，在治平二年任命杨遂为侍卫步军都虞候："初，绛州团练使杨遂为新城巡检，救濮王宫火，帝识其面目。于是，侍卫司阙帅，帝首出遂姓名，擢登州团练使、步军都虞候。"③

宋太祖开国以后，其功臣大多以防御使、团练使出任过三衙管军，这些将领的资历和才能都非常出众，具体情况可参见表 5-1。

表 5-1　宋太祖时期防、团两使担任三衙管军情况

姓名	陈桥兵变后职位	乾德元年后职位	史料来源
王彦升	恩州团练使、领铁骑左厢都指挥使	乾德初，迁申州团练使。开宝二年，改防州防御使	《宋史·王彦升传》

---

① 《续资治通鉴长编》卷一一五，景祐元年八月庚午，第2692页。
② 《续资治通鉴长编》卷一一七，景祐二年八月甲子，第2752页。
③ 《续资治通鉴长编》卷二〇五，治平二年六月癸巳，第4968页。

续表

姓名	陈桥兵变后职位	乾德元年后职位	史料来源
李汉超	散指挥都指挥使，领绵州刺史，累迁控鹤左厢都校，领恩州团练使		《宋史·李汉超传》
马仁瑀	初以佐命功授散员都指挥使，领贵州刺史，俄迁铁骑右厢都指挥使，又为虎捷左厢都指挥使，领扶州团练使	从平泽、潞，以功领常州防御使，改龙捷左厢都指挥使。建隆二年，改领岳州防御使	《宋史·马仁瑀传》
张廷翰	铁骑左第二军都校、领开州刺史	龙捷左厢都指挥使、领春州团练使。乾德中，为归州路行营马军都指挥使	《宋史·张廷翰传》
韩重赟	龙捷左厢都校、领永州防御使	殿前都指挥使、领义成军节度	《宋史·韩重赟传》
崔彦进	控鹤右厢指挥使、领果州团练使	侍卫步军都指挥使、领武信军节度	《宋史·崔彦进传》
党进	虔团练使，虎捷右厢都指挥使、领睦州防御使	龙捷左厢都虞候、领利州观察使	《宋史·党进传》
李汉琼	控鹤左厢都校、领泸州刺史，改澄州团练使	虎捷左厢都指挥使、领融州防御使，迁侍卫步军都虞候、领洮州观察使	《宋史·李汉琼传》
刘遇	御马直指挥使，领汉州刺史	控鹤右厢都指挥使、领琼州团练使，改领蔚州防御使	《宋史·刘遇传》
李进卿	贵州刺史	虎捷左厢都指挥使、领澄州团练使	《宋史·李进卿传》
马全义	内殿直都知、控鹤左厢都校，领果州团练使	龙捷左厢都指挥使、江州防御使	《宋史·马全义传》；《长编》卷三
张琼	内外马步军都军头、领爱州刺史	都虞候、迁嘉州防御使	《宋史·张琼传》

北宋开国以后，宋太祖提拔自己之前殿前军嫡系部下，重用他们去实际掌控禁军。这些将领担任三衙管军时均在正任刺史之上，有的授予节度使，从而形成了宋代很有特色的、以潜邸旧臣来统领三衙禁军的传统，如宋太宗即位后"未数年，旧为朱邸牵拢仆奴者皆位至节帅"。① 宋太宗一朝，位至三衙管军的潜邸旧臣就有 8 人之多（见表5-2）。

表5-2　宋太宗时期潜邸旧臣担任三衙管军情况

姓名	太宗朝主要职位	史料来源
傅潜	捧日右厢都指挥使，领富州团练使，迁日骑、天武左右厢都指挥使，领云州防御使	《宋史·傅潜传》
戴兴	天武左厢都指挥使、领胜州团练使；侍卫步军都虞候，领云州防御使	《宋史·戴兴传》
高琼	神卫右厢都指挥使、领西州团练使	《宋史·高琼传》
王汉忠	右班都虞候、领涿州刺史；宾州团练使；侍卫马军都虞候，领洮州观察使	《宋史·王汉忠传》
元达	侍卫步军都虞候，领幽州刺史	《宋史·元达传》
王超	河西军节度使、殿前都虞候	《宋史·王超传》
葛霸	博州团练使，历潞、代二州部署。淳化元年，擢殿前都虞候、领潘州观察使	《宋史·葛霸传》
王荣	龙卫都指挥使、领罗州团练使；侍卫马军都虞候、峰州观察使	《宋史·王荣传》

太宗的潜邸亲随之中，傅潜、戴兴和高琼三人是升迁最为迅速的。端拱元年，高琼连升两级，后又领了归义军

---

① （宋）潘汝士：《丁晋公谈录》，《全宋笔记》第 6 册，大象出版社，2019，第 178 页。

节度使。即便如此，宋时还流传这样的说法："不一年，蒙擢至此，而数为殿前都指挥使戴兴所告，太宗谓兴曰：'朕自幽州还，便欲除琼此命，盖已迟十年矣'。"① 宋初以防、团两使出任三衙管军者亦不乏英勇善战之人，如王杲，"累迁至殿前指挥使左班都虞候、领顺州刺史，马步军都军头、领寰州团练使，迁四厢都指挥使、领朔州防御使。雍熙四年春，胡虏南寇，以杲为沧州行营副都部署，军败，杲力战，仅以身免。诏规朝，至是卒，年五十九"。②

三衙管军制度在宋初三朝发展，直至仁宗朝才正式定型，固定为三衙四厢的"管军八位"。那么，仅以仁宗时期《长编》中所见防御、团练两使担任三衙管军的情况为例，考察北宋时期武职与军职的关系（见表5－3）。

表5－3　《长编》中所见仁宗时期防、团两使担任三衙管军情况

时间	人物	武职	军职	史料来源
天圣三年	康继英	端州防御使	马军都虞候	卷一〇三
天圣九年	孙正	渠州防御使	龙神卫四厢都指挥使	卷一一〇
明道元年	曹仪	兴州防御使	捧日天武四厢都指挥使	卷一一一
明道元年	高化	龚州防御使	捧日天武四厢都指挥使	卷一一一
景祐元年	王应昌	英州防御使	步军都虞候	卷一一四
景祐元年	刘平	永州防御使	龙神卫四厢都指挥使	卷一一五

① （宋）王珪：《华阳集》卷四九《高烈武王神道碑》，《景印文渊阁四库全书》第1093册，第363页。

② （宋）钱若水撰，范学辉校注《宋太宗皇帝实录校注》卷四一，雍熙四年七月乙丑，第487页。

时间	人物	武职	军职	史料来源
景祐元年	张守遵	端州防御使	马军都虞候	卷一一五
景祐元年	曹仪	康州防御使	步军都虞候	卷一一五
景祐二年	张潜	封州防御使	马军都虞候	卷一一六
景祐二年	刘平	永州防御使	步军都虞候	卷一一六
景祐二年	刘平	温州防御使	马军都虞候	卷一一七
景祐四年	孙维邺	瑞州防御使	步军都虞候	卷一二〇
宝元二年	石元孙	荣州防御使	殿前都虞候	卷一二三
康定元年	刘兴	登州防御使	捧日天武四厢都指挥使	卷一二六
康定元年	葛怀敏	眉州防御使	龙神卫四厢都指挥使	卷一二七
康定元年	赵振	象州防御使	捧日天武四厢都指挥使	卷一二八
康定元年	任福	贺州防御使	龙神卫四厢都指挥使	卷一二九
康定元年	刘谦	象州防御使	龙神卫四厢都指挥使	卷一二九
康定元年	孙廉	英州防御使	殿前都虞候	卷一二九
康定元年	方荣	高州防御使	马军都虞候	卷一二九
康定元年	葛怀敏	眉州防御使	捧日天武四厢都指挥使	卷一二九
庆历元年	任福	贺州防御使	马军都虞候	卷一三一
庆历元年	葛怀敏	眉州防御使	殿前都虞候	卷一三四
庆历元年	许怀德	康州防御使	龙神卫四厢都指挥使	卷一三四
庆历二年	高继宣	恩州团练使	天武捧日四厢都指挥使	卷一三六
庆历二年	郭承祐	卫州防御使	龙神卫四厢都指挥使	卷一三八
庆历四年	狄青	惠州团练使	捧日天武四厢都指挥使	卷一五一
庆历七年	王信	象州防御使	马军都虞候	卷一六一
皇祐二年	李璋	眉州防御使	龙神卫四厢都指挥使	卷一六九
皇祐五年	王凯	陇州防御使	殿前都虞候	卷一七五

　　根据表5－3统计，《长编》中所见北宋仁宗时期以防、团两使担任三衙管军者共30人次，其中以武职防御使担任殿前都虞候者共有4人次，以武职防御使担任马军都虞候者共有7人次，以武职防御使担任步军都虞候者共有4人次，以武职防御使担任龙神卫四厢都指挥使者共有8人次，以武职防御使担任捧日天武四厢都指挥使者共有5人次，以武职团练使担任捧日天武四厢都指挥使者共有2人次。《宋史·职官志》记载："殿前马、步军都虞候，防御使，捧日、天武、龙神卫四厢都指挥使，团练使……为从五品。"[1]

　　宋仁宗时期，三衙管军与以往不同，侧重于任用外戚。宋人何郯上奏："臣伏闻祖宗典故，宗室姻戚，未尝委之典禁兵及任要官。近年因李昭亮授管干殿前、马、步军都指挥使公事，郭承祐相继被用，遂成此例。"[2] 郭承祐为宋初高级武将郭从义之曾孙，迎娶了宋太宗子舒王赵元偁女永定郡主，[3] 被授西头供奉官。郭承祐既是宋仁宗的潜邸之人，又为外戚，一路晋升为三衙管军，"承祐性狡狯，缘东宫恩，又凭借王邸亲，既废复用，乃借言事，或指切人过失，同谓之'武谏官'"。[4] 庆历二年，"卫州防御使、知澶州郭承祐为龙、神卫四厢都指挥使"。[5] 郭承祐以防御使之阶出任三衙管军。他在出任三衙管军之后还闹

---

① 《宋史》卷一六八《职官志八》，第4015页。
② 何郯：《上仁宗论连姻臣僚更不得除授典掌侍卫及枢要之任》，（宋）赵汝愚：《宋朝诸臣奏议》卷三四，第331页。
③ （宋）王称：《东都事略》卷六二《郭承祐传》，第505页。
④ 《宋史》卷二五二《郭从义传附郭承祐传》，第8852页。
⑤ 《续资治通鉴长编》卷一三八，庆历二年冬十月庚戌，第3314页。

出了一个笑话，"尝有中使过澶州，遽延入，问管军阙补何人。使者曰：'闻朝廷方择才武。'承祐起挽强自衒，左右皆笑，已而果有是命"。① 郭承祐出任三衙管军，朝廷中人颇有微词。庆历三年，欧阳修任知谏院，上书仁宗《论郭承祐不可将兵状》，言：

> 朝廷以郭承祐为镇定都部署，臣自闻此除，夙夜思维，国家用兵已五六年，未有纤毫所得，挫尽朝廷威势，困却天下生灵。细思厥由，其失安在？患在朝廷拘守常例，不肯越次择材。心知小人，付以重任，后虽败事，亦终不悔。今每有除拟，人或问于大臣，则曰："虽知非材，舍此别无人。"甚者欲塞人言，则必曰："尔试别思有谁可用乎？"臣亦常闻此言，每退而叹息。
>
> 夫所谓别无人者，岂是天下真无人乎？盖不力求之尔！今不肯劳心选择，越次而用，但守常循例，轻用小人，宁误大计，一误不悔，后又复然。至如葛怀敏顷在西边，天下皆知其不可，当时议者但曰："舍怀敏，别未有人，难为换易。"及其战败身亡，横尸原野，怀敏既不复生，亦须别求人用。臣谓今日任承祐，亦犹当时用怀敏也。况如承祐者凡庸奴隶之材，不及怀敏远甚，顷在澶州，只令筑城，几至生变，岂可当此一路？臣谓朝廷非不知承祐非才，议者不过曰："例当叙进，别无人。"此乃因循之说尔。方今契丹生心，祸端已兆，中外之士，见国家轻忽外患，弛武北

---

① 《续资治通鉴长编》卷一三八，庆历二年冬十月庚戌，第3314页。

方，人皆献言，愿早为备。忽见如此除改，谁不惊忧？前六符之来，朝廷忍耻就议，盖为河朔无可自恃，难与速争，须至屈意苟和，少宽祸患。今幸得此自纾之计，所宜多方汲汲精选将臣，先为御备，犹恐不及，岂是因循守例任小人之日也？其郭承祐，欲乞早移，与一不用兵处知州，或召还，别与一闲慢职秩。若欲录其勋旧，优其戚里，闲官厚禄足可养之，不必须令居此要任。伏愿陛下深思大计，不惮改为，则天下幸甚。①

枢密副使韩琦亦言："近中书、枢密院求一武臣代郭承祐，聚议累日不能得。谓宜仿祖宗旧制，于文武臣中不次超擢，以试其能。"② 欧阳修和韩琦所说之事，是战场上北宋官兵用血肉之躯换来的教训，三衙管军的任免是非常重要的。

李璋，其父李用和为"章懿皇太后弟也"，③ 李璋"以章懿皇后恩，补三班借职"。④ 皇祐二年，"龙神卫四厢都指挥使、眉州防御使李璋为起复云麾将军、黔州观察使……璋辞不拜"。⑤ 嘉祐六年，李璋晋升为殿前副都指挥使。⑥ 在仁宗朝以前，外戚出任三衙管军的并不多，据范

---

① 《续资治通鉴长编》卷一四二，庆历三年七月戊寅，第 3401—3402 页。
② 《续资治通鉴长编》卷一四二，庆历三年七月甲午，第 3414 页。
③ 《宋史》卷四六四《李用和传》，第 13565 页。
④ 《宋史》卷四六四《李用和传》，第 13566 页。
⑤ 《续资治通鉴长编》卷一六九，皇祐二年八月丁卯，第 4057 页。
⑥ （宋）马光祖修，周应合纂《景定建康志》卷二六《官守志三·侍卫马军司题名记》，《宋元方志丛刊》第 2 册，中华书局，1990，第 1765 页。

学辉先生考证，"在宋仁宗庆历二年至庆历五年的三年间，三衙三帅竟然全为外戚！如此之情形，的确是唯有宋仁宗朝才出现，也是空前绝后的"。① 宋人针对这种情况说道："管军之臣，止有三人，而外戚素非将领，又无勋劳，止缘恩泽，遂为统帅，岂得将士心服哉？"② 知谏院钱彦远上书仁宗：

> 臣风闻阁门使李璋欲除军中职名。窃以李璋本由戚属恩泽入官，三五年间，坐跻显仕，未补边防经历事任。加以人才懦弱，别无勋劳，委之师旅，未协公议。安危之本，所系非轻。且诸将有久戍沙漠，早立勋绩者；及外戚贵属，在李璋上者，引李璋为比，乞军中职名，则朝廷何以却之？与之则恩赏失宜，不与之则中心觖望。可否之际，措置颇难。
>
> 且李璋既主兵马，即须出屯疆场。素无韬略之蕴，训练之严，万一胡虏小出，斯人何以捍御？本谓爱之，实害之也。或朝廷以李璋戚属，宜加恩礼，不若俟其少有勋劳，擢进官资，则事体两全，名实相副。欲乞出自圣意，特赐寝罢李璋管军旨挥，庶合中外公议。③

---

① 范学辉：《宋代三衙管军制度研究》，第 1059 页。

② 《范太史集》卷二六《奏议·论曹诵札子》，《景印文渊阁四库全书》第 1100 册，第 305 页。

③ 钱彦远：《上仁宗论不可令李璋管军》，（宋）赵汝愚：《宋朝诸臣奏议》卷三四，第 331 页。

　　由郭承祐、李璋的事例可知，外戚即使不是纨绔子弟，也不具备优良的军事才干，他们以防御使、团练使这样的高官阶出任三衙管军，对于军政是有较大弊端的，不利于真正有军事才干的将领的选拔和任用，也不利于提高军队的整体战斗力。

　　宋仁宗以后，防御使、团练使任三衙管军均依据品级，并形成制度。熙宁三年，知制诰苏颂言："自真宗、仁宗以来，虽幽人异行，亦不至超越资品。盖承平之代，事有纪律，故不得不循用选授之法。"[①] 如许怀德在宋夏战争期间在陕西担任军职，打败仗是常有之事，御史中丞张方平评价："怀德自在边城为将领，素乏劳效，比诸侪辈，尤无材誉。"[②] 然而，这样无功的平庸之将却凭其军中资历，"曾无寸劳薄效，不数年径至横行刺史、防、团、廉察"。[③] 官职的升迁凭借的不是个人能力，而是资历等。仅《续资治通鉴长编》中记载的许怀德的官阶晋升就有"宁州刺史、鄜延副都部署许怀德为陵州团练使"[④]"鄜延副部署、龙神卫四厢都指挥使、康州防御使许怀德为秦凤副部署"[⑤]"马军副都指挥使、遂州观察使许怀德为安静军留后"。[⑥] 以致李焘感慨："怀德无他长，自初擢守边，连以畏懦被谪，已而与功臣并进典军。及坐请托得罪，去而复

① 《续资治通鉴长编》卷二一一，熙宁三年五月癸卯，第5124—5125页。
② 《续资治通鉴长编》卷一五九，庆历六年七月癸卯，第3841页。
③ 《续资治通鉴长编》卷一六三，庆历八年三月甲寅，第3926页。
④ 《续资治通鉴长编》卷一二九，康定元年十二月癸卯，第3061页。
⑤ 《续资治通鉴长编》卷一三四，庆历元年十二月甲申，第3205页。
⑥ 《续资治通鉴长编》卷一五九，庆历六年七月癸卯，第3841页。

还。遭时承平，保宠终禄，盖有天幸云。"①

神宗熙宁四年，张玉追讨庆州叛军，神宗以"玉妄杀失朝廷信"，降龙神卫四厢都指挥使、昭州防御使、泾原路副都总管张玉为总管、陵州团练使，落军职。但开始对于如何给张玉降职，朝廷争执不休：

> 初，欲但降玉一官，王安石曰："朝廷既知其妄杀，则降一官非所以示天下重人命存信之道。"上乃令降两官，又降总管，又议落军职。文彦博以为刺史不可为都虞候，安石曰："都虞候须以防御使为之，止是故事初无义理，臣固尝论奏，以为但缘官阙遂例迁，或无功而以选超授，皆无义理，不足以劝。"彦博以为故事要难改，乃止降一官、落军职。②

文彦博认为刺史不可任命为都虞候，王安石认为必须以武职防御使才可任都虞候，对张玉进行降职处理。武臣带军职，如四厢都虞候等若出领藩郡，供给优厚，因"在祖宗时，盖边臣俸给不足用，故以此优之，俾集边事"。③优遇三衙武将的同时，朝廷限制三衙管军与群臣结交，以防止其势力坐大，"在京管军臣僚，外任路分兵官、将副、押队使臣，禁出谒及见宾客，著为令"。④

---

① 《续资治通鉴长编》卷一九五，嘉祐六年十二月甲午，第 4733 页。
② 《续资治通鉴长编》卷二二三，熙宁四年五月丙午，第 5432—5433 页。
③ （宋）文莹：《续湘山野录·杜衍乞罢武臣带军职》，中华书局，1984，第 72 页。
④ 《续资治通鉴长编》卷三〇一，元丰二年十二月壬戌，第 7338 页。

　　宋英宗、神宗朝开始，北宋长期于西北作战，加之王安石变法的推动，朝廷强化了选将之制，"非有边功，不得为三衙"。① 如名震西夏的将领种谔，"敌亦畏其敢战，故所部颇数有功"。② 元丰四年，种谔米脂大捷，"敌屯兵夏州，谔率本路并畿内七将兵攻米脂，三日未下。夏兵八万来援，谔御之无定川，伏兵发，断其首尾，大破之，降守将令介讹遇。捷书闻，帝大喜，群臣称贺"。种谔以边功"迁凤州团练使、龙神卫四厢都指挥使"。③ 哲宗、徽宗两朝，三衙之将的选任延续了重用边功之制。元祐七年，高太后宣称："管军须是有边功，众人所服方可。"④ 姚麟在西北多次出兵与夏作战，显示了其优秀的军事才能。元祐初年，姚麟以军功"擢威州团练使、龙神卫四厢都指挥使，历步军殿前都虞候、步军马军副都指挥使"。⑤ 种氏子孙种师道在西北筑城池、平战事，"累迁龙神卫四厢都指挥使、洺州防御使"。种师道治军非常严明，有一次要征讨臧底城，"既薄城下，敌守备甚固。官军小怠，列校有据胡床自休者，立斩之，尸于军门。令曰：'今日城不下，视此。'众股栗，噪而登城，城即溃，时兵至才八日"。⑥ 由此可见，三衙管军的个人军事才能非常重要，为重视用将的权重，一般都以团练使以上出任。

① （宋）章颖：《宋朝南渡十将传》卷一《刘锜传》，碧琳琅馆丛书本。
② 《续资治通鉴长编》卷三三四，元丰六年四月辛亥，第8047页。
③ 《宋史》卷三三五《种世衡传附种谔传》，第10747页。
④ 《续资治通鉴长编》卷四七〇，元祐七年二月丁卯，第11225页。
⑤ 《宋史》卷三四九《姚兕传附姚麟传》，第11059页。
⑥ 《宋史》卷三三五《种世衡传附种师道传》，第10751页。

第二节 武臣知州

北宋吸取了五代时期武夫悍将动乱的教训，于是反其道而行。宋太祖在北宋开国伊始就"杯酒释兵权"："自古创业垂统之君，即其一时之好尚，而一代之规橅，可以豫知矣。艺祖革命，首用文吏而夺武臣之权，宋之尚文，端本乎此。"[1] 宋太祖还确立了武臣"欲尽令读书"、"宰相须用读书人"、"天子门生"等取进士的科举殿试制度以及"文臣为牧伯"等祖宗家法。宋太宗更明确表示兴文教抑武事，他对李昉等文臣说："天下州县阙官，朕亲选多士，忘其饥渴，召见临问，以观其才，岂望拔十得五但十得三四，亦岩穴无遗逸，朝廷多君子矣。朕每见布衣、搢绅间，有端雅为众所推举者，朕代其父母喜；或召拜近臣，必择良日，欲其保终吉也。朕于士大夫，无所负矣！"[2] 宋朝开国君主的价值取向如此，文人士大夫的政治地位和社会影响力得到极大提升，正所谓"规模一以经术，事业付之书生"。[3] 北宋"崇文抑武"的基本国策随之确立："我朝以儒立国，故命宰相读书，用儒臣典狱，以文臣知州，卒成一代文明之治。"[4] 文臣知州成为宋朝的一般规则。

---

① 《宋史》卷四三九《文苑传·序》，第12997页。

② （宋）钱若水撰，范学辉校注《宋太宗皇帝实录校注》卷二六，太平兴国八年六月戊申，第14页。

③ （宋）陈傅良：《止斋集》卷三〇《表·乾道壬辰进士赐第谢太上皇帝》，《景印文渊阁四库全书》第1150册，第740页。

④ （宋）吕中：《类编皇朝大事记讲义》卷三《太祖皇帝·幸太学》，张其凡、白晓霞整理，上海人民出版社，2014，第69页。

宋人程大昌言："唐世州军分上中下三等，其结衔分节度、观察、防御、团练，名称虽有高下，实皆守臣也。于是，其衔为某州节度若观察或防团者，苟非遥领，即是真任此州太守，非虚称矣。"① 程大昌此言表明唐、五代，节度使、观察使、防御使、团练使等军事长官虽级别有高下之分，实则均为地方行政长官。赵匡胤因"黄袍加身"建立宋朝，除观察使外，也继承了节度使、防御使、团练使、刺史等为州长官之制。为避免藩镇割据以及改朝换代频繁上演，太祖制定了"稍夺其权，制其钱谷，收其精兵"的三大削藩政策。夺藩镇的行政权力，朝廷采取的是以知州制代替刺史制。宋初，节度使首先退出州长官行列，之后其他各牧伯使职也逐渐消失。太平兴国二年，太宗罢节镇领支郡后，文武臣僚知州事，至咸平二年知州制取代刺史制才彻底完成。②

宋代的知州全称为知某州军州事，习惯上又称为太守、郡守、刺史、州牧等，其职责有："一曰宣诏令，二曰厚风俗，三曰劝农桑，四曰平狱讼，五曰兴学校，六曰理财富，七曰实户口。"③ 因官品的差异，还有判、充、权知、权发遣等区别。宋初两朝确定知州的选任原则为，文臣以京、朝官，武臣则以阁门祗候以上充。④ 太祖、太宗

---

① （宋）程大昌：《演繁露续集》卷二《制度·知州》，《全宋笔记》第4编第9册，第179页。

② 李昌宪：《略论宋代知州制的形成及其历史意义》，《南京大学学报》（哲学社会科学版）1996年第4期，第76页。

③ （宋）张纲：《华阳集》卷一五《乞重监司札子》，《景印文渊阁四库全书》第1131册，第95页。

④ 《宋会要辑稿·职官四七之一》，第4265页。

两朝的知州任命，大多限于新征服地区以及北方沿边诸路，以武臣知州为主。宋太宗认为，"以五代战争已来，自节镇至刺史，皆用武臣，多不晓政事，人受其弊。上欲兼用文士，渐复旧制"。① 朝廷为限制武臣掌握地方事权，避免形成地方割据势力，后来以文臣知州为主，"选儒臣干事者百余，分治大藩，纵皆贪浊，亦未及武臣一人"，② 进而贯彻抑制武将以及强干弱枝的治国方略。在与少数民族政权抗衡过程中，文臣知州无法应对严峻的边防形势，因此有朝臣建议选任得力武臣担任边疆要冲知州："近边内地州郡，多是儒臣知州，边事武略，安肯留意。"③

在防御使、团练使虚衔化后，也有较多武职防、团两使担任知州的情况。这一现象与北宋的基本国策又好似互相抵牾。那么，北宋朝廷是如何处理军政关系及贯彻基本国策的呢？现以《长编》中所见防、团两使担任知州的记载来具体说明（见表5-4）。

表5-4 《长编》中关于防、团两使知州任职情况

时间	人物	武职	知州	史料来源
太祖乾德二年	折御勋	府州团练使	知府州（河东路）	卷五
太宗太平兴国二年	张延范	蔡州团练使	知广州（广南东路）	卷一八
太宗太平兴国三年	陈文显	通州团练使	知泉州（福建路）	卷一九

---

① 《宋会要辑稿·职官五二之二二》，第4456页。
② 《续资治通鉴长编》卷一三，开宝五年十二月乙卯，第293页。
③ 《续资治通鉴长编》卷一〇八，天圣七年五月庚午，第2513页。

续表

时间	人物	武职	知州	史料来源
太宗太平兴国四年	曹光实	唐州团练使	知威胜军事（河东路）	卷二〇
太宗太平兴国四年	杨业	郑州防御使	知代州（河东路）	卷二〇
太宗太平兴国四年	安守忠	瀛州防御使	知雄州（河北东路）	卷二〇
太宗雍熙三年	贺令图	六宅使、平州团练使	知雄州（河北东路）	卷二七
太宗雍熙三年	李存璋	顺州团练使	知蔚州（属辽西京道）	卷二七
太宗雍熙三年	许彦钦	平州团练使	知蔚州（属辽西京道）	卷二七
太宗淳化二年	安守忠	瀛州防御使	知雄州（河北东路）	卷三二
真宗咸平四年	石保兴	棣州防御使	知澶州（河北东路）	卷四八
真宗咸平五年	朱能	怀州团练使	知洺州（河北西路）	卷五一
真宗咸平五年	郑诚	保州团练使	知赵州（河北西路）	卷五一
真宗咸平五年	安赟	博州团练使	知贝州（河北东路）	卷五一
真宗咸平五年	元澄	瀛州团练使	知莫州（河北东路）	卷五一
真宗景德元年	上官正	洺州团练使	知沧州（河北东路）	卷五七
真宗景德元年	何承矩	引进使、英州团练使	知澶州（河北东路）	卷五八
真宗景德二年	李延渥	瀛州团练使	知邢州（河北西路）	卷五九
真宗景德二年	何承矩	引进使、华州团练使	知雄州（河北东路）	卷五九
真宗景德二年	杨延朗	莫州团练使	知保州（河北西路）	卷五九
真宗景德二年	上官正	洛州团练使	知潞州（河东路）	卷六一
真宗景德四年	上官正	四方馆使、洺州防御使	知同州（永兴军路）	卷六六
真宗大中祥符三年	蒋信	济州团练使	知濮州（京东西路）	卷七四

时间	人物	武职	知州	史料来源
真宗大中祥符七年	马知节	防御使	知潞州（河东路）	卷八二
真宗大中祥符九年	李允则	叙州团练使	知雄州（河北东路）	卷八六
真宗大中祥符九年	曹玮	引进使、英州团练使	知秦州（秦凤路）	卷八八
真宗大中祥符九年	曹玮	客省使、康州防御使	知秦州（秦凤路）	卷八八
真宗天禧二年	李溥	宫苑使、奖州团练使	知潭州（荆湖南路）	卷九一
真宗天禧二年	钱惟灏	贺州团练使	知和州（淮南西路）	卷九二
真宗天禧五年	李允则	客省使、高州团练使	知镇州（河北西路）	卷九七
真宗天禧五年	钱惟济	永州团练使	知镇州（河北西路）	卷九七
仁宗天圣二年	康继英	西上阁门使、蒋州团练使	知秦州（秦凤路）	卷一〇二
仁宗天圣二年	钱惟济	永州团练使	知成德军（河北西路）	卷一〇二
仁宗天圣三年	康继英	端州防御使	知渭州（秦凤路）	卷一〇三
仁宗天圣三年	田敏	虢州团练使	知隰州（河东路）	卷一〇三
仁宗天圣三年	康继英	马军都虞候、端州防御使	知渭州（秦凤路）	卷一〇三
仁宗天圣九年	刘从德	蔡州团练使	知相州（河北西路）	卷一一〇
仁宗明道元年	曹仪	兴州防御使	知邠州（永兴军路）	卷一一〇
仁宗明道元年	高化	龚州防御使	知渭州（秦凤路）	卷一一〇
仁宗明道二年	刘平	忻州团练使	知成德军（河北西路）	卷一一二
仁宗景祐元年	刘平	永州防御使	知定州（河北西路）	卷一一五
仁宗景祐元年	张敏	解州团练使	知冀州（河北东路）	卷一一五

续表

时间	人物	武职	知州	史料来源
仁宗宝元二年	刘谦	博州团练使	知邠州（永兴军路）	卷一二三
仁宗康定元年	魏昭晌	引进使、郢州防御使	知同州（永兴军路）	卷一二六
仁宗康定元年	孙廉	英州防御使	知河中府（永兴军路）	卷一二六
仁宗康定元年	赵振	象州防御使	知环州（永兴军路）	卷一二六
仁宗康定元年	魏昭晌	引进使、郢州防御使	知同州（永兴军路）	卷一二六
仁宗康定元年	张宗海	四方馆使、果州团练使	知鄜州（永兴军路）	卷一二六
仁宗康定元年	葛怀敏	眉州防御使	知泾州（秦凤路）	卷一二七
仁宗康定元年	任福	忻州团练使	知庆州（永兴军路）	卷一二七
仁宗康定元年	赵振	白州团练使	知绛州（河东路）	卷一二八
仁宗康定元年	任福	忻州团练使	知庆州（永兴军路）	卷一二九
仁宗庆历元年	王仲宝	滁州团练使	知庆州（永兴军路）	卷一三四
仁宗庆历二年	张茂实	恩州团练使	知贝州（河北东路）	卷一三六
仁宗庆历二年	张亢	西上阁门使、果州团练使	知瀛州（河北东路）	卷一三六
仁宗庆历二年	高继宣	恩州团练使	知并州（河东路）	卷一三六
仁宗庆历三年	郭承祐	卫州防御使	知澶州（河北东路）	卷一四二
仁宗庆历三年	张亢	四方馆使、果州团练使	知渭州（秦凤路）	卷一四二
仁宗庆历三年	郭承祐	卫州防御使	知相州（河北西路）	卷一四三
仁宗庆历三年	李端懿	舒州团练使	知冀州（河北东路）	卷一四四
仁宗庆历六年	王德基	卫州团练使	知雄州（河北东路）	卷一五八
仁宗庆历七年	张亢	引进使、眉州防御使	知渭州（秦凤路）	卷一六一

续表

时间	人物	武职	知州	史料来源
仁宗庆历七年	张亢	果州团练使	知磁州（河北西路）	卷一六一
仁宗庆历八年	李端懿	单州团练使	知均州（京西南路）	卷一六三
仁宗庆历八年	王德基	卫州团练使	知澶州（河北东路）	卷一六四
仁宗庆历八年	张亢	果州团练使	知寿州（淮南西路）	卷一六四
仁宗皇祐五年	钱晦	东上阁门使、忠州团练使	知河中府（永兴军路）	卷一七五
仁宗嘉祐三年	刘永年	单州团练使	知泾州（秦凤路）	卷一八八
仁宗嘉祐七年	刘永年	汝州团练使	知代州（河东路）	卷一九六
英宗治平元年	赵滋	端州防御使	知雄州（河北东路）	卷二〇一
英宗治平二年	刘几	东上阁门使、嘉州团练使	知鄜州（永兴军路）	卷二〇五
神宗熙宁三年	张利一	嘉州团练使	知雄州（河北东路）	卷二一三
神宗熙宁五年	冯行己	文州防御使	知雄州（河北东路）	卷二三六
神宗熙宁五年	李绶	西上阁门使、端州团练使	知代州（河东路）	卷二三七
神宗熙宁七年	曹诵	引进使、忠州团练使	知保州（河北西路）	卷二五五
神宗熙宁七年	高遵裕	岷州团练使	知岷州（秦凤路）	卷二五八
神宗熙宁九年	苗授	昌州团练使	知河州（秦凤路）	卷二七七
神宗熙宁十年	高遵裕	岷州团练使	知熙州（秦凤路）	卷二八〇
神宗熙宁十年	陶弼	皇城使、康州团练使	知邕州（广南西路）	卷二八〇
神宗熙宁十年	高遵裕	岷州团练使	知庆州（永兴军路）	卷二八四
神宗熙宁十年	苗授	昌州团练使	知雄州（河北东路）	卷二八六
神宗熙宁十年	刘昌祚	西上阁门使、果州团练使	知河州（秦凤路）	卷二八六

时间	人物	武职	知州	史料来源
神宗元丰元年	陶弼	西上阁门使、康州团练使	知顺州（荆湖北路）	卷二九一
神宗元丰二年	张利一	西上阁门使、嘉州团练使	知保州（河北西路）	卷二九七
神宗元丰二年	李端愿	引进使、眉州防御使	知卫州（河北西路）	卷二九八
神宗元丰三年	苗授	昌州团练使	知熙州（秦凤路）	卷三〇五
神宗元丰五年	种谔	凤州团练使	知渭州（秦凤路）	卷三二二
神宗元丰六年	李浩	引进使、陇州团练使	知兰州（秦凤路）	卷三三三
神宗元丰八年	刘昌祚	雄州团练使	知渭州（秦凤路）	卷三六一
哲宗元祐二年	王文郁	客省使、荣州团练使	知兰州（秦凤路）	卷四〇二
哲宗元祐三年	张之谏	万州团练使	知镇戎军（秦凤路）	卷四〇八
哲宗元祐四年	刘舜卿	宁国团练使	知熙州（秦凤路）	卷四三〇
哲宗元祐五年	张利一	雄州团练使	知沧州（河北东路）	卷四五〇
哲宗元祐六年	苗履	东上阁门使、吉州防御使	知镇戎军（秦凤路）	卷四六四
哲宗元祐六年	折克行	皇城使、象州防御使	知府州（河东路）	卷四六八
哲宗元祐七年	种谊	东上阁门使、保州团练使	知兰州（秦凤路）	卷四七六
哲宗元祐八年	张利一	雄州团练使	知渭州（秦凤路）	卷四八〇
哲宗元符元年	王赡候	皇城使、荣州防御使	知河州（秦凤路）	卷四九四
哲宗元符元年	苗履权	四方馆使、吉州防御使	知兰州（秦凤路）	卷五〇一
哲宗元符二年	王赡特	四方馆使、荣州防御使	知鄯州（秦凤路）	卷五一六

从表 5-4 可知,《长编》中所见,武职防御使、团练使(含遥郡官)知州者共 100 例,其地域分布为:秦凤路 27 例、河北东路 22 例、河北西路 15 例、永兴军路 14 例、河东路 11 例、京东西路 1 例、京西南路 1 例、荆湖北路 1 例、荆湖南路 1 例、淮南西路 2 例、广南西路 1 例、广南东路 1 例、福建路 1 例,还包括属辽西京道 2 例。由此可知,秦凤路、河北东路、河北西路、永兴军路以及河东路的防、团知州,占据武职知州的绝大多数。而这些地区正是边疆要地,北宋朝廷以级别较高的防、团两使出任知州,即显示了对边防治理的特殊考虑。

缘边地区的武臣知州也多兼领统兵官,以更好地应对边防危机。比如太平兴国四年,宋太宗下诏:"以郑州防御使杨业老于边事,洞晓敌情,命业知代州兼三交驻泊兵马部署。"[1] 杨业久在边疆,经常与契丹作战,对于敌情非常了解,出任代州知州是非常合适的。

北宋前中期,西夏为扩大版图、配合军事上的行动,积极争取西北各民族的支持和拥护,极力拉拢缘边蕃部,势力不断壮大。面对这样的局面,北宋充分利用西夏和部族的矛盾,并通过羁縻怀柔政策对各蕃部首领加以笼络。大中祥符八年,宋真宗令曹玮出任英州团练使,知秦州。秦州历来为少数民族聚居区。曹玮出身将门,自幼跟随其父曹彬征战沙场,有勇有谋,作为秦州知州非常合适。秦州宗哥族李立遵部、秦州吐蕃唃厮啰部势力日渐强大,向北宋朝廷求"赞普"之号。曹玮怀疑有诈,上书真宗:

---

① 《续资治通鉴长编》卷二〇,太平兴国四年十一月辛卯,第 464 页。

"夷狄无厌，足其求必轻中国。"朝中群臣也表示不可轻易授予两部"赞普"之称。权衡之后，朝廷授予宗哥族李立遵为保顺军节度使。曹玮明白李立遵不会满足于此，"我狃遵矣，又将为寇，吾治兵以俟而"。①正如曹玮所料，大中祥符九年，秦州吐蕃部赏样丹（唃厮啰之舅）内乱，厮啰使与熟户廓厮敦密谋，"谋立文法于离王族，文法成，可以侵汉边，复蕃部旧地"。②曹玮得知此事后秘密联络廓厮敦，并重金贿赂他，廓厮敦非常感动，询问曹玮："吾父何所使？"曹玮回答："我知赏样丹时至汝帐下，汝能为我取赏样丹首乎？"曹玮循循善诱，恩威并施，数十日之后，廓厮敦果真取了赏样丹的首级给予曹玮。③蕃部密谋立法之事，轻而易举被破解了。曹玮这种借敌人之手灭己之敌的策略，以无兵胜有兵。对此，《宋史》给予了高度评价："玮用士，得其死力。及出师，多奇计。"④元昊叛宋以后，将泾原路作为进攻的最大目标，在镇戎军内外，近边熟户都受到党项军队杀戮，其蕃部首领向朝廷求助。渭州知州曹玮言："蕃戎之情诚伪相半，当伺察其情实者，推心厚待之。"⑤曹玮作为武臣知州对稳定西北边疆少数民族，促进族群交流与融合贡献巨大。除了怀柔政策，知渭州曹玮还组建蕃兵，使之进入国家正规军行列。大中祥符七年，泾原兵与夏军大战于天麻川。天麻

①　（宋）王安石：《临川先生文集》卷九〇《彰武军节度使侍中曹穆公行状》，中华书局，1959，第929页。
②　《续资治通鉴长编》卷八六，大中祥符九年三月乙巳朔，第1974页。
③　《宋史》卷二五八《曹玮传》，第8986页。
④　《宋史》卷二五八《曹玮传》，第8987页。
⑤　《续资治通鉴长编》卷八〇，大中祥符六年三月戊午，第1822页。

川一战，蕃兵发挥了重要的作用，"广锐蕃落两指挥将士杀贼于天麻川，斩首数十级，割耳鼻百余，获其铠甲鞍马称是"。①

嘉祐七年，"单州团练使刘永年为汝州团练使、知代州"。②之后，刘永年升任齐州防御使，继续出任代州知州，"代地边要吾所重，常择将以守之。以尔具官某，武力智谋，济以驯谨，践更中外，皆有可称"。③代州是边防要地，朝廷任命刘永年久居代州，考虑到其文武素质俱佳，可堪大任。

一般来说，知州与经抚、部署（总管）之类的帅臣，分属于民政和军政两个系统，但彼此也会有交叉，尤其在缘边诸路，州郡之长大多兼领帅臣之职。《宋会要辑稿》记载："（知）延安府、庆州、渭州、熙州、秦州则兼经略安抚使马步军都总管。"④可知，一路的帅臣兼领帅府所在地的知州或知府。真宗下诏，令曹玮以武臣知州身份兼任缘边安抚使并掌管官印，毋庸置疑，曹玮掌握地方最高军政大权。为了抵抗少数民族的骚扰，朝廷"以引进使、高州刺史、泾原路驻泊都钤辖、知渭州曹玮领英州团练使、知秦州兼缘边都巡检使、泾原仪渭州镇戎军缘边安抚使，别铸安抚使印给之"。⑤在真宗看来，英州团练使曹玮具备御敌和治边双重素质："王嗣宗亦言外国相残，中国之利

---

① 《续资治通鉴长编》卷八三，大中祥符七年七月丁亥，第1887页。
② 《续资治通鉴长编》卷一九六，嘉祐七年六月癸未，第4762页。
③ （宋）郑獬：《郧溪集》卷二《祁州防御使知代州刘永年鄜延路副总管制》，《宋集珍本丛刊》第15册，第587页。
④ 《宋会要辑稿·职官四七之一二》，第4271页。
⑤ 《续资治通鉴长编》卷八五，大中祥符八年九月甲寅，第1949页。

也。朕思之，何必幸其相伐。但令曹玮安抚近边，以重兵镇秦州，常设警备，毋得轻发，此最为上策也。"① 缘边武臣知州也可兼领兵马钤辖，执掌一州统兵和军事决策权。如开宝五年，"以晋州兵马钤辖武守琦权知晋州事"。② 熙宁三年，种谔"除知青涧城兼鄜延路钤辖，专管勾蕃部事"。③《宋会要辑稿》记载："旧州钤辖，除本州知州已带本路帅臣，并本路兵职高及管内安抚使者依旧称钤辖，余知州见带本州兵马钤辖，其州钤辖依新制改称兵马副钤辖。"④ 由以上记载可知，一方面，知州既可以兼任路级帅臣，又可兼领州级帅臣；另一方面，知州原来并没有兼领本州的兵马钤辖，州级的兵马钤辖单独设置，后来知州可以兼领，朝廷则把原来单独设置的州钤辖改为州兵马副钤辖。至和二年，朝廷又做出调整：

> 罢河北河东陕西三路知州军兼路分钤辖都监。其正任团练使以上只为本州总管，诸司使以上为本州钤辖，余管勾本州驻泊兵马公事，其员多处将来有阙更不除。⑤

至和二年的诏令规定，知州不能兼领路分钤辖，只能兼领州级帅臣，正任团练使以上等资质高的帅臣可以兼领

---

① 《续资治通鉴长编》卷八五，大中祥符八年九月甲寅，第 1950 页。
② 《续资治通鉴长编》卷一三，开宝五年五月甲子，第 283 页。
③ 《续资治通鉴长编》卷二一六，熙宁三年十月甲子，第 5254 页。
④ 《宋会要辑稿·职官四八之一〇七》，第 4380 页。
⑤ 《宋会要辑稿·职官四八之一〇九》，第 4381 页。

本州总管（都部署），资历尚浅者出任本州钤辖。熙宁三年，朝廷又出台了新政策：

> 三年五月二十一日，枢密院言："武臣知州未立定合兼钤辖州军去处。今定除河北、河东、陕西知州军带经略安抚使及都总管外，河北雄、沧二州，河东代、潞二州知州自今并兼本州驻泊兵马钤辖，除本州军兼管勾本州驻泊军马公事。其正任防御团练使以上知州自依旧制。"从之。①

一般来说，知州兼领帅臣大多为武臣知州的情况。在至和二年之前，武臣知州还可以兼领路分钤辖等统兵官。等到熙宁三年之后，除了在河北路、河东路的雄州、沧州、代州、潞州等可兼领本州驻泊兵马钤辖，正任防御使、团练使以上出任知州可兼领本州总管（都部署）以外，其余武臣知州（军）只能兼管勾本州驻泊军马公事。

陕西、河北、河东诸路地处与辽、夏、金对峙的前沿地带，对于此种政治军事形势，南宋人吕中在《国势论》中有着深入的分析：

> 汉唐多内难而无外患，本朝无内患而有外忧者，国势之有强弱也。……而国势之所以不若汉唐者，则有由矣。盖我朝北不得幽冀，则河北不可都，西不得灵夏，则关中不可都，不得已而都汴梁之地，恃兵以

---

① 《宋会要辑稿·职官四八之一一〇》，第 4381 页。

为强，通漕以为利，此国势之弱一也。①

　　在失去了长城天险的情况下，为保障中原地区的安全，在一马平川的河北、河东、陕西诸路采取了以武臣知州为主的防御政策。北宋缘边州军战事频繁，军事防御的需求非常迫切，因此朝廷需要选派识武略、知边事的武臣出任知州。天圣七年，有大臣建议："欲望自今选有武勇谋略内殿崇班已上三二十人，于河北、河东、陕西及西川、广南，不以远近，但路居冲要处充知州……先试之以近边之事，后委之以临边之任，或为州郡之防，或为偏裨之将，不乏人矣。"②朝廷采纳了这个建议。北宋对于武臣知州的选任是非常严苛的，对内治理和对外御敌不可偏颇。嘉祐四年，朝廷下诏："武臣知州军非历路分都监一任以上毋得差。"③而且，在这些极边地区，条件都异常艰苦，战争风险极高，武臣知州可以更好地适应这种恶劣条件。

一　武臣知州的人物个案——李允则

　　李允则（953—1028），字垂范，并州盂县（今山西阳泉市盂县）人，长期任职于宋辽前线，先后出任沧州、瀛洲、雄州、镇州知州，在河北任职时间达20年之久，以致南宋曹彦约评价说："本朝守边之臣，未有出于（李）

---

① （宋）吕中：《类编皇朝大事记讲义》卷一《国势论》，第43页。
② 《续资治通鉴长编》卷一〇八，天圣七年五月庚午，第2513页。
③ 《宋会要辑稿·职官四七之十》，第4270页。

允则之右者。"① 李允则尤其以在北宋河北地区的边疆治理功绩闻名于世，《宋史·李允则传》称："（其）在河北二十年，设施方略，不动声气，契丹至以长者称之。"②因此，本书以李允则③为例，探讨北宋在"崇文抑武"的治国理念之下，在河北边防要地以武臣为知州的边疆治理成效。

（一）修浚塘泊、广植榆柳

北宋建国后失去了抵御北方少数民族的天然屏障——燕山、长城一线，从河北路的雄州（今雄县）、保州（今保定市）、霸州（今霸州市）、莫州（今任丘市），东至渤海一线，即成为与契丹隔拒马河相望的边境。"自飞狐以东，重关复岭，塞垣巨险，皆为契丹所有。"④ 边境以南则是广阔的冀中平原，黄河南岸就是北宋的都城开封。"自蓟而南，直视千里，贼鼓而前，如莞纸上行。"⑤ 契丹骑兵大势南下，旬日之间可驰骋而过，直达黄河沿岸。由此，河北边防成为关乎朝廷根本的大事，选择文韬武略的官员又是河北有条不紊地进行治理的重中之重。

为了抵御契丹骑兵南下，在河北边疆防御没有天险可守的情况下，结合当地的自然条件，北宋创造了水上、地

---

① （宋）曹彦约：《经幄管见》卷四，《景印文渊阁四库全书》第 686 册，第 63 页。

② 《宋史》卷三二四《李允则传》，第 10498 页。

③ 目前学界对于李允则的研究，主要集中于对其智谋韬略的论述，代表性成果有，廖寅《宋朝守边第一将：智术大师李允则》，《文史天地》2013 年第 4 期。较为全面的研究仅见陈界妃《宋初武臣李允则研究》，硕士学位论文，四川师范大学，2018。该成果对于李允则一生的政治作为做了较为系统的阐述。

④ 《续资治通鉴长编》卷七七，大中祥符五年正月，第 1754 页。

⑤ 《续资治通鉴长编》卷一七四，皇祐五年正月壬戌，第 4195 页。

下相结合的塘泊、屯田防御体系，其在维护边疆安全方面
发挥了重要作用。淳化四年，太宗在河北沿边修浚塘泊，
大兴屯田，"发诸州镇兵万八千人给其役。凡雄、莫、霸
州、平戎、破虏、顺安军兴堰六百里，置斗门，引淀水灌
溉"。① 塘泊的深度要适中才能起到限制辽方戎马的作用。
如宋祁所说："蓄水为塘，其制曰：若干地浅若干尺，若
干地掘而浚之，若干尺相如绣。是谓深不可度马，浅不可
载舟也。"②

咸平五年二月，瀛州、雄州、莫州、霸州、深州、沧
州和乾宁军沿线河水暴涨，民田皆毁。③ 咸平六年二月，
"京东、淮南水灾，遣使赈恤贫民，疏决狱讼"。④ 五月，
沧州知州李允则巡视沧州全境，立即请求浚清池县（今河
北塘沽）的浮阳湖，疏通泥沙，清理河道，保障农业生
产，同时恢复塘泊防御敌方戎马的功能。九月，"白沟河
溢，害民田"。⑤ 沧州知州李允则疏浚河道，将沧州的河渠
修缮畅通。

景德四年，为更好地在河北地方实施屯田，知雄州李
允则上奏朝廷请将河北缘边安抚使、副使、都监的职能扩
大，兼屯田事，"应系屯田皆在缘边州军，臣自来只移牒
制置，不获躬按。其安抚、都监二员常巡边郡，望令兼屯

---

① 《续资治通鉴长编》卷三四，淳化四年三月壬子，第747页。
② （宋）宋祁：《景文集》卷四四《御戎论》，《景印文渊阁四库全书》
　　第1088册，第392页。
③ 《续资治通鉴长编》卷五一，咸平五年二月戊辰，第1114页。
④ 《续资治通鉴长编》卷五四，咸平六年二月己卯，第1180页。
⑤ 《续资治通鉴长编》卷五五，咸平六年九月戊戌，第1212页。

田事，因便检校"，① 这样屯田事务可以由专人负责。大中祥符九年，知雄州李允则又上奏朝廷，"改定州保州、顺安军营田务为屯田务，从李允则之请也"。② 将屯田归为军队统一耕种，不仅促进了边防工事的修建，还在一定程度上缓解了军粮问题。天禧四年，河北地区的屯田喜获丰收，"保州屯田务自逐年耕种水陆田八十顷，臣在任三年，开展至百余顷，岁收粳糯稻万八千或二万石"。③ 塘泊不仅可以御敌，还可作为沿边城池的交通要道。李允则知雄州时，"列堤道，以通安肃、广信、顺安军"，④ 若契丹南下，雄州与广信、安肃、顺安即可互相支援、策应。河北沿边塘泊"自边吴淀至泥姑海口，绵亘七州军，屈曲九百里，深不可以舟行，浅不可徒涉，虽有劲兵，不能度也"。⑤ 若没有这条防线，契丹骑兵可以大肆南侵，北宋的军事部署势必再做调整，兵力将更加分散，冗兵、冗费现象也将更为严重，并随之而来各种问题。

北宋河北路与辽接界处多为山地，北宋在此地广植榆柳，与塘泊互为补充，形成了重要的防御系统。北宋在河北沿边广植榆柳的传统由来已久，宋太祖时"于瓦桥一带南北分界之所，专植榆柳，中通一径，仅能容一骑"。到了真宗时期，"以为使人每岁往来之路，岁月浸久，日益繁茂，合抱之木，交络翳塞"。⑥ 南宋薛季宣向宋孝宗分析

---

① 《续资治通鉴长编》卷六六，景德四年八月丁巳，第 1486 页。
② 《续资治通鉴长编》卷八六，大中祥符九年三月戊辰，第 1981 页。
③ 《宋会要辑稿·食货四之二》，第 6031 页。
④ 《续资治通鉴长编》卷九三，天禧三年六月丁酉，第 2151 页。
⑤ 《宋史》卷九五《河渠志》，第 2359 页。
⑥ （宋）王明清：《挥麈录》后录卷一《祖宗规模宏远》，第 52 页。

了北宋镇边之策，评价道："河北为三，而统于大名。有塘泺、方田、稻田、榆塞为之险。"①

知雄州李允则命令安抚司在州内空隙之地广植榆柳，"久之榆柳满塞"。② 朝中很多人对于种植榆柳表示不解，李允则"谓僚佐曰：'此步兵之地，不利骑战，岂独资屋材耶。'"③ 大中祥符五年，宋真宗下令："河北缘边官道左右及时植榆柳"。④ 大中祥符九年，河北安抚司上奏朝廷："缘边官地所种榆柳，望令逐处官籍其数，以时检校，从之。"后来，朝廷检校河北榆柳，"内出北面榆柳图示辅臣，数逾三百万。上曰：'此可代鹿角也。雄州李允则颇用心于此，朕尝询其累任劳课书历否？'对曰：'设官本要荡事，但当竭力，何得更谋课最？'此言亦可嘉也"。李允则作为雄州知州，广植榆柳，成绩显著，得到了宋真宗的肯定。

（二）城池建设

北宋为抵御契丹，引海水入塘泊，加之河水的长期泛滥，沧州等地"河朔土多盐卤"，⑤ 百姓生活用水非常不便，需要出城汲取淡水。知沧州李允则为防止契丹围城，切断水源，城内军民因缺水而困，于是组织沧州百姓在城内凿井，有备无患。但是，在凿井的过程中，普通百姓忙

---

① 《薛季宣集》附录《宋右奉议郎新改差常州借紫薛公行状》，上海社会科学院出版社，2003，第 613 页。
② 《宋史》卷三二四《李允则传》，第 10481 页。
③ 《续资治通鉴长编》卷九三，天禧三年六月丁酉，第 2151 页。
④ 《续资治通鉴长编》卷七九，大中祥符五年十一月庚申，第 1806 页。
⑤ 《宋史》卷一八一《食货志下三》，第 4428 页。

于自己的生产生活，对于这些工程有消极情绪，"葺营垒官舍，间掘井城中，人厌其烦"。① 可事实证明，沧州知州李允则的决策是正确的。过了一段时间，契丹果真南下，包围了沧州城，虽被围困，但是"契丹来攻，老幼皆入保而水不乏，又取冰代炮石以拒之，遂解去"。② 在李允则的运筹帷幄之下，契丹败退，真宗大悦，"顷有言卿浚井葺屋为劳民者，及契丹至，始见善为备也"。③

澶渊之盟后，北宋更改了河北沿边州军的名称以示和平："改威虏军曰广信，静戎曰安肃，破虏曰信安，平戎曰保定，宁边曰永定，定远曰永静，定羌曰保德，平虏城曰肃宁。"④ 宋辽协议明确禁止双方修葺防御设施："所有两朝城池，并可依旧存守，淘壕完葺，一切如常，即不得创筑城隍，开拨河道。"⑤ 但知雄州李允则认为，河北为边防要地，国防安全是重中之重，因此在雄州城外疏治渠田。朝廷却认为："决渠障边，乃防遏所须，然誓书旧约不可不守也。"⑥ 北宋一心通过遵守盟约来感化辽方，但边疆形势瞬息万变，并非宋廷一厢情愿即可维护。

在这种表面合约以及国防压力之下，知雄州李允则以过人的智慧，既修缮了城池，又没有引起辽方的怀疑，达到了强化河北边疆防御的目的。李允则想要修缮雄州的瓮城，以便将瓮城纳入主城之中，达到增强城池防御功能的

---

① 《续资治通鉴长编》卷五七，景德元年八月辛亥，第 1260 页。
② 《续资治通鉴长编》卷五七，景德元年八月辛亥，第 1260 页。
③ 《宋史》卷三二四《李允则传》，第 10479 页。
④ 《续资治通鉴长编》卷五八，景德元年十二月甲辰，第 1301 页。
⑤ 《续资治通鉴长编》卷五八，景德元年十二月辛丑，第 1299 页。
⑥ 《续资治通鉴长编》卷六五，景德四年五月庚子，第 1455 页。

作用。南宋的陆游描绘了没有瓮城保护的城池惨遭敌军袭击的悲剧："三受降城无壅（甕）城，敌来杀尽始还营。漠南漠北静如扫，清夜不闻边马声。"① 瓮城的修缮颇费一番波折。李允则首先派人"建东岳祠，出黄金百两为供器，道以鼓吹，居人争献金银。久之，密自彻去，声言盗自北至，遂下令捕盗，三移文北界，乃兴版筑，扬言以护祠"。② 李允则对外宣称要保护东岳庙，防治"北来"的盗贼，号令军士、百姓共同筑城，"契丹内惭，不敢止也"。③ 河北缘边安抚司也同意建设瓮城："规度雄州瓮城，其地甚广。本州先有材木，望令渐建屋宇，冀行旅往来，有所障蔽。"④ 此后，"卒就关城浚壕，起月堤，自此瓮城之人，悉内城中"。⑤ 自此，瓮城被纳入主城雄州城中，既可将主城的管辖范围向北延伸，又可扩大对辽军的监视范围。后来沈括看到修缮完毕的瓮城，称赞道："大都军中诈谋未必皆奇策，但当时偶能欺敌而成奇功。"⑥ 宋真宗后来也对王钦若说："今虽承平无事，然武备不可废也，宜谕令及时缮修，但无改作耳。"⑦

雄州北部原来有很多的陷马坑，城上还设有很多为探视敌情而建的瞭望楼，最远可以窥探十里。"自罢兵，人

① 《陆游集》卷一四《对酒戏作》，中华书局，1976，第 419 页。
② 《宋史》卷三二四《李允则传》，第 10480 页。
③ （宋）司马光：《涑水记闻》卷六《李允则知雄州》，第 107 页。
④ 《续资治通鉴长编》卷九三，天禧三年五月辛巳，第 2148 页。
⑤ 《宋史》卷三二四《李允则传》，第 10480 页。
⑥ （宋）沈括：《梦溪笔谈》卷一三，上海书店出版社，2009，第 119 页。
⑦ 《续资治通鉴长编》卷八一，大中祥符六年七月乙未，第 1837 页。

莫敢登。允则曰：'南北既讲和矣，安用此为？'"① 李允
则下令拆楼填坑，改成军士的菜园。这样做看似向辽朝示
好，实则暗中修建防御工事，"浚井疏洫，列畦陇，筑短
垣，纵横其中，植以荆棘，而其地益阻隘"。② 这样的城防
设计更加不利于契丹骑兵作战。知雄州李允则下令拆掉原
来的瞭望楼，看似没有了探视敌情的制高点，可后来又下
令在城北的高地上修建一座更高的佛塔，以为国防之用。
修建这个佛塔耗资甚多，朝中众人认为李允则留心于宗教
信仰，搜刮民脂民膏，引起非议。"一日，出官库钱千缗，
复敛民间钱，起浮图。即时飞谤至京师，至于监司，亦屡
有奏削。真宗悉封付允则，然攻者尚喧沸。真宗遣中人密
谕之，允则谓使者曰：'某非留心释氏，实为边地起望楼
耳！'"③ 此佛塔高达九层，"徙浮图北垣上，州民旦夕登
望三十里"。④ 这个佛塔较之以前的瞭望楼更高，可以看得
更远，无疑是北宋国家安全之所需。李允则修佛塔可以掩
辽人之耳目，无非是投其所好，因辽是一个笃信佛教的国
家，"辽以释废"。⑤ 李允则如此大张旗鼓地"治城垒不
辍"，辽圣宗难免忧虑，因此与大辽宰相张俭交流意见：
"辽主问其相张俭曰：'闻南朝尚修城备，得无违誓约？'
俭曰：'李雄州为安抚使，其人长者，不足疑。'"⑥ 李允

---

① 《宋史》卷三二四《李允则传》，第 10480 页。
② 《宋史》卷三二四《李允则传》，第 10480 页。
③ （宋）王君玉：《国老谈苑》卷二，《全宋笔记》第 2 编第 1 册，大
　象出版社，2006，第 184 页。
④ 《续资治通鉴长编》卷九三，天禧三年六月丁酉，第 2151 页。
⑤ 《元史》卷一六三《张德辉传》，中华书局，1976，第 8323 页。
⑥ 《续资治通鉴长编》卷九三，天禧三年六月丁酉，第 2150 页。

则在河北担任知州 20 年，事功颇多，但做事从不张扬，不动声色地便将北宋边疆的防御工事修缮完备，还赢得了辽朝的好感，"契丹至以长者称之"。①

（三）用间与反间

李允则作为河北的武臣知州，除了积极修浚河道、修筑城池、广植榆柳，建设实质性的边疆防御工事，还拥有足够的智谋可以巧妙地用间和反间，周全地应对辽对宋的攻击。

李允则作为雄州知州长达 14 年，善于用间，"契丹中机密事，动息皆知之，当时边臣无有及者"。② 雄州有云翼卒逃亡到契丹，李允则督促辽国归还逃亡士兵，"契丹报以不知所在。允则曰：'在某所。'契丹骇，不敢隐，即归卒，乃斩以徇，后无敢亡者"。③ 李允则此番作为，既打击了辽朝的嚣张气焰，又给予境内军士、百姓以威慑。李允则能够对逃亡士兵的行踪了如指掌，得益于他平时的养间和用间，李允则在雄州城开有很多的便门，"多纳燕京左右奸细等人，询问北朝事宜"，④ 以至于他晚年致仕居于开封，"有自契丹亡归者，皆命舍允则家"。⑤ 李允则所豢养的间谍最著名的就是张文质。张文质为雄州人，李允则让其更改普通俗人身份为僧人，派遣其进入辽国，以侦察敌

---

① 《宋史》卷三二四《李允则传》，第 10498 页。
② （宋）司马光：《涑水记闻》卷六《李允则知雄州》，第 107 页。
③ 《续资治通鉴长编》卷九三，天禧三年六月丁酉，第 2152 页。
④ 杨国宜校注《包拯集校注》卷一《奉使契丹辨雄州便门事状》，黄山书社，1999，第 69—70 页。
⑤ 《宋史》卷三二四《李允则传》，第 10482 页。

情，后来竟顺利在辽入朝为官，直到仁宗天圣五年回归大宋，朝廷给予嘉奖，"至是来归，诏补文质三班奉职、潭州监当"。①

契丹也未就此作罢，同时派遣辽方间谍进入大宋进行侦察，"又得谍，释缚厚遇之，谍言燕京大王遣来，因出所刺缘边金谷、兵马之数。允则曰：'若所得谬矣。'呼主吏按籍书实数与之。谍请加缄印，因厚赐以金，纵还。未几，谍遽至，还所与数，缄印如故，反出彼中兵马、财力、地里委曲以为报"。②李允则善于攻心，用大度之心感化了辽方间谍，不仅保护了宋的机密文件，还将敌方间谍收为我用，其领导能力让人叹服。

同时，李允则还成功利用反间计，将大辽重要的官员除去，减轻宋朝的国家安全压力。某年的元宵节，李允则下令在城中张灯结彩，"聚优乐，使民夜纵游。明日，侦知北酋欲间入城中观，允则与同僚伺郊外。果有紫衣人至，遂与俱入传舍，不交一言，出奴女罗侍左右，剧饮而罢。且置其所乘骡庑下，使遁去，即幽州统军也。后数日，为契丹所诛"。③利用契丹间谍进城游玩、宴饮的欢愉场面，使辽方相信此人已归附大宋，其不久即被大辽所诛。李允则不费吹灰之力，兵不血刃地除去辽方一员大将，可见其智谋之深。

李允则不仅通过专业的间谍打探敌方情报，还经常通过市井百姓得知重要信息。闲暇之余，李允则经常步

---

① 《续资治通鉴长编》卷一〇五，天圣五年九月乙巳，第2447页。
② 《宋史》卷三二四《李允则传》，第10481页。
③ 《宋史》卷三二四《李允则传》，第10481页。

行于榷场等市井场所，遇到可交流之人则"延坐与语，以是洞知人情"，①"于市中下马往富民家，军营与妇女笑语无所间，然富民犯罪未尝少宽假。契丹中机密事，动息皆知之，当时边臣无有及者"。② 李允则对于雄州的治理，除了修塘、筑城，最为后人称道的就是边境情报掌握到位。包拯面对仁宗时期边境情报"惟务邀功冒名所遣"的现象，多次慨叹当年李允则在河北边疆治理过程中所做出的巨大贡献，"识敌之情伪大小，必得其实"，③"皆极一时之选"。④

李允则的治边谋略，在南宋时期已经成为经筵官为皇帝讲经论史的经典案例，"李允则之守边也，胸中之谋，愈出愈奇。……敌遣间谍刺我兵数，而能使谍者转为我用，此一奇也。敌驱吾民，将以为质险，而我能反其锋而用之，又一奇也。云翼卒伍之逃，敌以不知所在为辞，而允则指言某处，运智如神，又一奇也。天下多事之秋，使得任阃外寄者善谋如此，可以宽忧顾矣"。⑤

（四）其他治理作为

李允则在河北作为知州 20 年，对于各种突发事件的应变能力也是非常值得称道的。有一次，李允则带领将士驻扎于宋辽边境，晚间设宴席，与众人把酒言欢。可是，

---

①　《续资治通鉴长编》卷九三，天禧三年六月丁酉，第 2152 页。
②　（宋）司马光：《涑水记闻》卷六《李允则知雄州》，第 107 页。
③　杨国宜校注《包拯集校注》卷四《请择探候人》，第 239 页。
④　杨国宜校注《包拯集校注》卷四《请罢知雄州刘谦济》，第 233 页。
⑤　（宋）袁甫：《蒙斋集》卷六《经筵进讲论李允则疏》，中华书局，1985，第 82—83 页。

意外发生了，"尝燕军中，而甲仗库火。允则作乐行酒不辍，副使请救，不答。少顷火熄，命悉瘗所焚物，密遣使特檄瀛州，以茗笼运器甲，不浃旬，兵数已完，人无知者"。① 军器库失火并没有因大火的熄灭而事罢，此事传入朝中，枢密院以"失火不救、饮酒作乐"罪名弹劾李允则。宋真宗根据对李允则的了解，觉得事情必有蹊跷，要当面询问李允则，"枢密院请劾不救火状，上曰：'允则必有谓，姑诘之。'对曰：'兵械所藏，儆火甚严，方宴而燔，必奸人所为。舍宴救焚，事或不测。'"② 李允则解释："军器库为重地，防火等措施非常严格，轻易不会发生险情。若发生火灾了，那一定是有人纵火。况且，火灾恰巧发生在晚间军士集体聚会时，这仅仅是巧合吗？肯定是有内奸内外勾结，通风报信，若当时突然停止宴会，集体救火，恐怕会中了敌人的圈套，还有更加意想不到的事情发生呢！"李允则作为一州之内最高领导者，他应对和处理突发事件的能力，直接影响到地方政治的稳定，尤其是在两国交界的边疆要地，更会涉及国家安全的大问题。

李允则以武臣身份担任北宋边疆的知州，还不忘训练军士，提高他们的作战能力，以备不测。澶渊之盟后，宋辽双方协议遵守誓约，不修战备之事。知雄州李允则处事得当，既要加强战备，又不能落辽方口实，引起不必要的争端。修筑战略设施，都在有意无意之间。"出入若变化，谈笑催敌谋。"③ 知雄州李允则将军事备战训练寓于游戏之

---

① 《续资治通鉴长编》卷九三，天禧三年六月丁酉，第 2151 页。
② 《续资治通鉴长编》卷九三，天禧三年六月丁酉，第 2151 页。
③ 《欧阳修全集》卷五三《送李太傅端懿知冀州》，第 755 页。

间，妙不可言。位于雄州之北的白沟河是宋、辽两国的界河。李允则作为雄州知州每年夏秋两季组织祭祀娱乐活动，其中之一便是让战船在白沟河上竞渡，"岁修禊事，召界河战棹为竞渡，纵北人游观，潜寓水战"。① 组织赛船游戏，又允许契丹百姓观赏，在不引起辽方猜忌、怀疑的同时，宋方已然训练了军士，达到了战备的目的。

李允则守河北边疆 20 年，无时无刻不以宋辽关系为重。面对外交大事，李允则处置绝不含糊。大中祥符五年，知雄州李允则言契丹议筑武清、安次、涿郡州城。宋真宗说："是正违誓约。若俟其兴功而言，则必耻于中辍。"② 后来朝廷下诏，"因使北境者谕之。既而允则言彼国闻命，即罢其役"。③ 由此看出，李允则得到的情报非常准确，将辽朝的野心及时上报朝廷，可以使宋方较早交涉，保障北宋的国家安全。河北处于宋辽边界，在严格治边的同时，李允则宽待契丹百姓，受到契丹百姓的敬仰，维护了边疆民族关系。大中祥符三年，契丹连年遭受天灾，百姓受饥，流离失所。知雄州李允则面对契丹众多的饥民，恐引起边患，因此上奏朝廷请求赈灾："契丹界累岁灾歉阙食，多来近边市籴。诏本州出廪粟二万石，贱粜以赈之。"④ 北宋拿出二万石粮食以赈济辽朝，契丹百姓渡过难关，对李允则无不称赞，"契丹至以长者称之"。⑤

---

① 《续资治通鉴长编》卷九三，天禧三年六月丁酉，第2151页。
② 《续资治通鉴长编》卷七八，大中祥符五年秋七月壬申，1775页。
③ 《续资治通鉴长编》卷七八，大中祥符五年秋七月壬申，1775页。
④ 《续资治通鉴长编》卷七三，大中祥符三年六月乙卯，第1674页。
⑤ 《宋史》卷三二四《李允则传》，第10498页。

（五）小结

李允则从咸平六年五月，以供备库副使在定州任职，直至天圣二年八月，以宁州防御使致仕，共在河北任职21年，其中雄州任职更是长达14年，可见李允则的一生为北宋河北边疆治理做出了不可磨灭的贡献。澶渊之盟以后，宋辽双方由战转和，政治局面渐趋稳定。黄仁宇先生说："澶渊之盟是一种地缘政治的产物，表示着两种带竞争性的体制在地域上一度保持到力量的平衡。"① 但宋辽双方仍然存在不断的试探与摩擦。在保证既有和平稳定的政治局面的同时，应对各种边防突发事件，是每一位边疆守臣所应具备的政治素养和治理能力。

宋太祖发动陈桥兵变，建立宋朝，对于武将对皇权的威胁有着深刻的体会。因此，在制度设计上，宋太祖充分吸取了以往军阀混战、皇权沦落的历史教训，推行分权制衡的原则，实行"以文驭武"方针。地方上，为防止割据，更是不断以文臣出任知州，"以权设之名，为经常之任矣"。②作为一州执掌，知州很受宋代朝臣的重视，朝廷对于知州有着严格的选任标准。宋初两朝选任知州的原则是文臣以京、朝官，武臣则以阁门祗候以上充。③ 宋太宗说："刺史之任，最为亲民，苟非其人，则民受其祸。"④在河北沿边州军，一州之长除了要负责州内的户口、赋

---

① 黄仁宇：《赫逊河畔谈中国历史》，三联书店，1992，第67页。
② （清）顾炎武著，陈垣校注《日知录校注》卷九《知州》，安徽大学出版社，2007，第524页。
③ 《宋会要辑稿·职官四七之一》，第4265页。
④ 《续资治通鉴长编》卷二五，雍熙元年三月丙午，第574页。

役、狱讼等事务外，还要肩负处理边境纷争、维护边疆稳定的要责。因此，要协调两朝之间、不同民族之间、中央与地方之间的重要关系，维护边疆稳定的统治秩序，恐怕仅科举出身的文臣知州难以胜任。以武臣出任知州，这一制宜之策，是北宋强干弱枝的权变之法。边防要地武臣知州明显优于文臣，因为边防要地国防安全的重要性远大于内政处理。李允则在河北出任知州的地点包括沧州、瀛洲、雄州、镇州，这些都属于北宋极边①州郡。②宋真宗对于李允则非常信任，让其在雄州出任知州14年，从治理成效上看是利大于弊的。边疆守臣久任一地，可以对当地的政治、经济、军事、社会等方方面面有充分了解，在系统性展开边防建设的同时，便于调动该地的各种资源完成边疆治理的重任。李允则个人才干出众，作为极边守臣可以独当一面，深得朝廷与百姓信赖的同时也极大地震慑了辽朝。"允则不事威仪，间或步出，遇民可与语者，延坐与语，以是洞知人情。讼至，无大小，面讯立断。善抚士，皆得其用。盗发辄获，人亦莫知其繇。身无兼衣，食无重羞，不畜货货。当时边臣，鲜能及之者。"③

若依一般规则，以文臣知边州，朝廷则有非议，如

---

① 据杜芝明、黎小龙的研究，"极边"侧重于对外备御、对少数民族控驭、族群分割功能。"次边"侧重于层级防御功能和后勤补给功能。杜芝明、黎小龙：《"极边"、"次边"与宋朝边疆思想探析》，《中国边疆史地研究》2010年第2期，第40页。
② 李伟刚：《北宋初三朝北面极边州军守将群体研究》，硕士学位论文，河北大学，2018，第15页。
③ 《续资治通鉴长编》卷九三，天禧三年六月丁酉，第2152页。

"泾原路都钤辖兼知渭州曹玮，请如旧例，别遣官知渭州。上曰：'边防屯集之地，别命知州，或互执其所见，将致生事。'"① 以武将保障边地的安全，自古以来就受推崇，"盖古人有封建之法，所以无边塞之警"。太祖任武将戍守边关，"于边将任之久责之专"，使西北不敢犯边。然自太宗以后，"有莫大之兵而受外国无疆之侮，亦以外权既轻而边将数易故也"。② 另对于武臣知州也有着特殊的规定，《宋会要辑稿》记载："枢密院言：元丰七年，中书省条堂除知州军，三年为任，武臣依此。"③ 边地武臣知州三年一任，是为了防止地方割据势力的形成。朝廷对于武臣掌管边防要地的军政大权，也并非全无顾虑。比如在雄州知州一般以武臣充任的前提下，景德三年设立了河北缘边安抚使，④ 庆历八年置河北四路安抚使，"命知大名真定府、瀛定州者领之"。⑤ 河北缘边安抚使的任职者也为武官，任满后，按照惯例接任者多为保州知州。⑥ 而庆历八年所置的河北四路安抚使，依据陕西安抚使模式，以文臣担任安抚使，武臣任副都部署。如文臣韩琦，"（庆历）八年四月，河北置四路安抚使，除公（韩琦）定州路安抚使、都总管、知定州。前此守臣皆武臣，安于无事，循尚姑息，兵

---

① 《续资治通鉴长编》卷七八，大中祥符五年六月戊申，第 1770 页。
② （宋）吕中：《类编皇朝大事记讲义》卷二《命将帅》，第 55 页。
③ 《宋会要辑稿·职官一〇之二一》，第 3290 页。
④ 《续资治通鉴长编》卷六二，景德三年四月乙酉，第 1394 页。
⑤ 《续资治通鉴长编》卷一六四，庆历八年夏四月辛卯，第 3947 页。
⑥ 李立：《北宋河北缘边安抚使研究》，漆侠主编《宋史研究论文集——国际宋史研讨会暨中国宋史研究会第九届年会编刊》，河北大学出版社，2002，第 96 页。

颇骄纵。公至，则修明军政"。① 其有力地说明了朝廷"以文御武"的根本治国方略，反映了统治者职官设置的良苦用心。这样，以文臣、武将共同执掌河北的军政大权，既可达到巩固国防安全的目的，又可分化事权，防止尾大不掉的局面出现。由此可见，以武臣出任知州这一制宜之策，是北宋"强干弱枝"的权变之法，与北宋"祖宗家法"并不抵牾。

二　武臣知州的地域个案——雄州

雄州原名瓦桥关，大致范围为今河北雄县，因周世宗柴荣收复而改名为雄州。《宋史·地理志》载："雄州，中，防御，本唐涿州瓦桥关。政和三年，赐郡名曰易阳……县二：归信，中……容城，中，建隆四年复置。"②雄州处于华北平原中部，紧邻东北平原、蒙古高原与华北平原的连接通道，其地貌特征凸显了该地重要的地理阻隔和军事防守意义。雄州距离宋与辽的界河——拒马河，仅30里之遥，"河北，朝廷根本，而雄州又河北咽喉"。③雄州既是北宋收复燕云和守卫国土的前沿阵地，同时又是契丹入主中原的主要线路，因此成为北宋的门户，"喉领塞南地"。④

学界对于北宋雄州的研究已有较多成果问世，如陶晋

---

① （宋）韩琦著，李之亮、徐正英笺注《安阳集编年笺注·附录》，巴蜀书社，2000，第1796页。
② 《宋史》卷八六《地理志二》，第2124页。
③ 《续资治通鉴长编》卷一七〇，皇祐三年四月己酉，第4090页。
④ （宋）宋祁：《景文集》卷七《钤辖冒上阁就移知雄州》，《景印文渊阁四库全书》第1088册，第57页。

生通过重要的历史事件分析了雄州外交和情报方面的特别地位。[1] 李昌宪[2]和安国楼[3]以雄州为例大体地介绍了两属地的成因及政权组织形式、治理等方面的种种特殊性，以及雄州对宋辽关系的影响。李之亮对北宋雄州守将的年表考证清楚。[4] 杨军认为雄州城的出现和发展得益于其所处的特殊地理位置和历史背景，并论述了雄州在军事、外交、经济等方面所处的特殊地位及发挥的重要作用。[5] 王轶英的系列研究成果则主要从军事防御的角度对北宋雄州的边防重要性加以阐述。[6] 杨帆对北宋河北四大榷场之首——雄州榷场做了详细的论述。[7] 刘振宇则对北宋政府赋予雄州的政治、交通、军事、外交、贸易、信息等多种区域功能分别进行阐述。[8] 综上所述，目前学界对北宋雄

---

① 陶晋生：《雄州与宋辽关系》，原载《国际宋史研讨会论文集》，台北中国文化大学，1988；现载陶晋生《宋辽金史论丛》，台北，联经出版公司，2013。

② 李昌宪：《北宋河北雄州的两属地》，《南京大学学报》（哲学·人文科学·社会科学）1993 年第 3 期。

③ 安国楼：《宋辽边境的"两属户"》，《中国史研究》1991 年第 4 期。

④ 李之亮：《北宋雄州守将系年》，《河北师范大学学报》（哲学社会科学版）2001 年第 4 期。

⑤ 杨军：《试说北宋时期的雄州城》，《中国历史地理论丛》2004 年第 3 期。

⑥ 王轶英：《北宋河北边防建设研究》，硕士学位论文，河北大学，2007；丁建军、王轶英：《宋辽对峙成就的一座历史名城：北宋之雄州》，姜锡乐主编《华北区域历史变迁国际学术研讨会论文集》，河北大学出版社，2012；王轶英：《北宋重镇雄州城考析》，《唐山师范学院学报》2017 年第 1 期。

⑦ 杨帆：《北宋雄州榷场初探》，《廊坊师范学院学报》（社会科学版）2017 年第 4 期。

⑧ 刘振宇：《北宋雄州区域功能探究》，《河南科技大学学报》（社会科学版）2018 年第 5 期。

州的探讨仅限于其地理位置的特殊性，或是某个侧面的研究，对于北宋政府对雄州等边疆要地的治理方略，尚缺少必要的关注。

（一）雄州知州的选任

因雄州重要的地理位置，北宋投入了很大的精力关注雄州知州的人选，大多选任能征善战、有勇有谋之人，"典州之将，不可不精择其人"。[①] 景德二年，宋真宗认为河北守臣"宜得武干善镇静者，乙卯，命西上阁门使马知节知定州，孙全照知镇州，刑部侍郎赵昌言知大名府……西上阁门副使李允则知雄州，供备库副使赵彬知霸州"。并且，亲自录其姓名交给中书省，宰相毕士安说："陛下所择，皆才适于用，望付外施行。"[②] 熙宁八年，知雄州冯行己离任，宋神宗认为："雄州最当北边冲要，不可久阙正官，中书、枢密院可速同选拟进呈。"于是，任命四方馆使、康州刺史王道恭知雄州。[③] 因雄州是北宋的军事要冲，其知州的人选受到皇帝的密切关注，"选良守将易置之"，[④] 正是择选标准的严格，才保证了雄州知州的政绩显著，为北宋的边疆治理做出了巨大贡献。

由表5-5可知，自建隆二年到宣和六年，北宋雄州共52人次出任知州，其中武臣49人次，文臣2人次，1人身份不详。北宋朝廷以级别较高的武臣出任雄州知州，即显示了对边防治理的特殊考虑。河北路地处与辽对峙的

---

① 《续资治通鉴长编》卷一九五，嘉祐六年九月丙子，第4721页。
② 《续资治通鉴长编》卷五九，景德二年正月乙卯，第1308页。
③ 《续资治通鉴长编》卷二五九，熙宁八年正月丁酉，第6309页。
④ 《宋史》卷二八一《毕士安传》，第9521页。

前沿地带，对于此种政治军事形势，南宋人吕中在《国势论》中有着深入的分析：

> 汉唐多内难而无外患，本朝无内患而有外忧者，国势之有强弱也。……而国势之所以不若汉唐者，则有由矣。盖我朝北不得幽冀，则河北不可都，西不得灵夏，则关中不可都，不得已而都汴梁之地，恃兵以为强，通漕以为利，此国势之弱一也。[①]

在失去了长城天险的情况下，为保证中原地区的安全，在一马平川的河北路即采取了以武臣知州为主的防御政策。朝廷对于雄州守臣的任命，也颇费一番苦心。"以河朔事体至重，故进任大臣节制一路，诚为长策。然沿边守将，未甚得人，此不可不精择也……盖委任得人之明效也，方今不患乏材，但患不能用尔，缘雄州最为控扼重地，尤不当轻授。"[②] 雄州42位武臣知州，对雄州军政之事治理有佳，表现出武勇与韬略相辅相成的一面。

表 5-5 北宋雄州知州任职时间

知州姓名	文/武职	任职起止时间	来源
石曦	武	建隆二年至乾德六年	《宋史》卷二七一《石曦传》
侯仁矩	武	开宝元年至开宝二年	《宋史》卷二五四《侯仁矩传》；《续资治通鉴长编》卷一一

---

① （宋）吕中：《类编皇朝大事记讲义》卷一《国势论》，第43页。
② 杨国宜校注《包拯集校注》卷四《请罢知雄州刘兼济》，第233页。

续表

知州 姓名	文/武职	任职起止时间	来源
李瀚	文	开宝二年至开宝七年	《续资治通鉴长编》卷二〇
孙全兴	武	开宝七年至太平兴国六年	《续资治通鉴长编》卷一六、二二
韦进韬	武	太平兴国六年至太平兴国七年	《续资治通鉴长编》卷二三
贺令图	武	太平兴国七年至雍熙三年	《续资治通鉴长编》卷二七； 《宋史》卷四六三《贺令图传》
刘廷让	武	雍熙三年	《续资治通鉴长编》卷二七
张永德	武	雍熙三年至雍熙四年	《宋史》卷二五五《张永德传》
刘廷让	武	雍熙四年	《宋史》卷二五七《刘廷让传》
田仁朗	武	雍熙四年至端拱二年	《宋史》卷二五七《田仁朗传》
刘福	武	端拱二年至淳化二年	《宋史》卷二七五《刘福传》； 《续资治通鉴长编》卷三二
安守忠	武	淳化二年至淳化四年	《宋史》卷二七五《安守忠传》； 《续资治通鉴长编》卷三二
何承矩	武	淳化五年至至道元年	《宋史》卷二七三《何承矩传》； 《宋史》卷五《太宗纪》
安守忠	武	至道元年至至道三年	《宋史》卷二七三《何承矩传》； 《宋史》卷二七五《安守忠传》
何承矩	武	至道三年至景德元年	《宋史》卷二七三《何承矩传》
张雍	文	景德元年至景德二年	《宋会要辑稿·职官五一之四五》
李允则	武	景德二年	《续资治通鉴长编》卷五九
何承矩	武	景德二年至景德三年	《宋史》卷二七三《何承矩传》
李允则	武	景德三年至天禧三年	《续资治通鉴长编》卷九三
刘承宗	武	天禧三年至天禧五年	《宋会要辑稿·职官四一之八七》； 《宋史》卷四六三《刘承宗传》

知州姓名	文/武职	任职起止时间	来源
高继勋	武	天禧五年至天圣四年	《宋史》卷二八九《高继勋传》；《文庄集》卷二
张昭远	武	天圣四年至天圣七年	《续资治通鉴长编》卷一〇四；《宋史》卷三二六《张昭远传》
刘平	武	天圣七年至天圣十年	《宋史》卷三二五《刘平传》；《续资治通鉴长编》卷一一二
孙继邺	武	明道元年至景祐元年	《山右石刻丛编》卷一三
葛怀敏	武	景祐元年至宝元二年	《宋史》卷二八九《葛怀敏传》；《续资治通鉴长编》卷一二二
高继宣	武	宝元二年至康定二年	《宋史》卷二八九《高继宣传》
杜惟序	武	庆历元年至庆历二年	《续资治通鉴长编》卷一三八
张昭远	武	庆历二年至庆历三年	《宋会要辑稿·兵二七之二八》
王德基	武	庆历三年至庆历五年	《宋会要辑稿·职官六四之四七》
王仁旭	武	庆历五年至庆历六年	《续资治通鉴长编》卷一五八
王德基	武	庆历六年至皇祐二年	《续资治通鉴长编》卷一五八
李纬	武	皇祐二年至皇祐四年	《宋史》卷二八七《李纬传》
刘兼济	武	皇祐四年	《续资治通鉴长编》卷一七二
李纬	武	皇祐四年至皇祐五年	《续资治通鉴长编》卷一七四
马怀德	武	皇祐四年至嘉祐二年	《宋会要辑稿·职官六〇之二〇》；《宋会要辑稿·职官六五之一六》
曹偕	武	嘉祐二年至嘉祐五年	《宋史》卷四六四《曹偕传》
宋守约	武	嘉祐五年至嘉祐六年	《宋史》卷三四九《宋守约传》
赵滋	武	嘉祐六年至治平元年	《续资治通鉴长编》卷一九三、二〇一
李中祐	武	治平元年至治平二年	《宋史》卷三三六《司马光传》

续表

知州 姓名	文/武职	任职起止时间	来源
张利一	武	治平二年至熙宁五年	《续资治通鉴长编》卷二〇五
冯行己	武	熙宁五年至熙宁八年	《续资治通鉴长编》卷二三六、 二五九
王道恭	武	熙宁八年至熙宁十年	《续资治通鉴长编》卷二六二、 二八四
苗授	武	熙宁十年至元丰三年	《续资治通鉴长编》卷二八六、 三〇五
刘舜卿	武	元丰三年至元祐元年	《宋史》卷三四九《刘舜卿传》
王崇拯	武	元祐元年至元祐六年	《续资治通鉴长编》卷四五七
曹诵	武	元祐六年至元祐九年	《续资治通鉴长编》卷四五七
王祐	不详	元祐九年至绍圣四年	《苏轼诗集》卷三七
张赴	武	绍圣四年至元符二年	《续资治通鉴长编》卷四九〇、 五〇九
刘方	武	元符二年至崇宁元年	《续资治通鉴长编》卷五〇九
王荐	武	崇宁元年至崇宁三年	《宋会要辑稿·兵二九之二》
杨应询	武	崇宁三年至政和元年	《宋史》卷三五〇《杨应询传》
和诜	武	政和三年至宣和六年	《宋史》卷三五〇《和诜传》

资料来源：据李之亮《北宋雄州守将系年》一文改制而成。

（二）雄州知州的职能

1. 修建防御工事

北宋建国后失去了抵御北方少数民族的天然屏障——

燕山、长城一线，从河北路的雄州、保州、霸州、莫州，东至渤海一线，即成为与契丹隔拒马河相望的边境。因契丹的主要战斗兵力来自骑兵，朝廷在雄州地区广植榆柳，"太祖尝令于瓦桥一带南北分界之所，专植榆柳，中通一径，仅能容一骑。后至真宗朝，以为使人每岁往来之路，岁月浸久，日益繁茂，合抱之木，交络翳塞"。① 知雄州李允则命令安抚司在州内空隙之地广植榆柳，"久之榆柳满塞"。② 朝中很多人对于种植榆柳表示不解，李允则"谓僚佐曰：'此步兵之地，不利骑战，岂独资屋材耶。'"③ 大中祥符五年，宋真宗下令："河北缘边官道左右及时植榆柳"。④ 大中祥符九年，河北安抚司上奏朝廷："缘边官地所种榆柳，望令逐处官籍其数，以时检校，从之。"后来，朝廷检校河北榆柳，"内出北面榆柳图示辅臣，数逾三百万。上曰：'此可代鹿角也。雄州李允则颇用心于此，朕尝询其累任劳课书历否？'对曰：'设官本要莅事，但当竭力，何得更谋课最？'此言亦可嘉也"。李允则作为雄州知州，广植榆柳，成绩显著，得到了宋真宗的肯定。

为了抵御契丹骑兵南下，北宋在河北边疆防御没有天险可守的情况下，结合当地的自然条件，创造了水上、地下相结合的防御体系。雄州境内有两条大河横贯而过，一为滹沱河，一为大清河，河流分支广泛，以致雄州南部几乎被水淀覆盖。因此，利用地势平坦、多水的地形兴修塘

---

① （宋）王明清：《挥麈录》后录卷一《祖宗规模宏远》，第52页。
② 《宋史》卷三二四《李允则传》，第10481页。
③ 《续资治通鉴长编》卷九三，天禧三年六月丁酉，第2151页。
④ 《续资治通鉴长编》卷七九，大中祥符五年十一月庚申，第1806页。

泊，可以有效地抵御辽朝骑兵，"自雄州东际于海，多积水，契丹患之，未尝敢由此路入"。① 葛怀敏知雄州，"时岁旱，塘水涸，知雄州葛怀敏虑契丹使至测知其广深，乃拥界河水注之，塘复如故"。② 塘泊不仅可以御敌，还可作为沿边城池的交通要道。知雄州何承矩上奏朝廷："诏沧州、乾宁军常督壕寨主吏谨视斗门、水口，俟海潮至，拥入御河东塘堰，以广灌溉。"③ 李允则知雄州时，"列堤道，以通安肃、广信、顺安军"，④ 若契丹南下，雄州与广信、安肃、顺安即可互相支援、策应。河北沿边塘泊"自边吴淀至泥姑海口，绵亘七州军，屈曲九百里，深不可以舟行，浅不可以徒涉，虽有劲兵，不能度也"。⑤ 若没有这条防线，契丹骑兵可以大肆南侵，北宋的兵力将更加分散。自此，雄州形成了"赵北燕南古战场，何年千里作方塘？"⑥

河北"边境千里，塘水占三分之二"，⑦ 北宋正是利用河北边境多塘泊、河渠的特点，以屯田为名，兴修水利，并使其贯通连接、纵横交错。兴修水利、屯田实边，既可限制契丹骑兵南下，又可发展农业生产，增加军粮储备，还可以减少宋廷的戍边士卒。端拱元年，何承矩即提出在

---

① 《宋史》卷九五《河渠志五》，第2364页。
② 《续资治通鉴长编》卷一二二，宝元元年十一月己未，第2887页。
③ 《续资治通鉴长编》卷五七，景德元年八月庚申，第1252页。
④ 《续资治通鉴长编》卷九三，天禧三年六月丁酉，第2151页。
⑤ 《宋史》卷九五《河渠志五》，第2359页。
⑥ 《苏辙集》之《栾城集》卷一六《奉使契丹二十八首之赠知雄州王崇拯二首》，第318页。
⑦ 《续资治通鉴长编》卷一五〇，庆历四年六月戊午，第3658页。

河北兴塘泺、屯田以抵御辽军。① 端拱二年，太宗"诏缘边作方田，颁条置量地里之远近，列置寨栅，以限戎马，而利我之步兵"。② 淳化四年，知雄州何承矩上奏朝廷，请于"顺安寨西引易河筑堤为屯田"。继而河朔地区连年水患，坏城垒民舍，又上奏"复请因积潦处畜积为陂塘"，依何承矩的建议，河北地区"大作稻田以足食"。③ 历任雄州知州均认真、负责地大兴塘泊、屯田，仁宗宝元元年雄州大旱，知州葛怀敏"虑契丹使至测知其广深，乃拥界河水注之，塘复如故"。④ 屯田工作在雄州顺利地开展，收效显著。咸平三年，"戎人犯边，高阳一路，东负海，西抵顺安，士庶安居，即屯田之利也"。⑤ 南宋薛季宣在上书宋孝宗时高度评价了北宋镇边之策："河北为三，而统于大名，有塘泺、方田、稻田、榆塞为之险。"⑥

2. 城池建设

虽有宋辽双方的盟约保障，但雄州守臣依然有着强烈的边防意识，对雄州城池的工程建设非常重视，要满足对敌患"来则御之，去则备之"⑦的战略需求。高州团练使李允则知雄州时，"河北既罢兵，允则治城垒不辍，辽主问其相张俭曰：'闻南朝尚修城备，得无违誓约？'俭曰：

---

① 何承矩：《上太宗论塘泊屯田之利》，（宋）赵汝愚：《宋朝诸臣奏议》卷一〇五，第 1130 页。

② （元）马端临：《文献通考》卷三四六《四裔考二十三》，第 9594 页。

③ （元）马端临：《文献通考》卷七《田赋考七》，第 163 页。

④ 《续资治通鉴长编》卷一二二，宝元元年十一月己未，第 2887 页。

⑤ 《续资治通鉴长编》卷四七，咸平三年四月庚戌，第 1010 页。

⑥ 《薛季宣集》附录《宋右奉议郎新改差常州借紫薛公行状》，第 613 页。

⑦ 《续资治通鉴长编》卷四七，咸平三年夏四月庚戌，第 1010 页。

'李雄州为安抚使，其人长者，不足疑。'既而有以为言，
诏诘之，允则奏曰：'初通好不即完治，他日如有颓圮，
复安敢动？因此废守备，臣恐辽人不可测也。'帝以为
然。"①"李允则知雄州十八年。初，朝廷与契丹和亲，约
不修河北城隍，允则欲展雄州城，乃置银器五百两于城北
神祠中。或曰：'城北孤迥，请多以人守之。'允则不许。
数日，契丹数十骑盗取之，允则大怒，移牒涿州捕贼，因
且急筑其城。契丹内惭，不敢止也。"②

高州团练使、知雄州李允则以小计谋达到了修建城池
的目的，增强了雄州的防御能力，实现其保家卫国的雄伟
韬略。沈括看到修缮的雄州城，称赞道："大都军中诈谋
未必皆奇策，但当时偶能欺敌而成奇功。"③至仁宗庆历六
年，卫州团练使、知雄州王德基看到"关城居民甚众，而
故堞隳坏，久莫敢修，德基豫调兵夫筑完之"。④雄州城池
的扩建，工程浩大，雄州守臣颇费心血。神宗熙宁七年，
"雄州外罗城，乃嘉祐七年因旧修葺，元计六十余万工，
至今已十三年，才修五万余工"。⑤知雄州李允则不但扩建
了城池，还加固了雄州城内的战备设施，"周世宗始以关
为州，而民多以草覆屋。允则取材木西山，大为仓廪营
舍。始教民陶瓦甓，摽里闬，置廊市、邸舍、水砲。城上
悉累甓，下环以沟堑，莳麻，植榆柳"。⑥

---

① 《续资治通鉴长编》卷九三，天禧三年六月丁酉，第2150页。

② （宋）司马光：《涑水记闻》卷六《李允则知雄州》，第107页。

③ （宋）沈括：《梦溪笔谈》卷一三，第119页。

④ 《续资治通鉴长编》卷一五八，庆历六年夏四月丙子，第3826页。

⑤ 《续资治通鉴长编》卷二五一，熙宁七年三月癸亥，第6135页。

⑥ 《续资治通鉴长编》卷九三，天禧三年六月丁酉，第2150页。

雄州城上还设有很多为探视敌情的瞭望楼，最远可以窥探十里。"自罢兵，人莫敢登。允则曰：'南北既讲和矣，安用此为？'"①知雄州李允则下令拆楼填坑，实则暗中修建防御工事，"浚井疏洫，列畦陇，筑短垣，纵横其中，植以荆棘，而其地益阻隘"。②李允则下令在城北建立一座佛塔，以为国防之用。此佛塔高达九层，"徙浮图北垣上，州民旦夕登望三十里"。③较之以前的瞭望楼，佛塔更高，看得更远，无疑是北宋国家安全之所需。虽有两国盟约在先，但为巩固国防，雄州武臣知州顶着"边臣皆以生事为能，渐不可长"④的压力，确保城池的坚固完善，履行一方守臣的应有责任。

3. 兴榷场贸易

雄州处于宋辽边界，是宋辽双方沟通的窗口。在雄州设立榷场进行贸易，可以互通有无，怀柔远人，维护边疆和平稳定。开宝七年，契丹涿州刺史耶律琮致书权知雄州、内园使孙全兴："两朝初无纤隙，若交驰一介之使，显布二君之心，用息疲民，长为邻国，不亦休哉！"之后，知雄州孙全兴"以琮书来上，上命全兴答书，并修好焉"。⑤同年七月，"遣西上阁门使郝崇信使契丹，以太常寺丞吕端副之。是始与中国交聘"。⑥雄州榷场于太平兴国二年正式建立，"契丹在太祖朝，虽听沿边互市，而未有

---

① 《宋史》卷三二四《李允则传》，第10480页。
② 《宋史》卷三二四《李允则传》，第10480页。
③ 《续资治通鉴长编》卷九三，天禧三年六月丁酉，第2151页。
④ 《宋史》卷二三六《司马光传》，第10761页。
⑤ 《续资治通鉴长编》卷一五，开宝七年十一月甲午，第328页。
⑥ 《宋会要辑稿·藩夷一之二》，第9712页。

官司。是月，始令镇、易、雄、霸、沧州各置榷务，命常参官与内侍同掌，辇香药、犀、象及茶，与相贸易"。①

自太平兴国四年北宋征伐北汉开始，宋辽边境战事不断，因此双方的榷场贸易时断时续。真宗咸平五年，辽朝向宋朝提交文书，"求复置榷场"。但是北宋认为，"朝议以敌情翻覆，未之许"。知雄州何承矩陈请朝廷，要求设立榷场："榷场之设，盖先朝从权立制，以惠戎人，纵其渝信犯边，亦不之废。戎退商行，似全大体。今缘边榷场，因敌骑入寇，即已停废。去岁以臣上言，于雄州置场卖茶，虽赀货并行，而边氓未有所济，望延访大臣，议其可否。或文武中有抗执独见，是必别有良谋，请委之边任，使施方略，责其成功。苟空陈浮议，上惑圣聪，只如灵州足为证验，况兹北敌又非平夏之比也?"② 知雄州何承矩言辞犀利地说明了雄州设立榷场的情况，要求开边贸易，于是朝廷同意在雄州复置榷场。

宋辽双方的生产力水平差距较大，贸易一般是以宋方价格低廉的加工制品换取辽方昂贵的原料等的不等价交换。这些榷场贸易增加了北宋的财政收入，填补了边境战事的军费开支。大中祥符三年，李允则知雄州时，"雄州谍者常告，虏中要官闲遣人至京师造茶笼燎炉。允则亦使倍与直作之，纤巧无毫发之异，且先期至，则携至榷场，使茶酒卒多口夸说其巧，令蕃商遍观之"。③ 契丹对于宋朝精加工的奢侈品非常热衷，纵使宋廷对榷场贸易物品有明

---

① 《续资治通鉴长编》卷一八，太平兴国二年正月庚寅，第402页。
② 《续资治通鉴长编》卷五一，咸平五年四月癸巳，第1128页。
③ （宋）苏辙:《龙川别志》卷下，中华书局，1982，第96页。

确的禁令，然而在不危及国家安全的情况下，雄州守臣看在本国贸易利润上会网开一面。"允则知雄州。初，禁榷场通异物，而逻者得所易珉玉带。允则曰：'此以我无用易彼有用也，纵不治。'"① 雄州榷场贸易的经济收入对宋朝财政的贡献不可小觑。"盖祖宗朝赐予之费，皆出于榷场。岁得之息，取之于虏而复以予虏，中国初无毫发损也。"② 澶渊之盟后，北宋给辽朝的岁币皆取自榷场利润，可谓取之于敌用之于敌。雄州榷场作为北宋四大榷场之首，其经济收入对河北路的财政贡献不容忽视，雄州守臣对于榷场的设置、管理也做出了巨大贡献。

4. 情报与间谍活动

北宋为防止辽朝间谍窃取情报，对国家安全信息保密要求非常严格。由于雄州是宋辽间军事和外交的要地，处理机密事宜对于雄州守臣而言是重要的职责所在。大中祥符三年，北宋朝廷"只令知州军与逐处通判、钤辖、都监商议施行，其于官员使臣，不得辄有干预"。③ 对于事关国家安全的情报，雄州守臣建议将保密级别升高，减少参与决策者。天禧三年，知雄州刘承宗上奏："北面有密报事宜，其通判官已下，勿复参闻。"朝廷从之。④ 甚至对边疆守臣的家信也要加以限制，宣和四年诏："诸沿边官吏辄

---

① 《宋史》卷三二四《李允则传》，第 10480 页。
② （宋）徐梦莘：《三朝北盟会编》卷八《政宣上帙八》，上海古籍出版社，1987，第 53 页。
③ 《宋会要辑稿·兵二七之一六》《宋会要辑稿·兵二七之一七》，第 9190 页。
④ 《宋会要辑稿·职官四一之八七》，第 4043 页。

以私书报边事以制论。"① 辽朝境内的信息，大都由雄州的情报机构或间谍首先获得。守边之将使用间谍成为北宋御边的一个有效手段，同时也是边疆守臣的一项职责。熙宁七年，宋神宗下诏："其边臣不能，使人到前后探事尤无实者，当移降。"② 间谍活动需要充裕的经费支持。范纯仁说："雄、霸之间岁出金帛购谍者以揣知虏情。"③ 神宗时期，王安石说："雄州有官库，专给用间。"④ 元丰四年，雄州知州刘舜卿上奏朝廷，请求不受限制地招募间谍。北宋朝廷答应其请求，并诏令三司给予"银千两、金百两"。⑤

北宋缘边州军多从当地百姓中招募谍人，因"边鄙之人，多负壮勇，识外邦之情伪，知山川之形胜"。何承矩为雄州知州时，知百姓疾苦，"推诚御众"，使雄州百姓乐于为其所用，"边民有告机事者，屏左右与之款接，无所猜忌，故契丹动息皆能前知"。⑥ 李允则作为雄州知州长达14年，善于用间，"契丹中机密事，动息皆知之，当时边臣无有及者"。⑦

仁宗庆历年间，宋夏在西北地区相互攻伐，战争吃紧。辽朝趁机要挟北宋，要得关南之地。在如此纷繁复杂

---

① 《宋会要辑稿·兵二九之七》，第9240页。
② 《续资治通鉴长编》卷二五六，熙宁七年九月甲寅，第6258页。
③ （宋）范纯仁：《范忠宣集》卷一六《大中大夫充集英殿修撰张公行状》，《景印文渊阁四库全书》第1104册，第713页。
④ 《续资治通鉴长编》卷二三七，熙宁五年八月戊戌，第5775页。
⑤ 《宋会要辑稿·藩夷二之二八》，第9754页。
⑥ 《宋史》卷二七三《何承矩传》，第9328—9329页。
⑦ （宋）司马光：《涑水记闻》卷六《李允则知雄州》，第107页。

的外交形势下，北宋间谍发挥了重要作用。"时契丹勒兵燕、蓟间，遣使求割地。"契丹使者还未到达北宋，时任雄州知州杜惟序已经通过间谍"购得其草，先以闻"，① 从而宋方获得先机，为制定对策提供了依据。徽宗年间，雄州知州和诜"在雄十年，颇能侦敌"，以至于"童贯攻燕，召诜计事，悦之"。②

5. 处理军事、外交等纠纷

雄州是北宋缘边之地，军事冲突的高风险地带。相比文臣，武臣知雄州可以更好地应对战争压力，能及时有效地临兵御敌。如曾巩言："敕某：州有兵民之寄，而地在疆场之间，则常择用材武之臣，属之守御之任，尔以能进，往祗厥服。尚思绥靖，以称简求。"③ 真宗咸平四年，知雄州何承矩"请于乾宁军选锐兵，乘刀鱼船，自界河攻平州，以分敌势，从之"。④ 咸平六年，知雄州何承矩"言杀敌斥堠军士，夺马二匹，并得敌界新城都监仲文煦牒，请徙九村民以避劫掠，寻各谕令警备"。⑤ 澶渊之盟后，宋辽双方协议遵守誓约，不修战备之事。知雄州李允则处事得当，既要加强战备，又不能落辽方口实。李允则将军事备战训练寓于游戏之间，妙不可言。李允则每年夏秋两季组织祭祀娱乐活动，其中之一便是让战船在白沟河上竞渡，"岁修禊事，召界河战棹为竞渡，纵北人游观，潜寓

---

① 《宋史》卷四六三《杜惟序传》，第 13540 页。
② 《宋史》卷三五〇《和诜传》，第 11081 页。
③ 《曾巩集》卷二二《温杲知钦州制》，陈杏珍等校点，中华书局，1984，第 351—352 页。
④ 《续资治通鉴长编》卷四九，咸平四年十月甲子，第 1080 页。
⑤ 《续资治通鉴长编》卷五四，咸平六年五月丙辰，第 1179 页。

水战"。① 组织赛船游戏，又允许契丹百姓观赏，在不引起
辽方猜忌、怀疑的同时，宋方已然训练了军士，达到了战
备的目的。当边境有异动之时，武臣知州也可在第一时间
采取恰当的应对方式。仁宗即位初年的冬季，"契丹猎燕
蓟，候卒报有兵入钞，边州皆警。继勋曰：'契丹岁赖汉
金缯，何敢损盟好邪？'居自若，已，乃知渤海人叛契丹，
行剽两界也"。② 和平时期的武臣知州，能做到"即有警，
使以兵互应"。③ 如安守忠知雄州时，"尝与僚属宴饮，有
军校谋变，衷甲及门。阍吏狼狈入白，守忠言笑自若，徐
顾坐客曰：'此辈酒狂耳！'即时擒获，人颇服其量"。④

　　雄州守臣不仅对于边境的军事、战争具有高度警惕
性，还耐心处理边疆民族关系。皇祐四年，西上阁门使、
惠州刺史刘兼济知雄州。"先是，边民避罪或亡入契丹，
契丹辄纳之，守将畏事不敢诘，兼济悉移檄责还。"⑤ 刘兼
济一改前任胆小怕事作风，勇于与契丹交涉处理边事。赵
滋出任雄州知州时，契丹百姓违背盟约经常到界河打鱼，
北宋为了避免生事端，不敢阻止，以致事态愈演愈烈，契
丹一方公然从海上驶船穿越界河，途经雄州，走私食盐。
朝廷因赵滋"强力精悍，有吏能，所至称治"，任命其知
雄州，"滋戒巡兵，舟至，辄捕其人杀之，辇其舟，移文
还涿州，渔者遂绝"。知瀛州彭思永、河北转运使唐介燕

① 《续资治通鉴长编》卷九三，天禧三年六月丁酉，第 2151 页。
② 《宋史》卷二八九《高继勋传》，第 9695 页。
③ 《宋会要辑稿·职官四七之一六》，第 4274 页。
④ 《续资治通鉴长编》卷三二，淳化二年闰二月庚辰，第 713 页。
⑤ 《续资治通鉴长编》卷一七二，皇祐四年二月庚寅，第 4133 页。

一致认为赵滋破坏盟约，挑起事端，请求罢免赵滋知雄州一职。朝廷非但没有罢免，还授予嘉州团练使予以表彰，"更以为能，擢龙神卫四厢都指挥使、嘉州团练使"。[①] 治平二年，契丹民众又"捕鱼界河，伐柳白沟之南"，[②] 此时的雄州知州为李中祐，而朝廷认为李中祐不才，别选州将以代之。治平二年六月，英宗以嘉州团练使张利一知雄州兼河北沿边安抚使。司马光认为，"若契丹不循常例，小小相侵，如鱼船、柳栽之类，止可以文牒救会，道理晓谕，使其官司自行禁约，不可以矢刃相加"。[③] 但张利一对于契丹经常挑起事端的行为，采取强硬手段，不令其有得寸进尺之念。辽人要刺两属民为兵，百姓不堪其辱，张利一得知此事并采取措施，"有大姓举族南徙，慕而来者至二万。利一发廪振恤，且移诘涿州，自是不敢复刺"。[④]

（三）小结——兼论武臣知州与北宋边疆治理问题

北宋雄州是一个宋与辽深度交流的地区，其中发生的事情反映了宋辽关系的动向。甚至可以说，一座雄州城，半部宋辽关系史。[⑤] 雄州是宋辽边境的军事重镇，对于其知州的选任，朝廷颇为重视，"雄州守将，委任甚重"，[⑥] 一般以能力较强的武臣充任。在河北沿边州军，一州之长除了要负责州内的户口、赋役、狱讼等事务外，还要肩负

---

① 《宋史》卷三二四《赵滋传》，第 10497 页。
② 《宋史》卷三三六《司马光传》，第 10760 页。
③ 《续资治通鉴长编》卷二〇五，治平二年六月己酉，第 4970 页。
④ 《宋史》卷二九〇《张利一传》，第 9712 页。
⑤ 丁建军、王轶英：《宋辽对峙成就的一座历史名城：北宋之雄州》，姜锡东主编《华北区域历史变迁国际学术研讨会论文集》，第 77 页。
⑥ 《续资治通鉴长编》卷一三八，庆历二年十一月丁酉，第 3326 页。

处理边境纷争、维护边疆稳定的要责。边防要地武臣知州明显优于文臣，因为在边防要地，国防安全的重要性远大于内政处理。宋人曾说："时时有一二竭节死难，当横溃之冲者，皆武臣也。"① 若依一般规则，以文臣知边州，朝廷则有非议，如"泾原路都钤辖兼知渭州曹玮，请如旧例，别遣官知渭州。上曰：'边防屯集之地，别命知州，或互执其所见，将致生事。'"② 以武将来保障边地的安全，自古以来便受推崇，"盖古人有封建之法，所以无边塞之警"。太祖任武将戍守边关，"于边将任之久责之专"，使西北不敢犯边。然自太宗以后，"有莫大之兵而受外国无疆之侮，亦以外权既轻而边将数易故也"。③宋朝以武臣出任雄州知州，其人选颇费了一番心思，知雄州者多为能征善战、有勇有谋之将。宋太宗说："刺史之任，最为亲民，苟非其人，则民受其祸。"④ 北宋一般选任"宜得武干善镇静者"⑤ 镇守河北缘边州郡。例如太宗、真宗时期知雄州何承矩，"习熟戎事，有方略，能绥抚异俗。其后北使至者，言敌人皆畏服承矩之名。尤好儒学，宾礼贤士大夫"。⑥ 何承矩在雄州出任知州期间，治州理边皆优，受到百姓的爱戴，以至于要解任归朝时，当地百姓集体上奏朝廷请求再任，"先是，诏知雄州何承矩入朝，州民百余诣

---

① （宋）徐梦莘：《三朝北盟会编》卷一四五，上海古籍出版社，2008，第1054页。
② 《续资治通鉴长编》卷七八，大中祥符五年六月戊申，第1770页。
③ （宋）吕中：《类编皇朝大事记讲义》卷二《命将帅》，第55页。
④ 《续资治通鉴长编》卷二五，雍熙元年三月丙午，第574页。
⑤ 《续资治通鉴长编》卷五九，景德二年正月甲寅，第1308页。
⑥ 《续资治通鉴长编》卷六四，景德三年九月乙丑，第1427页。

阙贡马,求承矩再任。壬子,复遣承矩知雄州,还民所贡马"。① 在何承矩以老解边之后,朝廷任命李允则知雄州,李允则执掌雄州长达14年,治理河北地区的功绩流传于世,《宋史·李允则传》称:"(其)在河北二十年,设施方略,不动声气,契丹至以长者称之。"② 南宋曹彦约评价说:"本朝守边之臣,未有出于(李)允则之右者。"③ 仁宗以后,雄州守将虽无如何承矩、李允则之名流,但也都"察其识用,颇为通审"。④ 何承矩在即将离任雄州知州时,上奏朝廷表达了对边吏人选的建议:

> 伏望遴择疆吏,出牧边民,厚之以俸禄,使充其心,借之以威权,使严其令。然后深沟高垒,秣马厉兵,为战守之备,修仁立德,布政行惠,广安辑之道。训士卒,开田畴,劝农耕,畜刍粟,以备凶年。完长戟,修劲弩,谨烽燧,缮堡戍,以防外患。来则御之,去则备之。如此,则边城安堵矣。
>
> 且边鄙之人,多负壮勇,识羌戎之情伪,知山川之形势。望于边郡置营召募,不须等其人才,止求少壮武力,令及万人,俟契丹有警,任智勇将统而用之,乃中国之长算也。⑤

---

① 《续资治通鉴长编》卷四七,咸平三年四月庚戌,第1009页。
② 《宋史》卷三二四《李允则传》,第10498页。
③ (宋)曹彦约:《经幄管见》卷四,《景印文渊阁四库全书》第686册,第63页。
④ 《续资治通鉴长编》卷一三八,庆历二年十一月丁酉,第3327页。
⑤ 《续资治通鉴长编》卷四七,咸平三年四月庚戌,第1010页。

何承矩出身武将世家，其父为五代宋初名将何继筠，长期致力于宋辽边疆治理，而且"颇以文雅饰吏治"。[①] 宋真宗认为何承矩"颇有识鉴"，[②] 是优秀的治边人才，既有武勇又有韬略，"承矩读书好名，以才能自许，宜择善地处之"。[③]

朝廷对于武臣掌管边防要地的军政大权，也并非全无顾虑。咸平五年，因陕西镇戎军等沿边州军地缘位置重要，洛苑使李继和上奏，上曰："屡有人言缘边州军，宜如往制，止除牧守。朕熟思之，但得其人，斯可也。前代兵权民政，悉付方伯，其利害亦见矣。"[④] 宋真宗鉴于以往的经验教训，没有准许陕西缘边州军全部以防、团两使等武臣出任知州。武将的政治空间再度受到挤压，要地"迤逦悉用儒将，至于并边小郡，始用武人"。[⑤] 而且，武臣出任知州的情况较之文臣，"盖仅有也"。[⑥]

朝廷为了防范武臣，对于武臣知州又做了制度限制。如边地武臣知州三年一任，是为了防止地方割据势力的形成。在雄州知州一般以武臣充任的前提下，于景德三年设立了河北缘边安抚使，[⑦] 庆历八年置河北四路安抚使，"命

① 《宋史》卷二七八《马知节传》，第 9450 页。
② 《宋史》卷二七三《何承矩传》，第 9332 页。
③ 《宋史》卷二七三《何承矩传》，第 9332 页。
④ 《续资治通鉴长编》卷五三，咸平五年十月癸未，第 1156—1157 页。
⑤ 任伯雨：《上徽宗论西北帅不可用武人》，（宋）赵汝愚：《宋朝诸臣奏议》卷六五，第 727 页。
⑥ 蔡襄：《国论要目·废贪赃》，（宋）赵汝愚：《宋朝诸臣奏议》卷一四八，第 1695 页。
⑦ 《续资治通鉴长编》卷六二，景德三年四月乙酉，第 1394 页。

知大名真定府、瀛定州者领之"。① 河北缘边安抚使的任职者也为武官，任满后，按照惯例多由保州知州接任。② 而庆历八年所置的河北四路安抚使，依据陕西安抚使模式，以文臣担任，武臣任副都署。如文臣韩琦，"（庆历）八年四月，河北置四路安抚使，除公（韩琦）定州路安抚使、都总管、知定州。前此守臣皆武臣，安于无事，循尚姑息，兵颇骄纵。公至，则修明军政"。③ 朝廷还加强了州郡佐贰通判的实权，以制衡武臣知州。大中祥符六年，朝臣上奏："武臣知州军处，或阙通判，望令转运司飞奏以闻，付有司速差。所差官未到，仍于京朝官知州、通判有全员处权差。"④ 一般来说，通判对于州内政务有着广泛的参与决策权。安抚使、转运使、提点刑狱使等路级官员，对通判的职权起到保障和监督作用。皇祐五年，朝廷下诏："诏诸路知州军武臣，并须与僚属参议公事，毋得专决，仍令安抚、转运、提点刑狱司常检察之。"⑤ 比如元丰六年，陕西转运司乞令通直郎、通判解州吴安宪就移延州，朝廷下诏："缘边军民之大者，虽多属经略司处置，然干涉州务事亦不少，人必得敏明之遭乃无败事；兼即今本州内外兴役修葺城垒，方赖以次官分头干治，可依所奏

---

① 《续资治通鉴长编》卷一六四，庆历八年夏四月辛卯，第 3947 页。

② 李立：《北宋河北缘边安抚使研究》，漆侠主编《宋史研究论文集——国际宋史研讨会暨中国宋史研究会第九届年会编刊》，第 96 页。

③ （宋）韩琦著，李之亮、徐正英笺注《安阳集编年笺注·附录》，第 1796 页。

④ 《续资治通鉴长编》卷八〇，大中祥符六年春正月辛酉，第 1817—1818 页。

⑤ 《续资治通鉴长编》卷一七五，皇祐五年七月乙亥，第 4224 页。

速差。"① 熙宁七年，知河州武臣景思立率兵袭踏白城，河州通判鲜于师中"知其诈，劝思立无往，思立不听，遂行。师中即治守具。思立既败，鬼章遂围河州，师中卒全其城"。② 正是通判鲜于师中领导有方，河州城才得以保全。足见，通判对于一州事务，尤其是在以武臣担任知州的边疆要地，责任重大。禁军在沿边州军驻扎，武臣知州、通判对军马均有管辖权，"诸州军驻泊钤辖、都监、监押与知州、军同管驻泊军马，在城钤辖、都监、监押与知州军、通判同管屯驻、就粮本城军马，内屯驻、就粮仍与驻泊兵官通管辖差使，其河北、河东、陕西诸路帅府所在州、军，即通判与在城兵官更不通管"。③ 通判在一定程度上制约了武臣知州的军事职能。

除却制度上的保障外，皇帝还经常对边地武臣训导教化，如澶渊之盟后，真宗遣引进使、华州团练使何承矩知雄州，赐承矩诏曰：

朕嗣守鸿业，惟怀永图，思与华夷，共臻富寿。而契丹自太祖在位之日，先帝继统之初，和好往来，礼币不绝。其后克复汾、晋，疆臣贪地，为国生事，信好不通。今者圣考上仙，礼当讣告。汝任居边要，洞晓诗书，凡有事机，必能详究，轻重之际，务在得中。④

① 《续资治通鉴长编》卷三三四，元丰六年夏四月辛未，第8055页。
② 《续资治通鉴长编》卷二五二，熙宁七年四月乙未，第6178页。
③ 《续资治通鉴长编》卷二三九，熙宁五年十月戊子，第5811页。
④ 《宋史》卷二七三《何承矩传》，第9329页。

高州团练使李允则曾担任河北路多个边地知州，如知雄州、瀛洲、镇州等，深知朝廷对于武臣知边州的忧虑，曾对真宗言："朝廷不欲困军民，故屈己议和，虽国费甚多，较之用兵，其利固不侔也。但择边将谨守誓约，有言和好非利者，请一切斥去。"上曰："兹朕意也，边将皆如是，朕岂复有北顾之忧乎。"①

朝廷虽以武将知边州，但深知其掌兵的厉害。无论是出于少惹事端的考虑，还是对其久握兵权的芥蒂，朝廷都心存疑虑，甚至某些文官上奏："宜敕边吏，疆埸细故辄以矢刃相加者，罪之。"② 武臣知州虽有治理边疆的便利之处，但其与北宋"崇文抑武"的治国理念相违背，因此在一些州军采取了灵活措施，"平时责其抚缓怀柔，则易以文吏，缓急责其控捍制御，则付之武臣，一举可谓两得矣"。③ 以武臣知边地与祖宗之法相左，朝中对此呼声颇大。元丰八年，宋哲宗任命步军都虞候、雄州团练使刘昌祚知渭州，朝臣反对意见很大，要求"群议复骇"，刘挚上书：

> 臣窃闻祖宗之法，不以武人为大帅，专制一道，必以文臣为经略，以总制之。武人为总管，领兵马，号将官受制，出入战守，惟所指挥。国家承平百有二十余年，内外无事，以其制御边臣，得其道也。臣尝伏念御边御敌，深得上策，所以遗后世者久而不可以

① 《续资治通鉴长编》卷五九，景德二年春正月甲辰，第1320页。
② 《宋史》卷三三六《司马光传》，第10761页。
③ 《宋会要辑稿·职官四一之九五》，第4047页。

改，此其一也。……臣窃谓祖宗之法，不以武人为大帅，用意深远，非浅见者所能测知。如昌祚人材，未为难得，诚使卓然过人，可以付属，而祖宗之法由此废矣。伏愿选内外文臣从官尝守边者，使为大帅，则祖宗之法常存不废。不幸后世有引此事为比，使武人帅边，而不虞之祸，如前世之甚者，岂可不豫防其渐乎！①

面对朝臣的纷纷谏言，宋哲宗在一个月之后改任文臣刘庠知渭州。由此可知，哲宗朝以后，武臣知边地也面临巨大的压力。

综上，宋太祖以"陈桥兵变"立国以后，便形成了崇文抑武、强干弱枝的祖宗家法。在中央集权体制下，北宋在政治运行和地方治理中形成了文臣知州的一般规则。但是，面对纷繁复杂的边疆形势，北宋不得已以武臣出任边疆要地的知州，只因武臣知州更具有边疆治理的实效性。可见，以文驭武的治国理念并非一成不变的。这看似与北宋"祖宗之法"相抵牾的武臣知州政策，实为朝廷经国御敌的权变之法。

第三节 "崇文抑武"国策下的武臣身份保障

晚唐五代时期，武夫当道，"五代之所以取天下者，

---

① 《续资治通鉴长编》卷三六一，元丰八年十一月丙午，第8639—8640页。

皆以兵，兵权所在，则随以兴；兵权所去，则随以亡"。①
然而至宋代，这种情况完全改变。赵匡胤开国后，吸取唐
末、五代的教训，对将帅加以防范和猜忌，以文驭武，着
意提倡崇文抑武的治国方略。宋朝不仅"满朝朱紫贵，尽
是读书人"，② 而且皇帝"为与士大夫治天下"。③ 宋朝初
年还有"祖宗朝枢府参用武臣"④ 的范例，可是到了中期
以后，情况则完全不同，"仁宗亲政以后，但除夏守赟、
王贻永、王德用、狄青数人。英宗朝，郭逵一人而已。元
丰改官制，武臣不为贰府"。⑤

对于北宋崇文抑武的治国方略，陈峰认为："基于宋
代文官、武将之间权力失衡和大量抑制武将的具体事实，
更重要的是宋统治者不仅仅是一般的重视文教事业和轻视
武略，而是长期侧重于以意识形态化的儒家道德思想文化
治国，有意抑制武将群体和武力因素在国家政治及社会生
活中的影响，这种主导思想落实为治国方略，而贯穿于宋
朝历史以及各个方面之中。"⑥

随着文官地位上升，武将地位下降，对于以防御使、
团练使为代表的高级武职人员，朝廷表现为经济上的宽
纵、社会地位上的优待以及政治上的猜忌。李汉超跟随太

---

① 《范香溪先生文集》卷四《五代论》，《宋集珍本丛刊》第 42 册，第
394 页。

② （宋）张端义：《贵耳集》卷下，中州古籍出版社，第 76 页。

③ 《续资治通鉴长编》卷二二一，熙宁四年三月戊子，第 5370 页。

④ 《续资治通鉴长编》卷二〇八，治平三年四月庚戌，第 5051 页。

⑤ （宋）李心传：《建炎以来朝野杂记》甲集卷一〇《管制一·枢密参
用文武》，第 203 页。赟，误作"斌"。

⑥ 陈峰：《北宋武将群体与相关问题研究》（增订本），第 217—218 页。

祖，平李重进，升齐州防御使兼关南兵马都监。在关南时，李汉超多有不法事，太祖偏袒汉超。

> 汉超在关南，人有讼汉超强取其女为妾及贷而不偿者，太祖召而问之曰："汝女可适何人？"曰："农家也。"又问："汉超未至关南，契丹如何？"曰："岁苦侵暴。"曰："今复尔耶？"曰："否。"太祖曰："汉超，朕之贵臣也，为其妾不犹愈于农妇乎？使汉超不守关南，尚能保汝家之所有乎？"责而遣之。①

当防、团两使多有违法乱纪之举时，朝廷多采取纵容与姑息的态度，这同时带给高级武职人员心理上的优越感。如洺州防御使郭进驭军严而好杀，尝有军校诣阙诉进不法事，皇上告诉大臣："所诉事多非实，盖进御下严甚，此人有过，畏惧而诬罔之耳。"② 不仅如此，朝廷还承认郭进的社会地位："上尝命有司为洺州防御使郭进治第，厅堂悉用瓴瓦，有司言惟亲王、公主始得用此，上怒曰：'郭进控扼西山逾十年，使我无北顾忧，我视进岂减儿女耶？亟往督役，无妄言。'"③

以上例证看似朝廷对待武将之策，并非"抑制"而是"尊崇"，实则是宋朝驾驭武将之术的高明体现。要使将帅为朝廷所用，在其能忠心奉上的基础之上，对其贪赃枉法等问题以宽纵之术对待，实则为经济收买、诱导武将之

---

① 《宋史》卷二七三《李汉超传》，第 9333 页。
② 《续资治通鉴长编》卷四，乾德元年九月丙子，第 106 页。
③ 《续资治通鉴长编》卷十一，开宝三年秋七月庚寅，第 249 页。

策。太祖在杯酒释兵权之时，对石守信等高级军事将领言："人生如白驹之过隙，所谓好富贵者，不过欲多积金银，厚自娱乐，使子孙无贫乏耳。汝曹何不释去兵权，择便好田宅市之，为子孙立永久之业；多置歌儿舞女，日饮酒相欢，以终其天年。君臣之间，两无猜嫌，上下相安，不亦善乎！"[①] 北宋自太祖时期就采取了对高级武将经济上的宽纵之策，至神宗熙宁年间，得到大臣苏辙的高度评价：

> 太祖用李汉超、马仁瑀、韩令坤、贺惟忠、何继筠等五人，使备契丹，用郭进、武守琪、李谦溥、李继勋等四人，使备河东，用赵赞、姚内斌、董遵诲、王彦升、冯继业等五人使备西羌，皆厚之以关市之征，饶之以金帛之赐。其家属之在京师者，仰给于县官；贸易之在道路者，不问其商税。故此十四人者，皆富厚有余，其视弃财如弃粪土，赒人之急如恐不及……陛下何不权其轻重，而计其利害。夫关市之征比于茶彩则多，而三十万之俸比于百万则约。众人知目前之害，而不知岁月之病。平居不忍弃关市之征以与人，至于百万则恬而不知怪。昔太祖起于布衣，百战以定天下，军旅之事其思之也熟矣。故臣愿陛下复修其成法，择任将帅而厚之以财，使多养间谍之士以为耳目。耳目既明，虽有强敌而不敢辄近，则虽雍熙之兵可以足用于今世。[②]

---

① （宋）司马光：《涑水记闻》卷一《杯酒释兵权》，第11—12 页。
② 苏辙：《上神宗乞去三冗》，（宋）赵汝愚：《宋朝诸臣奏议》卷一百三，第1102—1103 页。

此十四人均为刺史以上高级武职人员，太祖对其及家人给予各种经济优待，实为控制和利用武将的高明之举，得到后世的认可与继承。

宋朝社会经济和文化均得到了繁荣发展，成为当时世界上最发达的国家。"由于农业劳动生产率的空前提高，宋代手工业、商业和城市经济也就以前所未有的步伐而迅速地和较大幅度地增长起来。"[①] 宋代处于大变革时期，创造了高度发达的物质文明和精神文明，使人们的思想观念也发生了变化，不再只重义不重利，开始义利结合，甚至重利弃义。中国古代社会形成的"重农抑商"观念发生动摇，士大夫也开始经商。"故今官大者，往往交赂遗、营资产，以负贪污之毁；官小者，贩鬻乞丐，无所不为。"[②] 甚至出现了卖官鬻爵的现象："奉职六千缗，借职四千五百缗，假将仕郎三千二百缗……凡富商巨贾，乘时射利，以轻货转易三路，其入已厚；复伺其粒米狼戾，则低价以深藏广积，惟俟便籴之急，则高价以中官。"[③] 面对社会经商大潮兴起，宋人发出感慨："臣闻天下之患，莫大于士大夫无耻，士大夫至于无耻，则见利而己不复知有义。如入市而攫金，不复见有人也。……天下相与而效之，莫之以为非也。"[④] 在这样的风气之下，宋代武将自然也被卷入

① 漆侠：《宋代经济史》（上），第 2 页。
② （宋）王安石：《临川先生文集》卷三九《上仁宗皇帝言事书》，第 416 页。
③ 《宋会要辑稿·职官五五之三九》《宋会要辑稿·职官五五之四〇》，第 4518 页。
④ （宋）赵汝愚：《宋朝诸臣奏议》卷一〇〇《上仁宗论无功不当赐第》，第 240 页。

其中。

同时，在北宋抑武政策下，对于武将经济的宽纵直接促使武将爱好经商敛财之术，并在政治与军事上少有作为。太宗即位，米信领高州团练使，"强市人物，妻死买地营葬，妄发居民冢墓"。① 因此，米信受到了查办。曹璨以外戚起家，由武州团练使改领亳州团练使，后升康州防御使，其所聚敛财物众多，"晚节颇伤吝啬，物议少之。璨母尝阅其家帑，见积钱数万，召璨谓曰：'汝父履历中外，未尝有此积也，信汝不及父远矣。'"② 吉州防御使魏咸信性格贪婪，独自霸占其父魏仁浦遗留的邸店，因其驸马都尉的身份，其侄子们在魏咸信在世时不敢妄言，但其去世后则纷纷闹上官府，让世人耻笑。"然吝啬，喜规利，仁浦所营邸店悉擅有之，既卒，累为诸侄所讼，时人丑焉。"③ 康州防御使柴宗庆不仅"使人市马不输税"，④ 遭到河东提点刑狱弹劾；还派遣家仆贩卖木炭，从异地到京师开封，路过关卡一律不缴纳商税，"时驸马都尉柴宗庆家僮自外州市炭入京城，所过免算，至则尽鬻以取利，复市于杂买务，家僮辈竞有求丐"。后来此事被皇帝知晓，宋真宗加以劝诫，"'宗庆不能治家，故纵其下，亦可丑也。'乃加条约焉"。⑤

宫苑使、奖州团练使李溥因贪污而受责罚，"坐贪猥，

---

① 《宋史》卷二六〇《米信传》，第 9023 页。
② 《续资治通鉴长编》卷九四，天禧三年七月壬申，第 2162 页。
③ 《续资治通鉴长编》卷九〇，天禧元年七月辛酉，第 2074 页。
④ 《续资治通鉴长编》卷七八，大中祥符五年六月戊申，第 1770 页。
⑤ 《续资治通鉴长编》卷七二，大中祥符二年八月癸巳，第 1628—1629 页。

责为忠正节度副使。初，黄震发溥奸赃，遣御史鞫治，得
溥私役兵健为姻家吏部侍郎林特起宅，又附官船贩鬻材
木，规取利息，凡十数事。未论决，会赦，有司以特故，
将不穷治。大理寺详断官刘随请再劾之，卒抵溥罪"。① 担
任过英州防御使及绛州防御使的张耆，也是贪鄙、嗜利之
人，他在家里开设店铺，要求奴仆等从他家里购买日用品
及医药，来获取钱财：

> 家居为曲阑，积百货其中，与群婢相贸易。有病
> 者亲为诊切，以药偿之，欲钱不出也。所历藩镇，人
> 颇以为扰。②

类似的例子还有，英州防御使杨崇勋，性贪鄙，久任
军职，"尝役兵工作木偶戏人，涂以丹白，舟戴鬻于京
师"。③ 历任龙神卫、捧日天武四厢都指挥使，泰州防御使
夏守恩，与其弟夏守赟均为高级武将，然兄弟二人皆为品
德、才能平庸之辈。夏守恩"恃宠骄恣不法。其子元吉通
赂遗，市物多不予直"。④ 夏守赟"既缘攀附，渐致显荣，
但事贵骄，罔思畏谨，每更剧任，颇乏清名，才术无闻，
公忠弗有，一旦擢居众贤之上，俾赞万务之机，朝命则
行，人心不允"。⑤ 《宋史》对于张耆、杨崇勋、夏守恩、

---

① 《续资治通鉴长编》卷九一，天禧二年闰四月戊申，第2111页。
② 《宋史》卷二九〇《张耆传》，第9711页。
③ 《宋史》卷二九〇《杨崇勋传》，第9714页。
④ 《宋史》卷二九〇《夏守恩传》，第9715页。
⑤ 《续资治通鉴长编》卷一二四，宝元二年九月丁巳，第2932页。

夏守赟四人评价道："耆、崇勋二夏奋阘茸，位将相，皆骄侈贪吝，恃私恩，违清议，君子所不取也。"① 宋代的武将家族也把聚敛财富放在重要位置，财富积累丰厚，其子孙贪图享乐，将财富挥霍一空的例子也较多。如太祖的爱将石守信，其罢军职之后，"专务聚敛，积财巨万"，② 为石氏家族打下了重要的经济基础。守信子爱州防御使石保吉又继续囤积财产，"累世将相，家多财；所在有邸舍、别墅，虽馔品亦饰以彩缋。好治生射利"。③ 石保吉性格吝啬爱财，因家中仆人众多，在家族中开设市场，所有仆人均不得外出购买：

> 保吉好治生财利，尤吝啬，居常命仆人买针缕、脂泽、栉沐猥细杂物，置肆第中，家人有所须，则令就市之，冀缗钱不出于外。其鄙近如此。④

石保吉在家中摆摊，售卖胭脂、香粉、针线等日用品，仆人若有此需要，则从家中购买即可，保证钱财不外流。性格吝啬至此，让世人鄙夷。但从石氏子弟棣州防御使石保兴起，"季弟保从之子所废"，⑤ 石氏家族财富慢慢损耗殆尽，加之石元孙在三川口兵败，石氏家族的经济财产、政治地位均已不再。

---

① 《宋史》卷二九〇《论曰》，第9718页。
② 《宋史》卷二五〇《石守信传》，第8811页。
③ 《宋史》卷二五〇《石保吉传》，第8813页。
④ 《续资治通鉴长编》卷六一，景德二年十月丙戌，第1370页。
⑤ 《宋史》卷二五〇《石保兴传》，第8812页。

同时，宋朝统治集团对于以防、团两使为代表的武将的经济违法持纵容态度。武将石保吉、魏仁浦家族私营邸店，被朝廷纵容，没有遭到弹劾。康州防御使柴宗庆"私使人市马不输税，请劾其罪。诏释不问"。① 从朝廷对于武将经济违法处置力度来看，只要不危及统治安全和稳定，大多以宽纵为主。

试想一个高级武将时刻钻营如何聚敛蝇头小利，那么将军国大事置于何地？嗜利武将敛财成为其重要本领，在前线畏敌、临阵逃脱的史实屡见不鲜，隋唐五代之时的"悍将"已不复存在，代之以碌碌无为、贪鄙腐化的"庸将""贪将"等。咸平年间，陈贯上书《选将》于宋真宗：

> 昔李汉超守瀛州，敌不敢视关南尺寸地，今将帅大概用恩泽进，虽谨重可信，然卒与敌遇，不知所以为方略，故敌势益张，兵折于外者二十年，此选将得失之效也。②

陈贯认为，宋辽战争中宋方失利，原因并非完全在于契丹军事力量强大，还在于宋方选将、用将的失策以及众将的平庸无能。

仁宗时期贾昌朝言：

---

① 《续资治通鉴长编》卷七八，大中祥符五年六月戊申，第1770页。
② 《续资治通鉴长编》卷五九，景德二年三月甲寅，第1323页。

太宗所命将帅，率多攀附旧臣亲姻贵胄，赏重于罚，威不逮恩，而犹伏神灵，禀成算，出师御寇，所向有功。自此以来，兵不复振。近岁恩幸子弟，饰厨传，沽名誉，不由勋效，坐取武爵者多矣。其志不过利转迁之速，俸赐厚尔。御侮平患，何望于兹？①

贾昌朝针对太宗朝将帅的任命多为姻亲外戚，赏重于罚的危害，向仁宗上书陈述，并且认为若长此以往，将帅的人生诉求只在于高官厚禄，而没有抵御外侮的军事追求。贪财好利的将领在战场上领兵作战之时，或怯懦畏敌，或滥竽充数，连吃败仗是家常便饭。如以防御使任职三衙管军的傅潜，"将帅不知战守"，"临事而苟且，遇敌而进退"。② 这些将领虽然平时在军中作威作福，然而到了与契丹、党项等的战场上，要么"畏懦无方略"，③ 要么"临军寡谋，拙于战斗"。④ 咸平二年，契丹进犯河北，缘边军情飞书告急，傅潜坐拥精兵八万余人，却置朝廷令其出兵的诏书于不顾，"闭门自守"。所辖将士群情激愤，"争欲奋击"，傅潜非但不支持抗敌，反而"将校请战者，则丑言骂之"，将士们讥讽傅潜："公恇怯乃不如一妪尔。"⑤ 傅潜懦弱畏战，直接导致了康保裔战死，高阳关全军覆没。败事传来，朝野上下要求严惩傅潜，但只是"削

---

① 贾昌朝：《上仁宗备边六事》，（宋）赵汝愚：《宋朝诸臣奏议》卷一三三，第1482页。
② 《续资治通鉴长编》卷四六，咸平三年三月丁未，第1005页。
③ 《宋史》卷二七九《傅潜传》，第9473页。
④ 《宋史》卷二七八《王超传》，第9466页。
⑤ 《宋史》卷二七九《傅潜传》，第9473—9474页。

夺官爵，潜流房州"。① 朝廷此举，引起朝野一片哗然。陈贯言："前日不斩傅潜、张昭允，使琼辈畏死不畏法，今不严其制，后当益弛。"② 元人亦评价此事："潜为三路帅，握兵八万余，大敌在前，逗挠畏缩，致康保裔以无援战没，此而不诛，宋于是乎失刑矣。"③

朝廷除了给予高级武职人员经济优待，也为其提供了其他身份性保障。正任六阶（节度使、观察使、节度观察留后、防御使、团练使、刺史）与遥郡五阶（节度观察留后、观察使、防御使、团练使、刺史）均为"美官"与"贵品"之称。通过恩荫、封赠制度等保障其政治优势，在品阶、章服以及班序等方面，朝廷都给予了身份性保障。对于品阶，《宋史·职官志》记载："防御使，捧日、天武、龙神卫四厢都指挥使，团练使，诸州刺史，驸马都尉，开国男，骑都尉，为从五品。"④ 太平兴国二年诏："常参官知节镇并借紫，防御、团练、刺史州借绯。"⑤ 朝廷每岁皆赐诸臣时服，"防御团练使、刺史、皇亲诸司副使，翠毛细锦"。⑥ 对于防、团两使的朝仪班序，也有着严格的规定："文武官每日赴文明殿。正衙曰常参，宰相一人押班。五日起居即崇德、长春二殿，中书、门下为班首……次使相，次节度使，次统军，次两使留后、观察使，次防御、团练使、刺史，次侍卫马军步军使、都头，起居毕，

① 《续资治通鉴长编》卷四六，咸平三年正月乙酉，第986页。
② 《续资治通鉴长编》卷五九，景德二年三月甲寅，第1322页。
③ 《宋史》卷二七九《论曰》，第9493页。
④ 《宋史》卷一六八《职官志八》，第4015页。
⑤ （宋）王栐：《燕翼诒谋录》卷一，第6页。
⑥ 《宋史》卷一五三《舆服志五》，第3571页。

见、谢班入。"① 任职防御、团练两使的，不单单是武将，还包括广大的皇亲及宗室，这部分人很难分享到朝政大权。但朝廷为了安抚与平衡，在班位上给予特别优待。"每大朝会立班，皇亲防御、团练、刺史次节度使下稍退序立。"② 明州观察使、昌国公承亮，陇州防御使、邢国公世永，"起居立位并令在本班之上"。③ 大中祥符元年正月，有司上醵宴班位。"皇亲防御、团练、刺史三班合为一；节度使、观察留后已下，防御、团练、刺史三班合为一，并重行异位。"④ 朝廷对高级武职人员的礼制优待还体现在宴钱之仪上："太祖、太宗朝，藩镇牧伯，沿五代旧制，入觐及被召、使回，客省赍签赐酒食。节度使十日，留后七日，观察使五日。代还，节度使五日，留后三日，观察一日，防御使、团练使、刺史并赐生料。……群臣贺，赐衣；奉慰，并特赐茶酒，或赐食。外任遣人进奉，亦赐酒食，或生料。"⑤ "大宴群臣于广德殿。分设宰相、使相、三师、三公、参知政事、东宫、三师、仆射、学士、御史大夫、中丞、三少、尚书、常侍、宾客、太常、宗正卿、丞、郎、给事、谏、舍、节度、两使留后、观察、防御、团练、刺史、上将军、都指挥使坐于殿上……诸道进奉军将以上分坐于两廊。"⑥ 除朝会、宴饮等重大礼仪性活动，可以管窥防、团两使的身份及地位，还有一些节日活动也

---

① （元）马端临：《文献通考》卷一〇七《王礼考二》，第3270—3271页。
② 《宋会要辑稿·仪制三之一一》，第2335页。
③ 《宋会要辑稿·仪制三之二九》，第2345页。
④ 《宋史》卷一一八《礼志二十一》，第2783页。
⑤ 《宋史》卷一一九《礼志二十二》，第2801页。
⑥ （宋）李攸：《宋朝事实》卷一二《仪注二》，第195—196页。

可显示朝臣位分。每岁孟冬，例于上旬行孟冬礼，各依官序赐之臣僚花朵："宰臣枢密使合赐大花十八朵、栾枝花十朵，枢密使同签书枢密使院事赐大花十四朵、栾枝花八朵，敷文阁学士赐大花十二朵、栾枝花六朵，知阁官系正任承宣观察使赐大花十朵、栾枝花八朵，正任防御使至刺史各赐大花八朵、栾枝花四朵。"① 对于官员外出时，引路差役喝令行人让路，朝廷都做了规定，以保障高级武职人员的社会地位："庆历中，有诏详定武臣出节呵引之制：节度使在尚书下，三节。节度观察留后在诸行侍郎下，两节。观察使在中书舍人下，诸卫大将军、防御团练使在大卿监下，内客省使比诸司大卿，景福殿使比将作监，引进使比庶子，在防御使上，以上各一节。"②

北宋对个别优秀武官还御赐碑额。绍圣元年，通州团练使姚兕卒，哲宗赠"忠州防御使"，并为其御书碑额"世济忠武"。③ 朝廷御赐碑额既是褒扬卒后臣僚的一种方式，又是宋代政治运作的特殊现象，其赐予的一般为功勋卓著之人。根据肖红兵统计，哲宗朝共有十四人被御赐碑额，包括"司马光、富弼、吕公著、韩绛、王珪、赵抃、蔡挺、赵概、孙固、冯京、元绛、张昇、李端愿以及姚兕"。④ 这十四人中，只有姚兕一人为武臣，其余均为宰

---

① （宋）吴自牧：《梦粱录》卷六《孟冬行朝享礼遇明禋岁行恭谢礼》，台北，文海出版社，1981，第148页。

② 《宋史》卷一二〇《礼志二十二》，第2826页。

③ （宋）王明清：《挥麈录》后录卷七《本朝先正御书碑额与御书阁名》，第164页。

④ 肖红兵：《宋代御赐神道碑额考述——以文献所见六十余人碑额为中心》，《中原文化研究》2013年第5期，第86页。

执。姚兕作为武将能与宰执大臣相提并论,获得如此殊荣,彰显了朝廷对于功臣武将业绩的嘉奖。除姚兕外,北宋时被御赐碑额的武将还有十一人,包括"李继隆、赵隆、折可适、高琼、狄青、高继勋、张俊、韩世忠、吴璘、刘锜、杨存中"。① 北宋通过御赐碑额这种特殊方式,表达了对于武将的肯定,显示了对其身份、地位的特殊恩礼。

北宋对于武将既有宽容袒护的一面,也存在严酷打击的一面。严酷打击体现了政治上的猜忌与防范,一旦武将的忠诚度受到质疑,朝廷绝不含糊,着力严惩。殿前都虞候、嘉州防御使张琼之死,则体现了朝廷这一态度。"琼性粗暴,多所陵轹,时军校史珪、石汉卿等方得幸,琼轻目为巫媪,珪、汉卿衔之切齿……珪、汉卿因谮琼养部曲百余人,自作威福,禁旅畏惧,且诬毁皇弟光义为殿前都虞候时事。时上已下郊祀制书,方欲肃静京都,召琼面讯之,琼不伏。"② 从表面上看,张琼之死是由于史珪、石汉卿的报复,实则是太祖担心大将拥兵自重,是对高级将领政治上猜忌的表现。"宋所忌者,宣力之武臣耳",③ 宋太宗曾公开宣称:"国家若无外忧,必有内患。外忧不过边事,皆可预防。惟奸邪无状,若为内患,深可惧也。帝王用心,常须谨此。"④ 当然,此处的奸邪主要指武将。以至

---

① 肖红兵:《宋代御赐神道碑额考述——以文献所见六十余人碑额为中心》,《中原文化研究》2013 年第 5 期,第 87 页。
② 《续资治通鉴长编》卷四,乾德元年秋七月壬午,第 101 页。
③ (清)王夫之:《宋论》卷二,商务印书馆,1936,第 30 页。
④ 《续资治通鉴长编》卷三二,淳化二年八月丁亥,第 719 页。

于南宋高宗评价北宋武将时说："前此朝士，若乘马驰骋，
必以为失体。才置良弓利剑，便谓谋叛。"① 对于武将的猜
忌之风愈演愈烈，而且军功越高越容易受猜忌。如王德
用、狄青一类有功将领，"小有成劳，而防之若敌国也"。②
王德用在仁宗时期任职枢密院，而御史中丞孔道辅上奏：
"德用得士心，不宜久典机密。"于是离职枢府。③ 狄青在
抵御西夏以及平侬智高叛乱中战功赫赫，于皇祐年间入职
枢密院。欧阳修上书仁宗："臣又见枢密使狄青，出自行
伍，遂掌枢密。始初议者已为不可，今三四年间，外虽未
见过失，而不幸有得军情之名，且武臣掌国机密而得军
情，岂是图家之利！"对于狄青的猜忌，"盖缘军中士卒及
闾巷人民，以至士大夫间，未有不以此事为言者"。于是，
欧阳修等文臣认为，"罢青枢务，任以一州，既以保全青，
亦为国家消未萌之患"。④

宋真宗制定了《武臣七条》，是北宋对于武将行为的
真实期待："一曰修身，谓修饬其身，使士卒有所法则，
二曰守职，谓不越其职，侵挠州县民政。三曰公平，谓均
抚士卒，无有偏党。四曰训习，谓训教士卒，勤习武艺。
五曰简阅，谓察视士卒，识其勤惰勇怯。六曰存恤，谓安
抚士卒，甘苦皆同，当使齐心，无令失所。七曰威严，谓

① （宋）俞文豹：《吹剑录外集》，《景印文渊阁四库全书》第 865 册，
第 488 页。
② （清）王夫之：《宋论》卷二《太宗》，第 38 页。
③ 《续资治通鉴长编》卷一二三，宝元二年五月壬子，第 2907 页。
④ 《续资治通鉴长编》卷一八三，嘉祐元年七月丙戌，第 4426—
4427 页。

制驭士卒，无使越禁。仍许所在刊石或书厅壁，奉以为法。"① 北宋将修身与守职作为武臣为将之道中最重要的两点，实则已经背离了武将保家卫国的初衷。武臣规范中，既无"武勇"又无"韬略"，谈何驰骋疆场、御敌降兵？在皇帝的眼里，武将的忠顺是最重要的，在一定程度上，其升迁及荣辱沉浮并不是由征战能力而定。宋太宗即公开表明选军事将领的标准："朕选擢将校，先取其循谨能御下者，武勇次之。"② 武勇、果敢均不是武将选任的首要标准，容易驾驭、服从命令才是重要准则。因而，朱熹对宋朝将帅的评价为："其志不过聚敛以肥家，其术不过交结以固宠。"③ 宋人苏洵对于朝廷如何驾驭武将是这样说的：

> 人君御臣，相易而将难。将有二，有贤将，有才将，而御才将尤难。御相以礼，御将以术，御贤将之术以信，御才将之术以智。不以礼，不以信，是不为也。不以术，不以智，是不能也。故曰：御将难，而御才将尤难。……贤将既不多，有得才者而任之。苟又曰：是难御。则是不肖者而后可也，结以重恩，示以赤心，美田宅，丰饮馔，歌童舞女，以极其口腹耳目之欲，而折之以威，此先王之所以御才将也。④

---

① 《宋史》卷一六八《职官志八》，第 4008 页。
② 《续资治通鉴长编》卷二五，雍熙元年二月壬午，第 573 页。
③ （宋）朱熹：《晦庵先生文集》卷九六《陈俊卿行状》，《宋集珍本丛刊》第 59 册，第 386 页。
④ （宋）苏洵：《嘉祐集》卷四《御将》，《景印文渊阁四库全书》第 1104 册，第 864—865 页。

宋朝有着丰厚的财政收入，在当时世界上首屈一指，其综合国力大大强于辽、夏和金。邓广铭先生认为："宋代是我国封建社会发展的最高阶段，两宋期内物质文明和精神文明所达到的高度，在中国整个封建社会历史时期之内，可以说是空前绝后的。"[1] 消极接受唐及五代军事政变教训的北宋，制定了恪守不渝的祖宗家法，通过各式办法与制度削弱武将的指挥权限。朝廷对武将加以猜忌和防范，以职位和物质使其安于现状，束缚了武将才能，致使整个北宋尚武精神沦落。在政治上，武将得不到重视，在朝堂上，武将还受到文臣的歧视。在前线抵御西夏侵扰的文臣尹洙感慨道："状元登第，虽将兵数千万，恢复幽苏，逐强虏于穷漠，凯歌劳还，献捷太庙，其荣亦不可及也。"[2] 科举成功远胜于沙场征战流血牺牲所带来的殊荣，透过一个时代的文化悲哀，即不难理解由外族入侵而亡的尾声。"自古迄今，军事能力一是指实力，二是指实力的运用。"[3] 一方面，北宋拥有大大超越前代的常备军，朝廷也将财政收入的十之七八[4]投入军事国防领域，另一方面，实际的军事效能却大大逊色于前代及同时期的周边少数民族政权。不能不说北宋综合运用军事能力的水平是劣等的，是不折不扣的"积弱"。对于宋朝的"积弱"，李华瑞先生有着入木三分的解读：一是金灭北宋属于击溃战，在

---

① 邓广铭：《谈谈有关宋史研究的几个问题》，《社会科学战线》1986年第 2 期。
② （宋）田况：《儒林公议》卷上，《全宋笔记》第 1 编第 5 册，第88 页。
③ 王曾瑜：《宋朝军制初探（增订本）》，中华书局，2011，第 521 页。
④ 汪圣铎：《两宋财政史》，中华书局，1995，第 395 页。

短时间内被金灭亡,这是积弱的表现;二是在所谓的和平对峙时期,在与少数民族政权交往中,又常常扮演着乞求、苟且、退让、赔款等屈辱角色;三是虽然宋打防御战颇有战斗力,但这是对侵略者深入国境内的顽强抵抗,即第一时间并不能阻击侵略者于国境防线之外。[①] 于此,宋朝的"积弱",与其"崇文抑武"的基本国策,不能不说是紧密相连的。

---

① 李华瑞:《宋朝"积弱"说再认识》,《文史哲》2013 年第 6 期,第 42 页。

结　语

　　本书主要是对防御使、团练使两个使职历经唐、五代、北宋三个历史时期，发展变化的总体过程的研究。

　　唐中期以后，政治、军事形势发生了巨大变化，使职因其任用较为灵活，受到君主的青睐，弥补了唐代行政过程烦复的不足，以至于"为使则重，为官则轻"。[①] 安史之乱以后，中央集权瓦解，同时君主权力式微，地方割据的存在打破了原有的国家权力等级体系。防御使、团练使最初均以使职差遣身份而出现，后随着政治、军事形势的发展变化，与节度使一同成为地方军政系统的核心，并且出现了州级防御使、团练使，以及统辖数州乃至道级的"都防御使"或"都团练使"。一般来讲，州级防御使往往是该州刺史兼领。

　　五代藩镇继续发展，防御使、团练使等依旧为藩镇中重要的军政长官。藩镇军政长官的选任，关系到政治集团与中央之间的利益关系，中央对其有着严格的选任标准。防、团两使除拥有地方军政大权外，还拥有荐举权以及自辟僚属权。防、团两使对朝廷要履行相应的义务，有礼仪

---

① （唐）李肇：《唐国史补》卷下，上海古籍出版社，1979，第53页。

性义务，如定期陈表起居、朝见皇帝；另外，还有进献义务。同时，防、团两使还享有酬劳，如享有俸禄权、荫补权、封赠权以及受赐名权等。与唐代不同的是，终五代之世，"都防御使""都团练使"较为鲜见。防、团两使仅为辖州的长官，防御州、团练州也无支郡，原则上不属于方镇，因此产生了州格的等级差异。五代时期，防、团两使还产生了一个明显的变化，即正任、遥领、兼领之别。遥领一般是遥领域外州郡，以别等级、寄禄利之用。兼领所领州郡，是在王朝有效统治范围之内，但是州长官并不实际到任，仅领禄赐而已。遥领、兼领防、团诸使的出现与发展，给予武将政治、经济等优待的同时，也表现了州镇长官虚衔化的趋势，为宋代完全收回防、团两使的权力，以及地方行政体制改革奠定了基础。

北宋通过兵变立国，为稳定形势、结束分裂割据时代，使职差遣制度成为加强中央集权、削弱地方权力的重要手段。自宋朝开国，防御使、团练使等经历了一个从实任到虚衔化的过程。节度使、防御使、团练使、刺史在北宋前期的半个世纪，赴本任担任州长官，是当时州长官的主要官衔。宋初依五代之旧，防、团两使同样存在正任、遥领、兼领之别。为避免唐五代尾大不掉的藩镇割据局面，太祖制定了三大方针："稍夺其权，制其钱谷，收其精兵。"① 设置转运使剥夺地方财权，都部署体制的出现剥夺了地方统兵权，知州制的确立剥夺了地方的行政权。"凡诸使赴本任或知他州，皆不签书钱谷事。"宋朝统治者

---

① 《续资治通鉴长编》卷二，建隆二年七月戊辰，第49页。

在官制上有所突破，寻求一条独特的削藩之路。以和平变革的方式，实现了中央与地方权力分配的平稳过渡。对于这种和平变革的理念以及所带来的效用，我们不得不加以肯定。节度—刺史一系彻底阶官化，"节度、承宣、观察、团练、防御、刺史则俱无职任，特以为武臣迁转之次序"。① 节度—刺史一系阶官化后也有正任和遥郡之分。正任官不列入常调磨勘，原以待边境立功者，殊不易得，素有"贵品"之称，大多为宗室、大臣、贵官等，特旨得之。遥郡虽次于正任官，但不失"美官"之称，与正任官一样，遥郡无职事，仅表官阶而已。遥郡与正任的区别在于其兼领诸司使或横行使。阶官化后的节度—刺史一系，诸使任职必须与州格相应，节度、防御、团练、刺史等州格决定的是官员在本州的公用钱、职田等经济待遇。

节度—刺史一系的等级差异用以标识官员的品阶迁转，成为身份与地位的标志。那么应用这一迁转之阶的，主要有宗室、宦官、外戚及高级武官等。为保障防御、团练使等高级武职官安于职守、效忠国家，北宋制定了一系列酬劳制度，较重要的有以俸禄制度等为代表的物质优待，以及荫补子孙为官及叙封亲属等相关政治性待遇，这些均成为高级武职人员政治生涯中最实的评价与肯定。高官厚禄待之，又不授以相应的实权，与政权紧密相关，却又不断地被排斥于政权之外。有宋一代，国家并无宗室、宦官、外戚及武将之乱，这不能不说是朝廷驾驭之术的高明体现，"天下无女宠、无宦官、无外戚、无权臣、

---

① （元）马端临：《文献通考》卷五九《职官考十三》，第 1777 页。

无奸臣，随其萌蘖，寻即除治"。①

以防、团两使为代表的正任官体制与北宋军政关系密切。首先表现为，正任官任职于禁军三衙中，在北宋时期较为常见。防御使、团练使任三衙管军均按照品级，并形成制度。其次，节度—刺史一系可兼任知州。宋初两朝确定知州的选任原则为，文臣以京、朝官，武臣则以阁门祗候以上充。北宋初年，地方行政进行文武转换，文臣广泛参与到地方治理中来，武臣的生存空间越来越小。在防御使、团练使虚衔化后，虽也有较多其担任知州的情况，但这源于四方未平，辽夏二边不服，在边防要地设置武臣知州有利于处理军政要事。

防御使、团练使历经唐、五代、宋三个历史时期，其发生、发展无不体现着时代的变迁。在唐宋变革的大潮中去认识与考察防、团两使的职能与角色发展过程，是以对某个使职的研究来窥探唐宋间官僚体制的变迁、中央与地方权力关系乃至此变革时期内政治、军事体制变革的某些方面。借赵雨乐先生的话总结一下此纷繁复杂的时代规律："唐、五代、宋虽代表着三个不同时代，各时代下有其独特之制度及发展面貌。然而，由唐五代之乱局发展至宋代国家一统之阶段，无论君主之权力、官僚层之形成，皆按着一致之步伐展开。故所谓唐宋变革期，实有其统一之内容可寻。"②

---

① （明）黄淮、杨士奇：《历代名臣奏议》卷五四《治道》，第744页。
② 赵雨乐：《唐宋变革期之军政制度——官僚机构与等级之编成》，第277页。

参考文献

一 古籍

（宋）曹彦约：《经幄管见》，《景印文渊阁四库全书》第 686 册，台北，台湾商务印书馆，1986。

（后晋）刘昫：《旧唐书》，中华书局，1975。

（宋）欧阳修、宋祁：《新唐书》，中华书局，1975。

（唐）张九龄：《唐六典》，中华书局，1992。

（唐）杜佑：《通典》，中华书局，1988。

（宋）王溥：《唐会要》，中华书局，1955。

（宋）司马光：《资治通鉴》，中华书局，1956。

（元）马端临：《文献通考》，中华书局，2011。

（宋）薛居正：《旧五代史》，中华书局，1976。

（宋）欧阳修：《新五代史》，中华书局，1974。

（宋）王溥：《五代会要》，中华书局，1998。

（元）脱脱：《宋史》，中华书局，1977。

（明）宋濂、王祎：《元史》，中华书局，1976。

（宋）李焘：《续资治通鉴长编》，中华书局，2004。

（宋）彭百川：《太平治迹统类》，广陵古籍刻印社，1981。

（宋）钱若水修，范学辉校注《宋太宗皇帝实录校注》，中华书局，2012。

（宋）王称：《东都事略》，齐鲁书社，2000。

（宋）曾巩撰，王瑞来校证《隆平集校证》，中华书局，2012。

（宋）徐梦莘：《三朝北盟会编》，上海古籍出版社，1987。

（清）徐松辑《宋会要辑稿》，上海古籍出版社，2014。

（宋）赵汝愚编《宋朝诸臣奏议》，上海古籍出版社，1999。

（明）黄淮、杨士奇：《历代名臣奏议》，上海古籍出版社，1989。

《宋大诏令集》，中华书局，1997。

《皇宋中兴两朝圣政》，北京图书馆出版社，2007。

（宋）吕中：《类编皇朝大事记讲义》，张其凡、白晓霞整理，上海人民出版社，2014。

（宋）王象之：《舆地纪胜》，中华书局，1992。

（宋）马光祖修，周应和纂《景定建康志》，《宋元方志丛刊》第2册，中华书局，1990。

（宋）李攸：《宋朝事实》，中华书局，1985。

（宋）孙逢吉：《职官分纪》，中华书局，1988。

（宋）高承：《事物纪原》，中华书局，1989。

（清）王夫之：《读通鉴论》，中华书局，1975。

（清）王夫之：《宋论》，商务印书馆，1936。

（清）赵翼著，王树民校证《廿二史札记校证》，中华书局，1984。

（宋）谢深甫：《庆元条法事类》，杨一凡、田涛主编《中国珍稀法律典籍续编》第1册，黑龙江人民出版社，2002。

（宋）章颖：《宋朝南渡十将传》，碧琳琅馆丛书本。

（清）陆耀遹：《金石续编》，光绪癸巳上海醉六堂本。

（宋）江少虞：《宋朝事实类苑》，上海古籍出版社，1981。

黎翔凤撰，梁运华整理《管子校注》，中华书局，2004。

（宋）王钦若：《册府元龟》，中华书局，1960。

（宋）章汝愚：《群书考索》，广陵书社，2008。

（明）林駉：《古今源流至论》，《景印文渊阁四库全书》
　　第 942 册，台北，台湾商务印书馆，1986。

（宋）王应麟：《玉海》，江苏古籍出版社、上海书店，1988。

（宋）黎靖德：《朱子语类》，中华书局，1984。

（唐）李肇：《唐国史补》，上海古籍出版社，1979。

（宋）程大昌：《演繁露续集》，《全宋笔记》第 4 编第 9
　　册，大象出版社，2008。

（宋）朱彧：《萍洲可谈》，中华书局，1985。

（宋）宋敏求：《春明退朝录》，中华书局，1980。

（宋）范镇：《东斋记事》，中华书局，1980。

（宋）吴曾：《能改斋漫录》，《全宋笔记》第 5 编第 4 册，
　　大象出版社，2012。

（宋）洪迈：《容斋随笔》，中华书局，2005。

（宋）王栐：《燕翼诒谋录》，中华书局，1981。

（宋）高晦叟：《珍席放谈》，《全宋笔记》第 3 编第 1 册，
　　大象出版社，2008。

（宋）叶梦得：《石林燕语》，中华书局，1984。

（宋）王明清：《挥麈录》，中华书局，1961。

（宋）王巩：《闻见近录》，丛书集成初编本。

（宋）赵升编《朝野类要》，中华书局，2007。

（宋）文莹：《续湘山野录》，中华书局，1984。

（宋）司马光：《涑水记闻》，中华书局，1989。

（宋）吴自牧：《梦粱录》，台北，文海出版社，1981。

（宋）张端义：《贵耳集》，中州古籍出版社，2005。

（宋）俞文豹：《吹剑录外集》，《景印文渊阁四库全书》
第 865 册，台北，台湾商务印书馆，1986。

（宋）田况：《儒林公议》，《全宋笔记》第 1 编第 5 册，
大象出版社，2003。

（宋）李心传：《建炎以来朝野杂记》，中华书局，2000。

（宋）邵伯温：《邵氏闻见录》，中华书局，1983。

（宋）王辟之：《渑水燕谈录》，中华书局，1981。

（宋）陈师道：《后山谈丛》，中华书局，2007。

（宋）丁谓：《丁晋公谈录》，《全宋笔记》第 1 编第 4 册，
大象出版社，2019。

（宋）沈括：《梦溪笔谈》，上海书店出版社，2009。

（宋）王君玉：《国老谈苑》，《全宋笔记》第 2 编第 1 册，
大象出版社，2006。

（宋）苏辙：《龙川别志》，中华书局，1982。

（宋）周密：《武林旧事》，《全宋笔记》第 8 编第 2 册，
大象出版社，2017。

（明）陶宗仪等编《说郛三种》（贰），上海古籍出版社，
2012。

（明）黄宗羲著，（清）全祖望补修《宋元学案》，中华书
局，1986。

（宋）吕祖谦：《宋文鉴》，中华书局，1992。

《欧阳修全集》，中华书局，2001。

（宋）徐铉：《徐骑省集》，四部丛刊本。

（宋）叶适：《水心先生文集》，《宋集珍本丛刊》第 67
　　册，线装书局，2004。

（宋）张方平：《乐全先生文集》，《宋集珍本丛刊》第 5
　　册，线装书局，2004。

（宋）程俱：《北山小集》，《宋集珍本丛刊》第 33 册，线
　　装书局，2004。

（宋）宋祁：《景文集》，《景印文渊阁四库全书》第 1088
　　册，台北，台湾商务印书馆，1986。

（宋）范浚：《范香溪先生文集》，《宋集珍本丛刊》第 42
　　册，线装书局，2004。

（宋）朱熹：《晦庵先生文集》，《宋集珍本丛刊》第 59
　　册，线装书局，2004。

（宋）陈傅良：《止斋集》，《景印文渊阁四库全书》第
　　1150 册，台北，台湾商务印书馆，1986。

（宋）程洵：《尊德性斋小集》，中华书局，1991。

（宋）范祖禹：《范太史集》，《景印文渊阁四库全书》第
　　1100 册，台北，台湾商务印书馆，1986。

（宋）王珪：《华阳集》，《景印文渊阁四库全书》第 1093
　　册，台北，台湾商务印书馆，1986。

（宋）慕容彦逢：《摛文堂文集》，《景印文渊阁四库全书》
　　第 1123 册，台北，台湾商务印书馆，1986。

（宋）吕陶：《净德集》，中华书局，1985。

（宋）刘挚：《忠肃集》，中华书局，2002。

（宋）夏竦：《文庄集》，《宋集珍本丛刊》第 2 册，线装
　　书局，2004

（宋）范浚：《香溪集》，《景印文渊阁四库全书》第 1140

册，台北，台湾商务印书馆，1986。

（宋）程颐、程颢：《二程集》，中华书局，1981。

（宋）王禹偁：《小畜集》，四部丛刊本。

（宋）苏辙：《苏辙集》，陈宏天、高秀芳校点，中华书局，1990。

《范仲淹全集》，李勇先、王蓉贵校点，四川大学出版社，2007。

（宋）张纲：《华阳集》，《景印文渊阁四库全书》第 1131 册，台北，台湾商务印书馆，1986。

（宋）王安石：《临川先生文集》，中华书局，1959。

（宋）郑獬：《郧溪集》，《宋集珍本丛刊》第 15 册，线装书局，2004。

《薛季宣集》，上海社会科学院出版社，2003。

《陆游集》，中华书局，1976。

杨国宜校注《包拯集校注》，黄山书社，1999。

（宋）袁甫：《蒙斋集》，中华书局，1985。

（宋）韩琦撰，李之亮、徐正英笺注《安阳集编年笺注》，巴蜀书社，2000。

（宋）范纯仁：《范忠宣集》，《景印文渊阁四库全书》第 1104 册，台北，台湾商务印书馆，1986。

《曾巩集》，陈杏珍等校点，中华书局，1984。

（宋）苏洵：《嘉祐集》，《景印文渊阁四库全书》第 1104 册，台北，台湾商务印书馆，1986。

二　今人著作

包伟民：《宋代制度史研究百年（1900—2000）》，商务印书馆，2004。

包伟民：《宋代地方财政史》，中国人民大学出版社，2011。

陈寅恪：《隋唐制度渊源略论稿》，中华书局，1963。

陈寅恪：《唐代政治史述论稿》，上海古籍出版社，1997。

陈国灿、刘健明主编《〈全唐文〉职官丛考》，武汉大学出版社，1997。

陈峰：《武士的悲哀——北宋崇文抑武现象透析》，陕西人民教育出版社，2002。

陈峰：《北宋武将群体与相关问题研究》（增订本），人民出版社，2021。

陈峰：《宋代军政研究》，中国社会科学出版社，2010。

陈志坚：《唐代州郡制度研究》，上海古籍出版社，2005。

陈长征：《唐宋地方政治体制转型研究》，山东大学出版社，2010。

程民生：《宋代物价研究》，人民出版社，2008。

邓广铭：《〈宋史·职官志〉考正》，《邓广铭全集》第9卷，河北教育出版社，2005。

邓小南：《祖宗之法：北宋前期政治述略》，三联书店，2006。

戴扬本：《北宋转运使考述》，上海古籍出版社，2007。

范学辉：《宋代三衙管军制度研究》，中华书局，2015。

郭茂育、刘继保编著《宋代墓志辑释》，中州古籍出版社，2016。

龚延明：《宋代官制辞典》，中华书局，1997。

何冠环：《北宋武将研究》，中华书局，2008。

河南省文物考古研究所编《北宋皇陵》，中州古籍出版社，
　　1997。

黄仁宇：《赫逊河畔谈中国历史》，三联书店，1992。

贾玉英：《唐宋时期中央政治制度变迁史》，人民出版社，
　　2012。

漆侠：《宋代经济史》，上海人民出版社，1987。

吕思勉：《隋唐五代史》，上海古籍出版社，2005。

李昌宪：《宋代安抚使考》，齐鲁书社，1997。

李昌宪：《中国行政区划通史·宋西夏卷》，复旦大学出版
　　社，2007。

李治安：《唐宋元明清中央与地方关系研究》，南开大学出
　　版社，1996。

李华瑞：《宋史论集》，河北大学出版社，2001。

李华瑞：《"唐宋变革"论的由来与发展》，天津古籍出版
　　社，2010。

李之亮：《宋河北河东大郡守臣易替考》，巴蜀书社，2001。

李全德：《唐宋变革期枢密院研究》，国家图书馆出版
　　社，2009。

苗书梅：《宋代官员选任和管理制度》，河南大学出版社，
　　1996。

王曾瑜：《点滴编》，河北大学出版社，2010。

王曾瑜：《宋朝军制初探（增订本）》，中华书局，2011。

王寿南：《唐代政治史论集》，台北，台湾商务印书馆，1977。

王寿南：《唐代藩镇与中央关系之研究》，台北，大化书
　　局，1978。

汪圣铎：《两宋财政史》，中华书局，1995。

汪圣铎：《宋代社会生活研究》，人民出版社，2007。

王晓龙：《宋代提点刑狱司制度研究》，人民出版社，2008。

夏炎：《唐代州级官府与地域社会》，天津古籍出版社，2010。

杨树藩：《宋代中央政治制度》，台北，台湾商务印书馆，1977。

阎步克：《品位与职位——秦汉魏晋南北朝官阶制度研究》，中华书局，2002。

游彪：《宋代荫补制度研究》，中国社会科学出版社，2001。

张邦炜：《宋代皇亲与政治》，四川人民出版社，1993。

张邦炜：《宋代婚姻家族史论》，人民出版社，2003。

张国刚：《唐代藩镇研究》（增订版），中国人民大学出版社，2010。

张国刚：《唐代政治制度研究论集》，台北，文津出版社，1994。

张国刚：《唐代官制》，三秦出版社，1987。

张其凡：《宋初政治初探》，暨南大学出版社，1995。

张其凡：《宋代政治军事论稿》，安徽人民出版社，2009。

张达志：《唐代后期藩镇与州之关系研究》，中国社会科学出版社，2011。

赵冬梅：《文武之间：北宋武选官研究》，北京大学出版社，2010。

赵雨乐：《唐宋变革期之军政制度——官僚机构与等级之编成》，台北，文史哲出版社，1994。

赵雨乐：《唐宋变革期军政制度史研究（一）——三班官制之演变》，台北，文史哲出版社，1993。

朱瑞熙：《中国政治制度通史·宋代卷》，人民出版社，1996。

三 论文

陈仲安：《唐代的使职差遣制》，《武汉大学学报》（人文
科学）1963 年第 1 期。

陈峰：《宋太祖朝节度使类别及其转型述论》，《河北大学
学报》（哲学社会科学版）2012 年第 4 期。

柴德赓：《宋宦官参与军事考》，《1900—1949 年中国学术
研究期刊汇编》（辅仁学志九），线装书局，2009。

程民生：《北宋开封人才的井喷现象与历史贡献》，《河南
大学学报》（社会科学版）2017 年第 2 期。

曹尔琴：《宋代行政区划的设置与分布》，《中国历史地理
论丛》1992 年第 3 期。

邓广铭：《谈谈有关宋史研究的几个问题》，《社会科学战
线》1986 年第 2 期。

邓广铭：《宋太祖太宗皇位授受问题辨析》，《邓广铭治史
丛稿》，北京大学出版社，2010。

邓小南：《北宋的循资原则及其普遍作用》，《北京大学学
报》（哲学社会科学版）1986 年第 2 期。

杜文玉：《五代叙封制度初探》，《史学月刊》2003 年第
10 期。

范学辉：《宋人本朝军政体制论争试探》，《文史哲》2007
年第 4 期。

范学辉：《论北宋三衙管军制度的演变》，《东岳论丛》
2006 年第 5 期。

范学辉：《北宋皇权与三衙用将》，《清华大学学报》（哲

学社会科学版）2012 年第 5 期。

龚延明：《宋代官吏的管理制度》，《历史研究》1991 年第
　　6 期。

龚延明：《北宋元丰官制改革论》，《中国史研究》1990 年
　　第 1 期。

龚延明：《宋代武官阶类别及其演变》，《古典文献与文化
　　论丛》，中华书局，1997。

怀葛民：《南宋之节度使》，《东方杂志》第 15 卷第 5 期，
　　1918 年。

何汝泉：《唐代使职的产生》，《西南师范大学学报》（人
　　文社会科学版）1987 年第 1 期。

何玉红：《武将知州与“以文驭武”——以南宋吴氏武将
　　知兴州为中心》，《中国史研究》2011 年第 4 期。

胡坤：《符氏家族与宋初政治》，姜锡东、李华瑞主编《宋
　　史研究论丛》第 6 辑，河北大学出版社，2005。

金毓黻：《宋代官制与行政制度》，《文史杂志》第 2 卷第
　　4 期，1942 年。

林瑞翰：《宋代官制探微》，《台大历史学报》1975 年第
　　2 期。

刘子健：《略论宋代武官群在统治阶级中的地位》，《两宋
　　史研究汇编》，台北，联经出版事业公司，1987。

刘后滨：《安史之乱与唐代政治体制的演进》，《中国史研
　　究》1999 年第 2 期。

李安：《宋代官制与岳武穆的官职》，《中国宪政》第 3 卷
　　第 10 期，1968 年。

李昌宪：《宋代的军、知军、军使》，《上海师范大学学报》

（哲学社会科学版）1990 年第 3 期。

李昌宪：《略论宋代知州制的形成及其历史意义》，《南京大学学报》（哲学社会科学版）1996 年第 4 期。

李昌宪：《试论宋代地方统兵体制的形成及其历史意义》，《史学月刊》1996 年第 2 期。

李华瑞：《宋朝"积弱"说再认识》，《文史哲》2013 年第 6 期。

李立：《北宋河北缘边安抚使研究》，漆侠主编《宋史研究论文集——国际宋史研讨会暨中国宋史研究会第九届年会编刊》，河北大学出版社，2002。

李其旻：《宋朝"路"制浅析》，《齐鲁学刊》1992 年第 4 期。

林荣贵：《五代十国的辖区设治与军事戍防》，《中国边疆史地研究》1999 年第 4 期。

苗书梅：《宋代武官选任制度初探》，《史学月刊》1996 年第 5 期。

苗书梅：《宋代知州及其职能》，《史学月刊》1998 年第 6 期。

宁志新：《唐朝使职若干问题研究》，《历史研究》1999 年第 2 期。

王寿南：《唐代的州制》，《唐代政治史论集》，台北，台湾商务印书馆，2004。

王寿南：《从藩镇之选任看安史之乱后唐中央政府对地方之控制》，《政治大学历史学报》1988 年第 6 期。

肖红兵：《宋代御赐神道碑额考述——以文献所见六十余人碑额为中心》，《中原文化研究》2013 年第 5 期。

俞宗宪:《宋代职官品阶制度研究》,《文史》第 21 辑,中华书局,1983。

虞云国、张玲:《唐宋时期"观察使"职权的演变》,《宋史研究论丛》,河北大学出版社,2006。

余蔚:《宋代节度体系官员与州之关系》,《文史》第 3 辑,中华书局,2003。

余蔚:《唐至宋节度、观察、防御、团练、刺史体系的演变》,《中华文史论丛》2003 年第 3 期。

余蔚:《完整制与分离制:宋代地方行政权力的转移》,《历史研究》2005 年第 4 期。

张邦炜、杜桂英:《论北宋前期的都部署问题》,《四川师范大学学报》(社会科学版)2005 年第 2 期。

张全明:《也论宋代官员的俸禄》,《历史研究》1997 年第 2 期。

张天虹:《唐代藩镇研究模式的总结和再思考——以河朔藩镇为中心》,《清华大学学报》(哲学社会科学版)2011 年第 6 期。

张玲:《北宋前期道州两级防御使之职权演变》,《历史教学问题》2012 年第 3 期。

赵冬梅:《试论勋赏与文武分途背景下的宋代武官制度》,《国学研究》第 10 卷,北京大学出版社,2002。

赵冬梅:《试论宋代的阁门官员》,《中国史研究》2004 年第 4 期。

赵冬梅:《北宋前期"官与品轻重不相准"含义试释》,《北大史学》第 11 辑,北京大学出版社,2005。

郑庆寰:《宋初的"废支郡"与"直属京"政策》,《河北大学学报》（哲学社会科学版）2019 年第 2 期。

郑世刚：《北宋的转运使》，邓广铭、郦家驹等主编《宋史
　　研究论文集》，河南人民出版社，1984。

朱瑞熙：《官僚政治制度的产物——复杂多变的宋朝官制》
　　（1—6），《文史知识》1986 年第 1、2、3、4、7、8 期。

四　学位论文

李军：《五代使职官考述》，硕士学位论文，陕西师范大
　　学，2001。

余蔚：《宋代地方行政制度》，博士学位论文，复旦大
　　学，2003。

冯培红：《敦煌归义军职官制度——唐五代藩镇官制个案
　　研究》，博士学位论文，兰州大学，2004。

柳浚炯：《唐五代内职诸使研究》，硕士学位论文，北京大
　　学，2004。

张玲：《唐宋之际防御使职能探微》，硕士学位论文，上海
　　师范大学，2005。

冯金忠：《唐代地方武官研究》，博士学位论文，北京师范
　　大学，2006。

邓恩娟：《宋初节度使初探》，硕士学位论文，西北大
　　学，2008。

陈向利：《北宋叙封制度》，硕士学位论文，陕西师范大
　　学，2008。

陈翔：《唐代中央与地方关系研究——以三类地方官为中
　　心》，博士学位论文，武汉大学，2010。

李鸿东：《宋代武官与军职关系研究》，硕士学位论文，西

北大学，2019。

五　海外研究成果

〔日〕佐伯富：《论宋代的皇城司》，《日本学者研究中国
　　　史论著选译》第五卷《五代宋元》，中华书局，1993。

〔日〕梅原郁：《宋代官僚制度研究》，同朋舍，1985。

〔日〕竺沙雅章：《宋朝的太祖和太宗——变革时期的帝
　　　王》，方建新译，浙江大学出版社，2006。

后 记

　　日子平凡而琐碎，繁杂的日常或许冲淡了曾经的纯真和梦想，但"后记"二字一下子把记忆的闸门打开了。我自 2015 年毕业至今已七年有余。经过生活的磨砺与拷打之后，内心又多了一份从容与坚定。博士论文即将出版，提交给恩师和各位读者的虽是一份不满意的答卷，但其中也饱含我为此付出的努力。

　　时间就是这样飞逝着。与恩师陈峰教授结识，缘于 2011 年夏参加的上海师范大学的宋史讲习班。2012 年 9 月，承蒙恩师之不弃，我顺利考入西北大学历史学院攻读博士学位。入学后，我的政治制度史基础薄弱，陈师并未嫌弃，小到读史札记中的标点符号，大到学位论文选题、写作等均耐心指导。只可惜我资质愚钝，领略老师教诲时常不到位，时常心有愧意。恩师的一言一行，严谨而坚定，极具人格魅力，让我受用终身。能入陈门继续求学，完成我人生追求的心愿，远非"感激"二字可以言表！

　　在西北大学历史学院求学的三年，是快乐而美好的。这里有海纳百川且团结向上的丰厚师资，有朝气蓬勃且积极进取的同学。陕西的山山水水造就了西大勤勉而坚韧、质朴而谦逊的优秀品质。感谢西大的博学与厚重，这里的人和事终将成为我毕生的美好回忆。

感谢母校河北大学宋史研究中心。在这里，我第一次走入学术殿堂之门。中心有着扎实的学术传承，老师和同学们徜徉在宋代史料的海洋里，喜悦与知识并存。感谢我的硕导刘秋根教授，带我进入宋史研究领域，让我接受系统的学术训练。还要感谢宋史中心的每一位恩师，给予学子们智慧和力量。姜锡东主任经常邀请海内外高水平专家学者作学术报告，中心学子受益良多。2011 年，在我准备考博的一年中，宋史中心给我诸多的关怀和照顾。在枯燥和晦暗的生活中，是中心的各位恩师和同学们让我看到了曙光，给予我前行的动力！

感谢廊坊师范学院陈新海教授、荣宁教授。两位恩师爱生如子，德才兼顾，兢兢业业地奋斗在一线教育事业中，为祖国、为信仰奉献了青春与热血。

2020 年 9 月，我调入合肥工业大学马克思主义学院工作。我们一家三口在举目无亲的安徽，感受到了安徽人民的热忱而博爱。感谢合肥工业大学提供了这么优秀的平台和机会，让我在实现自己人生价值的同时，品味了人生诸多美好！思政课教师岗位虽然平凡，"三尺讲台"虽然普通，但能让学生沐浴在阳光下，积聚向上向善的力量，或许是我工作的最大意义。

感谢社会科学文献出版社郑庆寰编辑认真审阅书稿，为本书付出的辛劳。

感恩在我一路走来，给予我莫大支持和人生动力的各位亲友。

最后，与诸君共勉：美好在心中，不惧前行！

2023 年 3 月 21 日 任欢欢

于 春雨绵绵的斛兵塘

图书在版编目（CIP）数据

北宋防御使与团练使研究 / 任欢欢著. -- 北京：
社会科学文献出版社，2023.8
（唐宋藩镇研究丛书）
ISBN 978 - 7 - 5228 - 1365 - 3

Ⅰ. ①北… Ⅱ. ①任… Ⅲ. ①军事史 - 中国 - 北宋
Ⅳ. ①E294.41

中国版本图书馆 CIP 数据核字（2022）第 256470 号

唐宋藩镇研究丛书
北宋防御使与团练使研究

著　　者 / 任欢欢

出 版 人 / 王利民
责任编辑 / 郑庆寰
文稿编辑 / 侯婧怡
责任印制 / 王京美

出　　版 / 社会科学文献出版社·历史学分社（010）59367256
　　　　　地址：北京市北三环中路甲29号院华龙大厦　邮编：100029
　　　　　网址：www.ssap.com.cn
发　　行 / 社会科学文献出版社（010）59367028
印　　装 / 三河市龙林印务有限公司

规　　格 / 开　本：889mm × 1194mm　1/32
　　　　　印　张：12.125　字　数：260千字
版　　次 / 2023年8月第1版　2023年8月第1次印刷
书　　号 / ISBN 978 - 7 - 5228 - 1365 - 3
定　　价 / 89.00元

读者服务电话：4008918866